黄少龙 经典藏书

U0608151

仙人指路觅玄机

黄少龙

◎编著◎

经济管理出版社·棋书中心

图书在版编目（CIP）数据

仙人指路觅玄机/黄少龙编著 . —北京：经济管理出版社，2013.7

ISBN 978-7-5096-2428-9

Ⅰ.①仙…　Ⅱ.①黄…　Ⅲ.①中国象棋–布局（棋类运动）　Ⅳ.①G891.2

中国版本图书馆 CIP 数据核字（2013）第 080476 号

组稿编辑：王　琼　郝光明

责任编辑：郝光明　史岩龙

责任印制：杨国强

责任校对：超　凡

出版发行：经济管理出版社

　　　　　（北京市海淀区北蜂窝 8 号中雅大厦 A 座 11 层　100038）

网　　址：www. E-mp. com. cn

电　　话：(010) 51915602

印　　刷：保定金石印刷有限公司

经　　销：新华书店

开　　本：720mm×1000mm/16

印　　张：16. 25

字　　数：300 千字

版　　次：2013 年 7 月第 1 版　2013 年 7 月第 1 次印刷

书　　号：ISBN 978-7-5096-2428-9

印　　数：1-6000 册

定　　价：33. 00 元

总　序

　　欣悉经济管理出版社准备连续出版《黄少龙经典藏书》，这是棋界的福音，必将受到广大棋迷的欢迎，尤其在当下棋谱数量少、质量有待提高的情况下，更是难能可贵！

　　黄少龙是南开大学教授，我国老一辈的象棋大师，集学者、棋手、象棋教练、棋谱作家、棋艺活动家于一身，特别在象棋理论方面有重大贡献，多次获得全国象棋图书一等奖。他的著述具有如下鲜明特点：

　　一、内容广博。包括开局战理、中局策略、残局定式、对局评注、棋手心理、象棋对策、电脑象棋、棋史探讨、象棋教育、弈理人生等有关象棋文化的诸多方面均有涉及。

　　二、理论性强。不就棋论棋，而是抓住对弈胜负的关键，分析棋路变化的前因后果。特别是创造性地提出开局、中局的定义，战略原则、战术方针，以及减少布局意图信息、实行布局统计等方法。

　　三、独树一帜。抛开传统的棋谱模式，用现代数学"对策论"来分析象棋，使弈棋时纷乱的思维得到科学整理，把人们带到一个崭新的科学世界，为电脑象棋发展奠定理论基础。

　　四、深入浅出。对于纷繁多样的布局战术系列，抓住其发展要领，以典型的实战对局为线索，揭示该布局历史演变的来龙去脉，使读者一目了然，掌握布局矛盾发展的规律。

　　五、寓教于棋。强调象棋对人的教育作用，开发智力，提高素质。掌握棋理，有助于认识世界，反省自我，用象棋的辩证思维、创造思维、对策思维来分析处理生活中的问题。象棋是我们终生的老师。

六、揭示棋魂。指出象棋起源与易经文化有密切关系，研究棋局可以模拟世界的变化，棋道与天道是相通的。象棋的理想追求是人道、棋道、天道三者互通。以棋理感悟人生是象棋的灵魂，可以助你获得事业上、生活上的成功。

总之，黄大师的著作条理分明，通俗易懂，充分引用当代象棋大师的局例，实用性强，又体现理论性、系统性，便于广大棋迷阅读欣赏。

2013.5.26

吕钦，多次获得全国个人冠军、亚洲赛冠军、世界赛冠军。历任广东象棋队教练、广东棋牌中心主任。曾当选八届全国人大代表、中共十五大代表。

前　言

　　红起手挺七路兵或三路兵，统称挺兵局。但仅仅挺兵并不构成固定的阵型，以后可演变成中炮、屏风马、反宫马、单提马、拐脚马、过宫炮、担子炮等多种布局。因阵型繁多，变化灵活，不易应付，故挺兵局又有"仙人指路"之雅称，含投石问路、莫测高深之意。过去陌生棋手相遇，如首着摆当头炮气势汹汹，似不够礼貌，便用柔和的挺兵开局以示友谊，并试探对方虚实。

　　象棋发展初期，人们推崇当头炮局。宋朝、明朝谱中皆未见挺兵局，直到清朝初期才开始出现挺兵局。一直到民国初期，此布局仍未被重视，其原因有三：一是人们兴趣集中在中炮对屏风马、顺炮等主流布局的研究；二是挺兵局攻法不锋利，没有明确的进攻方向，其规律不好掌握；三是民国以后，先手挺兵局遇到卒底炮反击，而没有找到有效的对策。

　　20世纪80年代，象棋布局呈现多样化趋势，挺兵局一跃而起，发展很快。它与飞相局相比，具有较强的攻击力；与中炮局相比，又具有较大的灵活性。挺兵局的性质介于刚性的中炮局与柔性的飞相局之间，刚柔并济，灵活多变，是颇有发展潜力的布局。本书沿着历史发展的线索，从理论与实践的结合上，分析介绍这个布局的要领与主要战术。

目　录

一、清朝流行对兵局 …………………………………………… 1

二、屏风马改象位车 …………………………………………… 9

三、转角马迂回跃出 …………………………………………… 19

四、卒底炮响一声雷 …………………………………………… 28

五、边马弃兵还中炮 …………………………………………… 39

六、挺兵转变顺手炮 …………………………………………… 47

七、黑飞象以柔克刚 …………………………………………… 55

八、红跃边马黑左象 …………………………………………… 64

九、黑冲边卒骑河车 …………………………………………… 72

十、黑飞右象多变化 …………………………………………… 77

十一、黑冲卒过河对攻 ………………………………………… 82

十二、黑横车过宫反击 ………………………………………… 88

十三、红卸中炮攻拐马 ………………………………………… 97

十四、角炮退底攻拐马 ………………………………………… 106

十五、炮取双卒对横车 ………………………………………… 125

十六、中炮打卒飞左相 ………………………………………… 150

十七、先补仕应卒底炮 ………………………………………… 163

十八、边马弃兵三步虎 ………………………………………… 171

十九、巧升河炮新布局 ………………………………………… 179

二十、红左中炮黑列炮 ………………………………………… 185

二十一、对兵转为列炮局 ……………………………………… 205

二十二、兵底炮对空头炮 ……………………………………… 212

二十三、兵底炮对还中炮 ……………………………………… 216

二十四、过宫炮对屏风马 ……………………………………… 228

二十五、行兵布阵运内功 ……………………………………… 240

二十六、拳风到处人已倒 ……………………………………… 246

一、清朝流行对兵局

象棋定型后的宋朝到明朝近 700 年间，先手开局流行当头炮，后手也多斗顺炮、列炮，可说是一炮统领天下。到了清朝人们才开拓了后手屏风马抗衡当头炮的新时期，从理论上进行研究的有王再越著《屏风马破当头炮》8 局。随着对屏风马研究的深入，实战对局资料表现马方胜率也随之提高。在当头炮受到挑战的背景下，挺兵局应运而生。

挺兵为活马，而起马局以后也要挺兵，由此可见兵局与马局有许多内在的联系，演变下去有时也会殊途同归。早在明朝棋谱就载有起马局，清朝挺兵局是在其基础上发展起来的。目前见到较早的挺兵局记录就是清朝前期的吴兆龙遗局和清朝后期石杨遗局（载于谢侠逊编《象棋谱大全》）。其中挺兵 12 局，占总局数的 3/7。但当时后手应法较简单，均以挺卒对进兵形成对兵局。下面介绍两局供参考。

施嘉谟负吴兆龙。

1. 兵三进一　卒 3 进 1　　　　**2.** 马二进三　马 2 进 3

3. 马三进四　马 8 进 7　　　　**4.** 马八进七　象 7 进 5

吴兆龙是清乾隆年间苏州的象棋高手，在其遗局中，都是让别人单先或双先。本局双方互挺兵卒成为对兵局，形成当时被认为理想的阵式屏风马对屏风马。红先跳出盘河马控制黑马出路，以维持先行之利。

5. 炮八进四　马 3 进 2

红伸炮过河目的是窥卒或压马，黑跳外肋马既避免了马被压，又封了红左车。

6. 炮二平三　士 6 进 5

7. 马四进三　……

防黑开贴身车逐马再进仕角捉双，但不如车一平二捉炮强劲。如车 9 平 6，车二进七，车 6 进 5，炮三平一，仍红先。

7. ……　　　　车 9 平 6　　　　**8.** 炮三平六　卒 1 进 1（图 1）

图1，由于红马踏卒软着，致使过河炮陷入被困境地。黑准备升边车捉炮，红须应付而失先。

如车一平二，炮8退2，炮八平七，车1进3，炮七进二，车1平4，仕六进五，炮8平7，黑反先。

9. 马三退二　卒9进1

10. 兵三进一　象5进7

11. 炮六进三　马2进3

12. 炮六进一　马7进8

红花费了许多步才给八路炮解了围，但右马却又受到攻击，且双车晚出，子力涣散，已呈不利棋形。

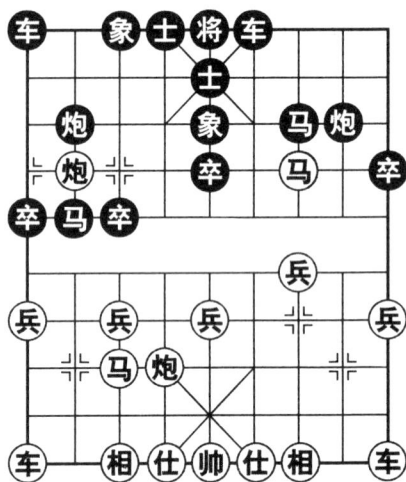

13. 炮八平五　象7退5　　　　**14.** 车九平八　炮2进2

似不及炮2平3稳健，主要为诱红升车捉马。

15. 车八进三　……

失算，兑子后更加被动，此着只能马二退一固守。

15. ……　　炮8进3　　　　**16.** 车八平七　马8进6

17. 炮五退二　……

不能开右车捉炮，黑有马6进7跳钓鱼马叫杀得车。

17. ……　　马6进8　　　　**18.** 帅五进一　马8进7

19. 车一进一　炮2进4

黑优。以后着法比较精警，续录如下。

20. 车一平二　车1进3　　　　**21.** 车七平六　卒3进1

红车不能吃炮，因马7退6抽车。

22. 帅五平六　卒3平4　　　　**23.** 马七进六　车1平4

24. 车二进三　炮2退6　　　　**25.** 仕六进五　炮2平4

26. 仕五进六　车6进8　　　　**27.** 仕四进五　炮4进3

28. 炮五进四　……

目前是考验黑方的关键时刻。如支士吃炮兑子，红有一些求和希望，取胜较费周折。

28. ……　　车6平5　　　　**29.** 帅六平五　马7退6

30. 帅五退一　马6退8　　　　**31.** 炮五平八　炮4平5

抽车，红认输。

从这盘棋看,清朝挺兵局的攻防已形成一定体系。双方矛盾的争夺在侧翼而不在中路。红方开局阶段没有强烈攻势,仅凭小先手控制局面。这样一种慢调型布局不容易引起人们的兴趣,于是挺兵后的另一种倾向是转化为中炮局。

施嘉谟胜吴兆龙。

1. 兵三进一　卒3进1　　　　　2. 马二进三　马2进3

3. 马三进四　马8进7　　　　　4. 炮八平五　……

挺兵转中炮,以柔变刚,转化为原先熟悉又有攻势的炮局,这种策略思想对现代挺兵局仍有指导意义。

4. ……　　　象7进5　　　　　5. 车九进一　车1平2

此局面与中炮横车对屏风马布局变化相似,但又有不同之处,即左马未动,先抢出一步横车,变化灵活多了。

6. 车九平四　士6进5　　　　　7. 马四进三　……

马踏卒意欲避免黑开肋车牵制,但黑可炮2进1,马三退四,仍能实现车9平6计划。所以红上着应车九平六。

7. ……　　　马3进2　　　　　8. 马八进七　炮2平3

9. 炮二平三　车9平8

10. 车一平二　炮8进4（图2）

图2,黑伸炮随手,只顾封车,未注意红马从边线切入。

11. 马三进一　车8进2

12. 车二进三　车8平9

13. 兵三进一　马7退6

不敢飞象吃兵,因红炮兑马再沉底车攻杀。

14. 炮五进四　车2进3

15. 炮五退一　马2进3

漏着,应车9平6兑车减轻压力。

16. 车四进八　将5平6

17. 车二进六　将6进1　　　　　18. 炮三平四　士5进4

19. 车二平五

黑认输,其实续走车2进2尚可挽救。其中红第18回合走错,应改炮五平四,待黑车骑河解杀时,再炮四退四才能构成绝杀。

当红转变为中炮阵型时,黑除了屏风马之外,还有反宫马应法,举例如下。

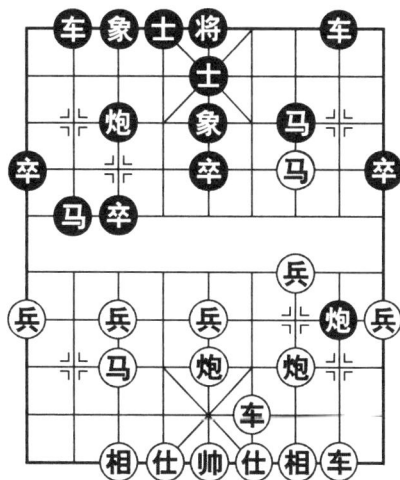

图2

刘尚龄负吴兆龙。

1. 兵三进一　卒3进1　　　　　**2.** 马二进三　马2进3

3. 炮八平五　炮8平6　　　　　**4.** 马八进七　马8进7

黑采用反宫马，在当时是罕见的局型。其中士角炮的作用，是等待红右马盘河时，升巡河炮顶住。

5. 马三进四　……

跃马嫌躁，可车九平八，车1平2，车八进四，象3进5，车一平二，仍红先手。

5. ……　　　　炮6进2　　　　**6.** 炮二平三　象7进5

可车9平8占领通道。红双车暂无好的出路。不能车九平八，因马3进2打车。

7. 车一平二　车1进1　　　　　**8.** 车九进一　……

眼看黑准备平左肋车暗威胁红马，故应改变一下走子次序。先走兵三进一，象5进7，车九进一，车1平6，车二进四，车9平8，车二进五，马7退8，车九平二，马8进7，车二进三，红仍不亏。

8. ……　　　　车1平6

9. 车二进七　车9平8（图3）

图3，黑兑车故意弃马。如炮6进5，马四进三，马3进2，马三进五，象3进5，炮三进五，红破象较优。

10. 车二平三　……

贪吃马失先。应车二进二，马7退8，车九平二，马8进7，仕四进五，红尚不亏。

10. ……　　　　马3进4

11. 车三退一　马4进6

12. 车三进二　……

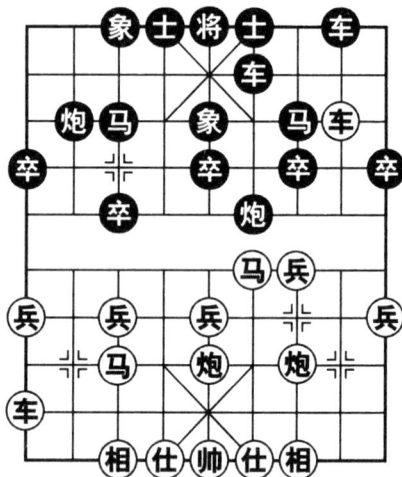

图3

如炮三平一，炮6平8，车三平一，马6进5，相七进五，炮8进5，仕六进五，车8进7，炮一退一，车8平5叫杀捉马，黑大优。

12. ……　　　　车6进1　　　　**13.** 炮三退一　……

如炮三平一，炮6进5，车九平三，炮6退2，仕六进五，炮6平3，炮一平七，炮2进7，黑有攻势占优。

13. ……　　　　马6进5　　　　**14.** 相七进五　炮6进3

15. 马七退八　炮2进4

兑子后黑转入反攻。至此如兵五进一，炮2平9，黑强子集结左翼，潜伏攻势。

16. 马八进六　炮6平7　　　**17.** 车三平八　车6进6

18. 炮三平一　车6平9

平车吃炮，保持对红车马的牵制，便于发展左翼攻势，着法老练。如炮2平5，马六进五，车6平1，马五退三，车1平7，炮一进五，车7退1，车八退二，卒5进1，车八平五，车8进4，炮一平九，车7退1，炮九退一，红有求和机会。

19. 车八退五　车9平6　　　**20.** 车八进三　……

如车九平八，炮7进1，仕六进五，车8进9，马六退八，车8平7，帅五平六，炮7平5，后车平五，车6进1，帅六进一，车6平4杀。

20. ……　　　车8进9　　　**21.** 仕六进五　车8平7

22. 马六进八　车7平8

也可炮7进1，马八退七，炮7平5，帅五平六，车6进1，帅六进一，车6平4，帅六平五，车7退1杀。

23. 帅五平六　炮7进2　　　**24.** 帅六进一　炮7退1

25. 车九进一　卒5进1

伏退车叫将抽车。如车8平6，车九退二逼兑车，黑取胜尚费周折。

26. 车八进一　车8退6　　　**27.** 车八平六　士6进5

28. 车六进一　将5平6　　　**29.** 马八进六　车8平6

30. 车九平八　……

速败之着。但如帅六退一，后车平2，车九平七，车2进5，车七退一，车2进1，相五退七，车6退2，车七进一，炮7进1，帅六进一，车2退1，帅六进一，炮7退2，马六进五，车6进1，相七进五，车6平2，相五退七，车2平5，绝杀。

30. ……　　　前车平5　　　**31.** 帅六平五　车6进5

红认输。因帅五退一，炮7进1，仕四进五，车6进1，弃车杀法很精彩。

在石杨遗局中，挺兵局较少，大部分是中炮局，这与清朝末期《反梅花谱》的出现有关。该谱主张当头炮优越论，于是炮局又流行起来。

有人考证猜测，石杨遗局是索万年（江苏口音的石与索同音）先手对杨健庭的对局。现介绍第十一局如下。

1. 兵三进一　卒3进1　　　**2.** 马二进三　马2进3

3. 马八进七　车1进1　　**4. 车九进一　车1平6**

黑车先占肋道，控制红马出路。

5. 车一进一　马8进7　　**6. 车一平四　车9进1**

演变成屏风马双横车阵式，成对峙之势。

7. 马三进二　……

欲借兑炮开拓马路，但不如炮八进四，马3进2，炮八平三，象7进9，红阵型略好。

7. ……　　马3进4　　**8. 马二进三　……**

也可炮二进五，炮2平8，车四进七，车9平6，车九平六，车6平2，炮八平九，马4进3，炮九进四，车2进6，车六进一，卒3进1，炮九平三，象7进5，兵三进一，成对攻局面。

8. ……　　炮8进4（图4）

图4，黑伸炮窥兵，积极谋求反击。如车四进七，车9平6，车九平六，炮2进2，兵七进一，车6平3，黑可抗衡。

9. 车九平六　车6进7

10. 车六平四　炮8平3

11. 相七进五　车9平8

12. 炮二平三　车8进6

红兑车损失一步棋，黑反夺先手。

13. 车四进四　炮2进2

14. 车四进二　车8平7

15. 车四平三　象3进5

16. 车三进一　士4进5

17. 车三平四　车7退1

兑子后，红左马受压，车位亦不及黑方。

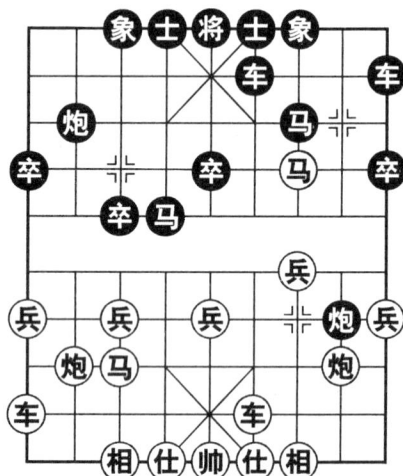

图4

18. 炮八进一　卒3进1

黑卒强渡，红不敢相五进七吃卒，因车7退1，马三进二，车7平3得相优。

19. 兵一进一　卒3平4　　**20. 仕六进五　卒1进1**

停着。如炮2平3，马七退八，卒4进1，炮八平六，车7平5，炮六退三，接有马八进六咬车打马的手段。

21. 兵一进一　卒9进1　　**22. 马三退一　车7平9**

如炮2平9吃马，车四退三捉双必追回一子，以后局势缓解。

23. 马一进三　车9退3　　　　**24.** 马三进二　……

如马三退四，炮3退5打死车。

24. ……　　　　车9退1

如车9平8，车四进一，士5退6，马二退四抽将兑车解围。

25. 马二退三　车9平7　　　　**26.** 马三退二　炮3退5

27. 车四退五　卒4平3　　　　**28.** 马七退六　卒3进1

黑退炮逐车，平卒攻马，冲卒捉炮，由此转入反攻态势。

29. 炮八退一　炮2进2　　　　**30.** 车四进二　马4进5

31. 车四平九　……

红只能丢兵，开拓车路，加强对攻力。

31. ……　　　　卒3进1　　　　**32.** 车九平八　炮2平3

33. 车八进四　后炮退1　　　　**34.** 炮八进五　象5进3

35. 炮八退四　马5退6　　　　**36.** 兵三进一　马6进4

红退炮逐马，欲消灭过河卒。黑来回跃马保住此卒，这是黑优势所在。

37. 车八退五　马4进2　　　　**38.** 车八退一　卒3进1

39. 兵三进一　车7平4　　　　**40.** 马六进七　……

必须出马。如马二进四，车4进6，车八退三，象3退5，再进底卒捉死马。

40. ……　　　　卒5进1　　　　**41.** 马二进四　卒5进1

42. 兵九进一　……

缓着，给中卒移肋直进骚扰的机会。可车八进一，前炮平8，马七退九，车4进4，车八平五，卒3平2，车五退一，车4平5，马四退五，卒2平1，红有求和希望。

42. ……　　　　卒5平4　　　　**43.** 兵九进一　卒4进1

44. 兵九进一　卒3平4　　　　**45.** 兵九平八　车4进2

46. 马四进二　后卒进1　　　　**47.** 马七退九　前炮进3

伏前卒进1，帅五平六，卒4进1，帅六平五，卒4进1杀，红认输。其实还可马九退七，炮3进9，仕五进六，车4进3，车八退三，炮3退3，马二退三，可多支撑一阵。

清朝末期，挺兵局又现低潮。反映到理论上，巴吉人著有《反梅花谱》，仅载两局。此介绍第二局如下。

1. 兵七进一　卒7进1　　　　**2.** 马八进七　马8进7

3. 马二进三　车9进1　　　　**4.** 相三进五　卒3进1

5. 兵七进一　车9平3（图5）

图5，红上着补相，给黑提供先弃后取的机会。至此红还可炮八退一，车3进3，车九进二，伏平炮打车轰象，较有弹力。

6. 马七进六　车3进3

7. 炮八平六　马2进3

8. 车九平八　车1平2

9. 仕四进五　……

劣着失先。应炮二进四，马7进8，车八进六，仍不亏。

9. ……　　炮8进3

10. 马六退四　炮8进1

11. 车一平四　炮2进5

12. 车八平九　车3平6

13. 马四退三　马3进4

黑双炮左右突击，逼红车马节节败退。

14. 车四进五　马7进6

15. 车九进一　……

又一步劣着，导致失子。应后马进一再马一退二连环。

15. ……　　马4进6

16. 车九平七　前马进7

17. 炮六平三　炮2平7

18. 车七进四　炮8退2

19. 兵三进一　象3进5

20. 车七平六　马6进7

21. 车六退一　卒7进1

22. 相五进三　炮7平2

黑多子大优，可胜。

棋谱分析与实战效果皆对先手挺兵局不利。清朝先手布局仍以当头炮为主流。

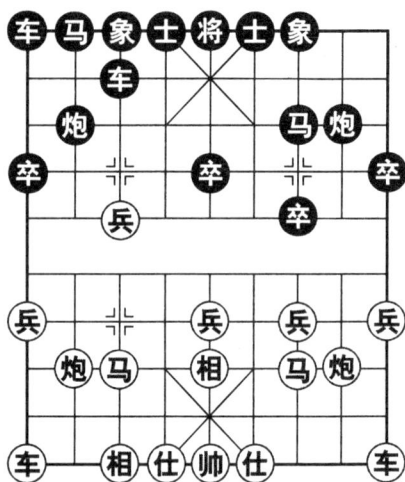

图5

二、屏风马改象位车

清朝挺兵局的主要发源地是在华东地区，故进入 20 世纪后，挺兵局在华东棋坛较为流行。从近代名手对局来看，由于受清朝棋手的影响，黑方从对兵应法演变而来，并成为当时流行的屏风马阵式。此时红有伸炮过河及横车占肋两种攻法，都取得一定效果。黑方为了加强反击力，把屏风马改为拐脚马象位车，成为流行布局。

万启有胜黄长才。

1. 兵七进一　卒 7 进 1　　　　**2.** 马八进七　马 8 进 7

3. 马二进三　马 2 进 3　　　　**4.** 炮二进四　象 3 进 5

5. 炮二平七　……

双方皆摆屏风马阵式，局势比较平稳。红炮击卒不如平三压马取势较有威力，故上着黑补象嫌软，应跃出左马为宜。如周德裕对李庆全一局，马 7 进6，炮二平七，象 3 进 5，车一平二，炮 8 平 7，车九进一，士 4 进 5，车九平六，马 6 进 7，黑可抗衡。

5. ……　　　　马 7 进 8　　　　**6.** 炮八进三　马 8 进 7

7. 车一平二　炮 8 平 7　　　　**8.** 车二进六　士 4 进 5

9. 车二平三　炮 7 平 6

红以骑河炮逐马打破黑封车计划，右车得以亮出抢先。黑此着逃炮陷入被动。应车 9 进 2，炮八退二，马 7 退 6，车二平四，炮 7 进 5，车四退一，车 9平 6，兑车减轻压力。

10. 炮八退二　马 7 退 6　　　　**11.** 车三平四　炮 6 平 7

12. 车四退一　炮 7 进 5（图 6）

图 6，红抓住机会追击黑马扩大了先手。黑只能兑子希望缓解，但左炮往返移动损失了步数。

13. 炮八平七　车 1 平 2　　　　**14.** 车九平八　……

随手棋。可前炮平八，炮 2 平 1，车九平八，马 3 退 4，兵七进一，红优。

14. ……　　炮 2 进 5

15. 兵七进一　车 2 进 6

16. 马七退五　炮 7 进 1

如炮 2 平 5，马五进七，车 2 进 3，马七退八，炮 5 平 2，车四退三捉双得子。

17. 车四退三　炮 2 进 1

18. 马五进三　炮 7 平 3

防车四退一捉双。

19. 车四平七　炮 3 退 2

20. 车七进一　车 2 退 3

21. 马三进四　……

红借捉炮之机，运子占优，结果胜。

图 6

这盘布局黑用屏风马应战。红除了屏风马过河炮攻法外，还有横车飞相阵式比较灵活。

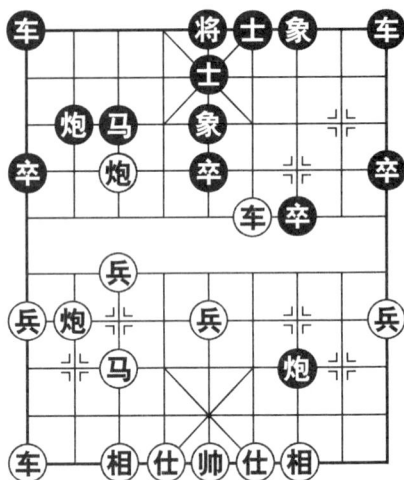

张锦荣胜周德裕。

1. 兵七进一　卒 7 进 1　　　2. 马八进七　马 8 进 7

3. 车九进一　马 2 进 3　　　4. 相三进五　象 3 进 5

联象固防。至此红如采用先弃后取手段亮车，即兵三进一，卒 7 进 1，车九平三，马 7 进 6，车三进三，马 6 退 8，车三退二，马 8 退 6，车三进四，马 6 进 7，黑亦可抗衡。

5. 炮二平三（图 7）　……

图 7，红平兵底炮暗瞄马，故意放黑马跃出然后给予打击，是一种灵活的攻法。在张、周的另一盘对局中，车九平四，士 4 进 5，车四进五，炮 8 进 2，马七进八，炮 2 进 5，炮二平八，卒 3 进 1，兵七进一，炮 8 平 3，马二进三，车 1 平 4，车四退二，车 9 平 8，双方平稳，结果和。

5. ……　　马 7 进 8

6. 车九平四　……

红平肋车，准备伸卒林威胁黑车马

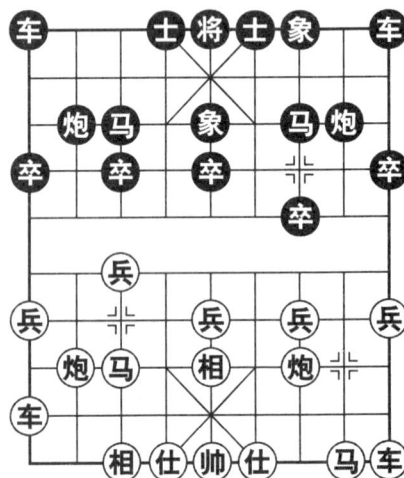

图 7

炮，比较稳健。如炮八进三，卒3进1，兵七进一，象5进3，炮八平三，象3退5，前炮退一，士4进5，车九平四，车1平4，车四进四，车4进4，兑车红无便宜。

6. ……　　士4进5　　　　**7.** 车四进五　　车9进2

升车呆滞，不及炮8平7，车四平二，马8进7，马二进四，炮2进4，黑不亏。

8. 车四平二　　马8进7　　　　**9.** 马二进四　　炮2进4

10. 仕四进五　　车1平4　　　　**11.** 马四进三　　炮8平7

12. 车一平四　　炮7进4

如炮2平7，车四进八，红有伸左炮瞄象或跳外肋马等手段，仍持先手。

13. 兵五进一　　车4进6　　　　**14.** 马七进八　　车4平3

15. 马八进七　　卒9进1

如车9平6，车四进七，士5进6，兵五进一，卒5进1，马七退五，士6退5，车二平七，亦红先。

16. 兵五进一　　卒5进1　　　　**17.** 马七进九　　炮2退4

红弃兵打通卒林车路，再跃马从边线切入，突发攻势。如车3平4，车二平八，炮2平3，马九进七，车4退5，车八进三，士5退4，车八平六，将5进1，炮八进六打死车，红胜定。

18. 车二平八　　象5退3　　　　**19.** 炮八进五　　马3进4

20. 兵七进一　　车3退2　　　　**21.** 炮八进二　　象3进1

22. 炮八平九　　将5平4　　　　**23.** 车四进六

红双车配合沉底炮攻势占优，结果胜。

以上两局表明，能抗衡当头炮进攻的屏风马阵型，应付挺兵则缺乏反击手段，实战证明问题在于黑方着法没有针对性。于是人们构思，改用飞象局，跳出拐脚马，再开象位车，这样就可利用红已挺兵及出马无根的弱点，挺卒邀兑高车反击。这一战术思想在实战中取得了较好的效果。

沈文荧负王浩然。

1. 兵七进一　　象7进5　　　　**2.** 兵三进一　　马8进6

3. 马二进三　　卒7进1　　　　**4.** 兵三进一　　车9平7

5. 马三进四　　车7进4

黑通过弃卒开出象位车，作为后手棋先亮出车头，布局自然满意。回顾第2回合，在黑已飞左象的情况下，红挺三路兵是不适宜的。同样在第1回合红已挺七路兵的情况下，黑既然采用象位车战术就应飞右象为妥。

6. 马八进七　卒 3 进 1

7. 兵七进一　车 7 平 3

8. 相七进五　……

如马七进六，炮 2 进 3，炮二平四，炮 2 平 6，炮四进六，车 3 平 4，马六退七，车 1 进 1，黑反先。

8. ……　　　车 3 平 6

9. 马四退三　马 2 进 3（图 8）

图 8，双方马皆活跃，但黑先出一只车，呈反先之势。

10. 仕六进五　炮 2 平 1

11. 马七进八　马 3 进 4

希望兑马打开右直车通路，但不及卒 1 进 1 伏冲边卒渡河更有力。

图 8

12. 马三进二　车 6 平 7　　　**13.** 马八进六　车 7 平 4

14. 车一进一　车 4 进 1　　　**15.** 马二进四　车 4 平 6

16. 马四进六　马 6 进 4　　　**17.** 车一平三　车 6 进 1

18. 车三进七　车 1 平 2　　　**19.** 炮八平六　车 2 进 3

20. 马六退七　马 4 进 3

双方平稳，黑稍好，结果胜。

此布局象位车开得快。红若摆兵底炮阻止黑兑兵亮车，亦无济于事，见下局例。

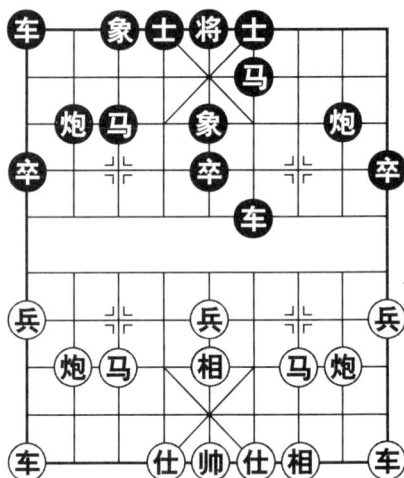

窦国柱负周德裕。

1. 兵三进一　卒 3 进 1　　　**2.** 马二进三　马 2 进 3

3. 车一进一　象 7 进 5

飞左象便于施展拐脚马象位车战术。如马 3 进 4，车一平六，马 4 进 3，车六进五，马 8 进 7，炮八平七，象 7 进 5，炮二进一，炮 2 平 3，相七进五，车 1 平 2，马八进六，仍红先。

4. 相七进五　马 8 进 6　　　**5.** 马八进六　车 9 平 7

6. 马三进四　车 1 进 1

红跃马盘河，并无进路，只是准备平仕角炮瞄马。黑起横车主动保马，巩固阵式。

7. 车九平七　炮 2 进 3

黑伸炮骑河，既防止挺七兵兑卒的手段，又伺机冲3卒过河攻马，佳着，由此反映出红跳盘河马的急躁。

8. 车一平四　卒7进1　　　9. 炮二平三　炮8平7

红跃右马的另一个考虑，是用兵底炮暗瞄车来对付黑挺卒，但黑有平炮手段化解。

10. 兵三进一　炮7进5

11. 马四退三　车7进4（图9）

图9，黑通过兑兵，顺利实现亮出象位车的计划。

12. 车四进三　炮2退3

红升车捉炮虚着，反而给黑以后跃右马咬车创造条件，不如兵七进一。

13. 马三进二　车7平8

14. 马二退三　车1平4

15. 马六进四　马3进4

16. 车四平五　……

逃车并保住中兵。如车四平六，炮2平4，与下面着法相同。

16. ……　　　炮2平3　　　17. 车五平六　炮3平4

18. 马三进四　……

希望兑子缓解局势。如车六平五，卒5进1，车五平四，马4进5得兵。

18. ……　　　炮4进3　　　19. 前马进二　车4平2

20. 炮八平六　炮4平2　　　21. 炮六平八　……

拦炮防其沉底牵车。如车七平八，马4进5，黑亦得兵。

21. ……　　　炮2平8　　　22. 炮八平六　马4进5

23. 车七进一　马6进8　　　24. 相五进三　……

飞相拦炮。如车七平二，炮8平2，黑炮义转为右翼进攻。

24. ……　　　车2平6　　　25. 车七平二　车6进6

26. 仕六进五　车6退3　　　27. 车二进三　车6平7

兑子后，红马位置稍差，黑多中卒略优，结果胜。

以上两局是后手象位车占优。而红执先手如采用相位车，当然机会更多。

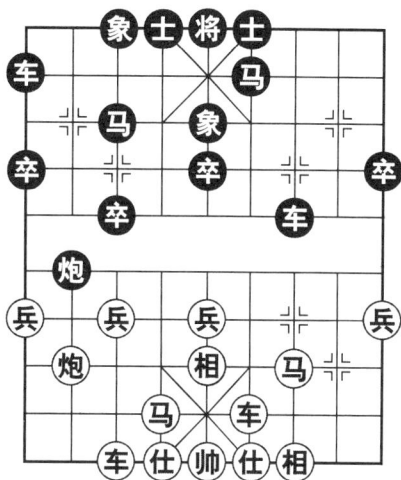

周德裕胜张锦荣。

1. 兵三进一　马2进3　　　2. 马二进三　卒3进1

3. 相七进五　车1进1　　　　**4. 马八进六　……**

针对黑挺 3 卒，红飞左相跳拐脚马，便于先手开相位车。

4. ……　　车1平4　　　　**5. 车一进一　马8进7**

6. 车九平七　马3进2

软着，容易陷入被动。应车 4 进 1，兵七进一，卒 3 进 1，车七进四，炮 8 退 1，伏平 3 炮打车的对攻手段。

7. 车七平八（图10）　……

图 10，红平车谋求兑子抢先。如兵七进一，炮 2 平 3，炮八平七，卒 3 进 1，炮七进五，炮 8 平 3，车七进四，车 9 平 8，炮二进二，车 8 进 4，黑可抗衡。

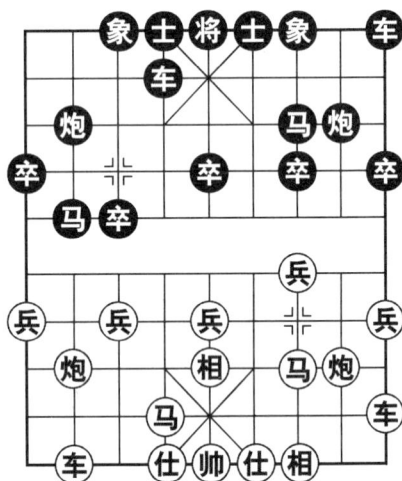

图 10

7. ……　　马2进3

如炮 2 进 5，车八进二，马 2 退 3，车八进四，仍红先。

8. 炮八平七　炮2平3

9. 马六进七　炮3进4　　　　**10. 炮二进一　……**

弃炮抢攻，精彩。与前面平车、兑马构成一整套计划，棋战由此进入高潮。

10. ……　　炮3平8　　　　**11. 炮七进七　将5进1**

升将便于对攻。如士 4 进 5，炮七平九，士 5 进 6，马三进四，前炮退 3，兵三进一，黑更难应付。如吃兵，则红马踏中卒咬双。

12. 马三进四　前炮退3

退炮固守，防红冲三兵渡河。

13. 马四进三　车9进1　　　　**14. 炮七平八　……**

移炮巧着，针对黑左车横车，伏炮八退一叫将抽车的手段。

14. ……　　后炮退1

化解红抽车计划，但露出左马无根的破绽，亦属无奈。如车 4 进 2，车一平八，将 5 平 6，前车平四，将 6 平 5，车八进八，车 4 退 2，车七退四，红连抢二先。

15. 车八进七　车9进1　　　　**16. 车一平四　车4平2**

17. 车八平四　车2退1　　　　**18. 前车进一　将5退1**

19. 前车平二　车2进6　　　　**20. 车二退二**

黑化解了红沉底炮攻势，老将归位，但红追回一子，并取得控制局面的优势。后来黑失误丢马，结果红胜。

相位车虽然有可能快出的优越性，但须跳拐脚马，此马容易受到对方肋车攻击，亦有弊病。

王浩然胜周焕文。

1. 兵七进一　象 3 进 5　　　　**2.** 马八进七　马 2 进 4

3. 车九进一　马 8 进 9

如卒 3 进 1，车九平六，马 4 进 6，兵七进一，车 1 平 3，车六进四，卒 7 进 1，相三进五，士 6 进 5，兵七进一，车 3 进 3，马七进八，仍红先。

4. 车九平六　车 9 进 1　　　　**5.** 车六进四　炮 2 平 3

红肋车骑河，是预防象位车挺 3 卒的手段。于是黑改变计划，平卒底炮准备开直车。

6. 马七进八　卒 3 进 1

7. 相七进五　卒 3 进 1

8. 相五进七　卒 1 进 1

9. 炮二平六（图 11）　……

图 11，红车炮联合捉马，是攻击拐脚马的惯用手段。至此掌握先手，布局满意。

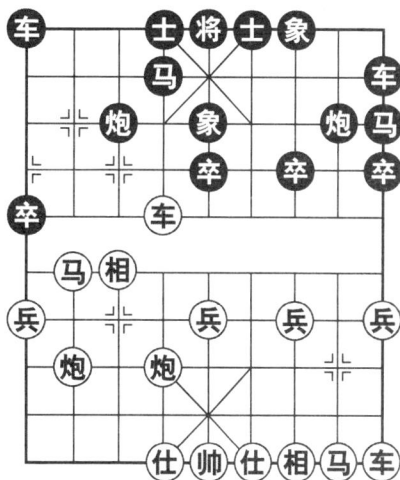

图 11

9. ……　　　　卒 1 进 1

10. 兵九进一　车 1 进 5

11. 炮六进二　卒 7 进 1

虚着。应趁红炮忙于保马之机，马 4 进 6 摆脱牵制，然后补士固防，尚可抗衡。

12. 相三进五　车 1 退 4　　　　**13.** 炮八平六　车 1 平 2

14. 马八退儿　卒 9 进 1

无奈。如逃拐脚马，车吃底士。

15. 前炮进四　炮 3 平 4　　　　**16.** 车六平四

红炮被牵制，但得子显然占优，结果胜。

周德裕胜窦国柱。

1. 兵三进一　马 2 进 3　　　　**2.** 马二进三　车 1 进 1

3. 马八进七　卒 3 进 1　　　　**4.** 仕六进五　……

如飞相，黑有挺7卒再车1平7的手段。

4. …… 象7进5 **5. 相七进五** ……

在黑失去担子炮的条件下，红补相是可行的。如卒7进1，兵三进一，车1平7，马三进四，车7进3，马四退二，车7退2，马二退四，车7进4，马四进三，均势。

5. …… 马8进6 **6. 车九平六** 卒7进1

7. 兵三进一 车9平7 **8. 马三进四** 车7进4

9. 炮二平四（图12） ……

图12，针对黑拐脚马弱点，红用仕角炮牵制，并准备开出右车，至此红势较好。

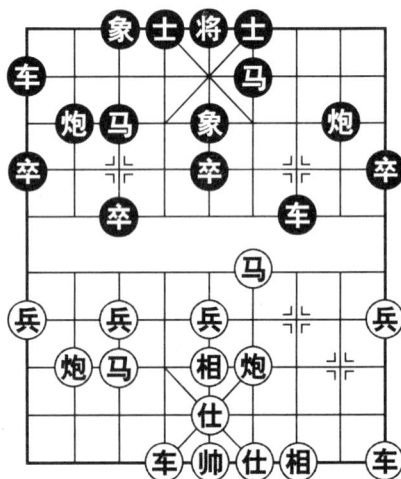

图 12

9. …… 炮2进3

10. 车六进四 炮2平6

11. 车六平四 ……

黑伸骑河炮虚着，兑子后拐脚马受红车炮攻击，易陷被动。

11. …… 车1平2

12. 车一平二 炮8平7

13. 炮八退二 ……

随手棋。应炮八平九，马3进4，车四退一，马4进3，炮九进四，黑右马无进路，左马仍然受攻。

13. …… 马6进7

软着。应马3进4，车四退一，马4进3，接有马3进1的凶着，红左翼空虚难防。

14. 车二进七 炮7退2

软着。应炮7退1，炮八平七，马3进4，车四退一，士4进5，黑可抗衡。

15. 车二平三 马3进4 **16. 车四平六** 炮7进1

17. 炮八进五 ……

黑欲运炮逐车，为时已晚。红巧伸炮逼兑子，可获得兵种优势。

17. …… 车2进3 **18. 车三进一** 马4退6

19. 车三退一 马6退5 **20. 炮四进六** ……

伸炮佳着，由此转入优势。如马5进3，炮四平一再沉底有攻势。

20. …… 卒3进1 **21. 兵七进一** 车2平6

22. 帅五平六 ……

可车六进四，以下与实战着法同。

22. …… 车6平4　　　**23. 帅六平五** 车4平6

应车4进1，马七进六，马5进3，炮四平一，士6进5，炮一进一，士5进6，马六进七，马7进5，兑子化解红攻势，现在错过了机会。

24. 车六进四 车6退3　　　**25. 车三退一** 车7退1

26. 帅五平六 车6进8　　　**27. 仕五退四** 马5进7

28. 车六进一 将5进1　　　**29. 车六退三** ……

红破士多兵优，为残局奠定基础。

29. …… 车7进1　　　**30. 马七进六** ……

可车六进二，将5退1，马七进六，避免黑跳马逼兑。

30. …… 马7进6　　　**31. 马六进四** 车7平6

32. 车六平五 车6平1　　　**33. 车五平六** 象3进1

34. 兵五进一 车1进2　　　**35. 兵五进一** 车1平5

红渡中兵，又有七兵后援，已呈胜势。

36. 兵五进一 卒1进1　　　**37. 兵五平四** 车5平6

38. 车六进二 将5退1　　　**39. 车六进一** 将5进1

40. 车六平四

黑难挽败局，结果红胜。

拐脚马有利有弊，而作为一种阵式是可以采用的。既然后手方可用拐脚马，那么在对兵局中先手方当然也可用拐脚马。这就出现了逆手拐脚马对抗的阵式，直至今天仍然流行。

张锦荣胜周德裕。

1. 兵七进一 卒7进1　　　**2. 马八进七** 马8进7

3. 相三进五 象3进5　　　**4. 马二进四** 马2进4

5. 车一平三 炮8平9　　　**6. 兵二进一** 卒7进1

7. 车三进四 车9平8

红相位车顺利亮出牵制黑马，黑平炮窥视红无根边兵，各有利弊。

8. 车九进一 炮9退1　　　**9. 车九平六** 炮9平7（图13）

图13，双方互跳拐脚马，但车位不同。红双车亮出且对黑马有一定威胁，黑则有一只晚车。

此着平炮打车嫌躁，应车1进1保马为宜。

10. 车三平五 ……

应车三平四，马4进6，车六进六，
士4进5，车六平八，炮7平6，车四平
三，炮6进7，炮二平四，马6进7，车
三退三捉死炮，红优。

10. ……　　　车1进1

11. 车五平四　士4进5

12. 车四进四　炮7平9

13. 车六进三　卒9进1

14. 炮八进一　卒5进1

15. 炮二平三

红控制局面占优，结果胜。

张锦荣负周德裕。

1. 兵七进一　卒7进1　　　**2.** 马八进七　马8进7

3. 相三进五　象3进5　　　**4.** 车九进一　马2进4

5. 车九平六　车9进1　　　**6.** 马二进四　车1平3

7. 车一平三　卒3进1　　　**8.** 兵七进一　车3进4（图14）

图14，演成逆手拐脚马阵式，黑象
位车抢先露头。

9. 车六进三　……

红车离位给黑平肋车捉马提供机会，
且升巡河车并无多大作用。可炮八退一
伏平七打车，等待机会。

9. ……　　　车9平6

10. 马七进八　车6进7

11. 车六进四　炮2进5

12. 炮二平八　车6平2

红兑马时损失了步数，兑炮后又被
黑平车捉炮抢先。

13. 车六退六　马7进6

14. 马八进六　士4进5　　　**15.** 仕四进五　炮8平7

16. 车三平四　马6进7　　　**17.** 车四进八　马7进9

黑伏士角炮拦车再跳卧槽马，已呈优势，结果胜。

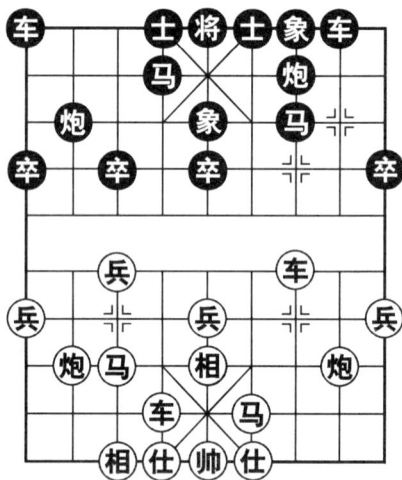
图 13

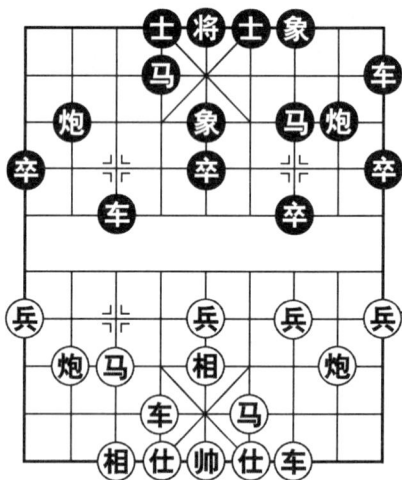
图 14

三、转角马迂回跃出

黑方用象位车应挺兵，阵型弱点在拐脚马。如拐角马能成为转角马，便可避开红肋车的攻击。因此黑可充分利用红挺兵这一目标，在布局上改为背补象，用转角马支持挺卒兑兵。若能实现此计划，马跳到河头佳位，攻守两利。

朱剑秋负王浩然。

1. 兵三进一　象3进5　　　　2. 马二进三　、马2进4

3. 车一进一　……

起横车准备平肋捉马，是正常着法。在窦国柱对王浩然一局中，马八进七，马4进6，马三进二，马6进5，黑有反击手段。

3. ……　　　马4进6　　　4. 相七进五　卒7进1

黑针对红首着挺兵而来。此时红不宜兑卒，否则黑马盘踞河头随时跳卧槽进击。

5. 车一平六　马8进7　　　6. 马三进四　卒7进1

7. 相五进三　……

可马四进五捉马抢先，故黑第5回合应卒7进1兑兵，就不会丢中卒了。

7. ……　　　车9进1

8. 马八进七　马6进5

9. 相三退五　车9平6（图15）

图15，黑亮车捉马，同时盘头马伺机过河进击，红局势虽无大碍，但已感先手不大。

10. 车六进三　车1进1

虚着。不如士4进5，仕六进五，车1平4，车九平六，炮2平4，前车平八，炮8进3，有些反击机会。

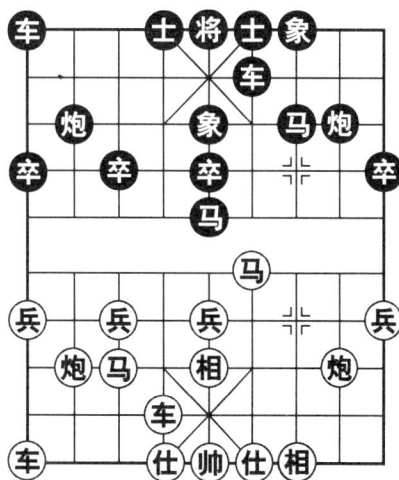

图 15

11. 仕六进五　士6进5　　　　**12.** 炮二平四　车6平8

13. 炮八进四　……

不能挺中兵捉马,因有炮8进3牵制。

13. ……　卒3进1　　　　**14.** 马四进六　炮8进7

15. 兵五进一　车8进4　　　**16.** 车九平六　……

红方一系列着法围绕攻击黑中马。此时联车诱炮2平4打串,炮八进三,象5退3,马六进七,车1平3,兵五进一,车8平4,车六进四,车3进1,车六平三,象7进5,兵五平六,红优。

16. ……　马5进7　　　　**17.** 相五进三　……

贪吃马失双相,右翼陷入危机。应炮四进六打车,又有马踏象的攻势,仍属红易走。

17. ……　车8平7　　　　**18.** 兵五进一　车7进4

19. 前车平二　卒5进1　　　**20.** 马七进五　炮8平9

21. 炮八退五　……

软着,放黑炮过河为患,只能马五退四。

21. ……　　炮2进3　　　**22.** 马五退四　炮2平5

黑右炮及时过河摆中,配合底炮展开攻势,使红方应接不暇,由此奠定胜势。

23. 炮四平五　车1平2

红认输。如车六进一,车7退2,车二退四,车7平5,帅五平六,车5平3再沉车杀。

窦国柱负王浩然。

1. 兵三进一　象3进5　　　**2.** 马二进三　马2进4

3. 马八进七　马4进6

开局几着便跳转角马,比较少见。它是针对红挺三兵而来,准备挺7卒兑兵出马。

4. 马三进二　……

马三进四的路子较宽,如卒7进1,相三进五,卒7进1,相五进三,马6进5,相三退五,马5进6,炮二平四,黑孤马深入反易受困。

4. ……　马6进5　　　　**5.** 车九进一　马5进7

6. 马二进三　……

黑马无佳位,宜炮二平三避兑,随时飞中相逐马抢先。

6. ……　马8进7　　　　**7.** 车九平三　前马退9

退边马有危险，不如前马进 8，兑子简化局面。

8. 兵七进一　……

闲着。应马三退四，炮 8 退 1，兵一进一，炮 8 平 7，炮二平三，马 9 进 7，相三进五，前马退 8，炮三进六，马 8 退 7，车一平二，红先手扩大。

8. ……　　　卒 3 进 1

9. 马七进六　炮 8 退 1（图 16）

图 16，黑及时退炮准备平 7 牵马。如卒 3 进 1，马六进四，马 9 退 7，车三进五，马 7 退 5，车三平五，马 5 进 3，车五平七，红先手扩大。

10. 马六进四　马 9 退 7

11. 马四进六　炮 2 平 4

12. 车三进五　车 1 平 2

13. 炮八平六　……

漏着导致失子。应炮八平五，炮 8 平 7，车三平四，车 9 平 8，炮二平四，尚可周旋。

図 16

13. ……　　炮 8 平 7　　　　**14.** 车三平四　炮 4 进 5

15. 仕四进五　炮 4 退 1

黑得子优。但后来走软，经过一番周折才获胜。

黑转角马虽然灵活多变，但却暴露了中卒失根的缺点，有的棋手试图后补中炮进攻。

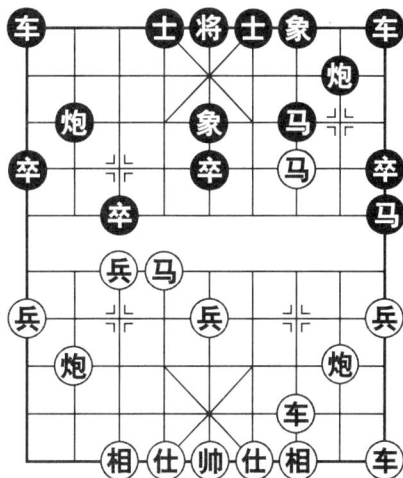

周焕文胜王浩然。

1. 兵三进一　象 3 进 5　　　　**2.** 马二进三　马 2 进 4

3. 兵七进一　……

软着，反而会给黑弃 3 卒开象位车创造条件。车一进一为宜，叫观察黑马动向，随机应变。

3. ……　　　马 4 进 6　　　　**4.** 炮八平五　……

红中炮虽可取卒，但会造成失先局面，还是飞相较为稳健。

4. ……　　　卒 7 进 1　　　　**5.** 炮五进四　士 4 进 5

6. 相三进五　卒 7 进 1　　　　**7.** 相五进三（图 17）　……

图 17，黑转角马暗藏反击手段。可马 6 进 5，相三退五，马 5 进 6，炮二退一，马 8 进 7 反先。

7. ……　　　马 8 进 7

8. 炮五平四　……

黑出左马错过一个机会。红本应炮五退二防马局势平稳，现却平肋炮压马不妥，因马 7 进 8，炮四退四，炮 8 进 5，炮四平二，马 6 进 5，相三退五，马 5 进 6，车九进一，车 9 进 2，炮二退一，车 9 平 7，车一平三，车 1 平 4，黑反先。

8. ……　　　卒 9 进 1

9. 马八进七　车 9 进 3

10. 炮四退二　车 9 平 7

可马 6 进 5，相七进五，马 5 进 6，炮二退一，车 9 平 7 捉死相。

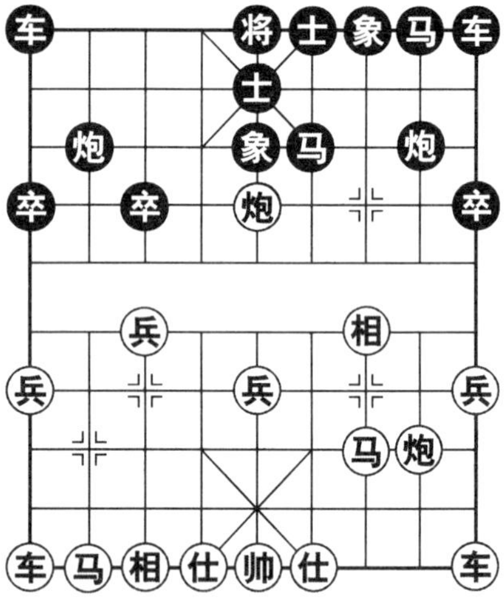

图 17

11. 相七进五　马 6 进 5　　　12. 炮四平五　炮 8 进 4

13. 车九平八　炮 2 进 4　　　14. 仕四进五　炮 8 平 6

15. 马三进四　车 7 平 8　　　16. 炮二平四　……

前阶段黑错过一些机会，未能抓紧反击，红方阵式逐渐巩固。

16. ……　　　车 1 平 4　　　17. 车一平三　车 8 进 3

可马 5 退 7 兑子，避免炮轰象的凶着。

18. 炮五进三　象 7 进 5　　　19. 兵五进一　马 7 进 8

如炮 6 平 9，兵五进一，红得象渡兵稍优。

20. 车八进三　马 8 进 6　　　21. 炮四进二　马 5 退 7

22. 车三平四　炮 6 平 3　　　23. 炮四进二　……

红采取先弃后取巧破象，已呈优势。

23. ……　　　车 4 进 3　　　24. 兵五进一　车 8 平 9

25. 兵五进一　车 4 平 5

黑贪吃边兵随手，红妙送中兵奠定胜势。

26. 炮四退三　车 5 进 4　　　27. 车八平七　马 7 进 5

28. 炮四平二　马 5 进 7　　　29. 炮二进六　象 5 退 7

30. 车七平一　马 7 进 9　　　31. 马七进六　车 5 退 2

32. 马六进七

黑失子认负。这盘棋黑输在中局。从布局上看，用转角马仍然是可行的。当然，也有后补中炮方取胜的。

张锦荣胜周德裕。

1. 兵七进一　卒7进1　　　　2. 炮八平三　炮2平7

3. 马八进七　马2进3　　　　4. 车九平八　象7进5

双方均以金钩炮对峙，实属罕见。红执先手快开车，是正常的布阵法。

5. 马二进一　马8进6　　　　6. 车八进八　车1进1

7. 车八平九　马3退1

黑主动兑车简化局面，减轻压力。

8. 车一进一　马6进4

准备挺3卒兑兵出马，这是转角马惯用的手段，弱点是中卒无根。

9. 炮三平五　卒3进1

10. 马七进六（图18）　……

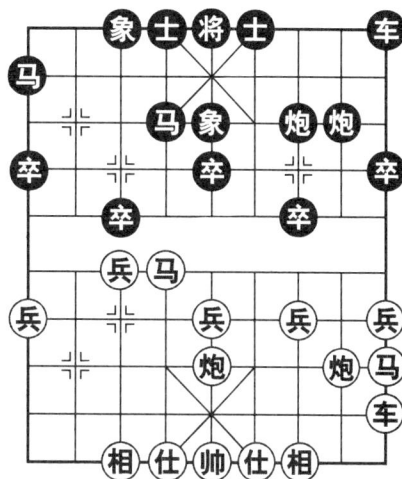

图18

图18，红跃马弃兵抢先，由此展开中局战斗。

10. ……　　　　卒3进1

11. 马六进五　炮7进1

12. 炮二平三　炮8进4

伸炮展开对攻，否则车一平二，再进五连续捉炮抢先。

13. 兵三进一　士6进5　　　　14. 车一平二　炮8平1

15. 炮三退一　……

退炮生根，准备冲兵吃卒。

15. ……　　　　炮7进2　　　16. 炮三平六　车9平6

17. 炮六进五　卒9进1　　　　18. 炮六退一　车6进4

软着，被红炮打卒取势。可卒3进1，兵五进一，卒9进1，兵一进一，马1进2，炮六平八，马2进4对攻。

19. 车二进八　士5退6　　　　20. 炮六平三　士4进5

21. 炮三进三　马1进2　　　　22. 车二退五　……

如炮五平三，士5退4，相三进五，车6退1，相五进三，车6平5，后炮平五，车5进3，炮三进一，士6进5，炮三退三，士5退6，炮三平一，士4进5，炮一进三，卒3进1，黑在对攻中不亏。

22. ……　　　　炮1退1　　　23. 车二进二　马2进4

24. 炮三平一　炮7退5　　　　25. 炮一进一　前马进5

贪吃兵劣着。应车6退1，无论红是否兑车均难占便宜。

26. 马五进三　车6退2　　　**27.** 马三进四　士5退6

如车6退1，车二平三，士5退6，车三进三，车6平9，马一进三，将5平4，车三平四，将4进1，马三进二，红有攻势。

28. 车二退三　车6平9　　　**29.** 车二平五　将5平4

不能车9退2吃炮。因车五进四，将5平4，车五平六，将4平5，马一进三，红方大优。

30. 车五平六　将4进1　　　**31.** 炮一平四　车9平6

32. 炮四平六　象5进7　　　**33.** 炮六退二

黑车不敢吃炮，红有炮五平六打死车的手段。至此红多子优，结果胜。

周德裕胜窦国柱。

1. 兵三进一　马2进3　　　**2.** 兵七进一　车1进1

3. 炮二平七　象7进5　　　**4.** 马二进三　……

红摆金钩炮，有利于右车快出。

4. ……　　　炮8平7

5. 相七进五　马8进6

6. 车一平二　马6进4（图19）

图19，马跳士角并无进路，不如车9平8兑车为稳。

7. 车二进六　车9平7

8. 马八进六　卒3进1

希望通过兑兵跳马到河头佳位，而未料到红右马跃出的威力。故应车1平6，炮七进四，马4进5，炮八平七，马5进6对攻。

9. 马三进四　车1平6

10. 马四进五　车6进7　　　**11.** 仕六进五　马3进4

12. 兵七进一　象5进3　　　**13.** 马五退七　……

弃马抢攻，有胆有识。取得沉底炮攻势后，黑右翼空虚难守。

13. ……　　　后马进3　　　**14.** 炮七进七　士4进5

15. 车九平七　马3退4　　　**16.** 炮七平九　前马退3

退马挡车，争取固守。

17. 车二平三　马4进5

否则车七进七，炮7平3，车三进三得子，此着跳马咬车亦属无奈。

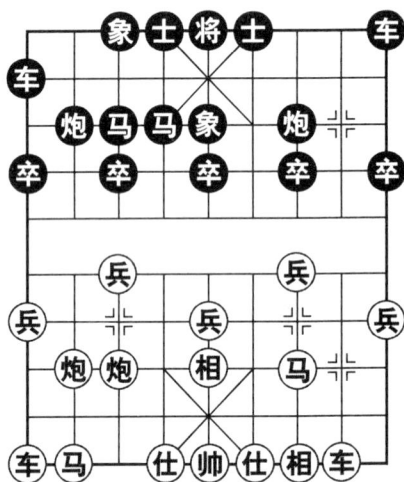

图19

18. 车七进七 马 5 退 7 　　　　**19.** 车七平八 　……

伏车八平三啃炮叫杀的手段。

19. …… 马 7 退 5 　　　　**20.** 车八进二 士 5 退 4

21. 车八退一 士 4 进 5 　　　　**22.** 相三进一 将 5 平 4

右翼太空虚，可车 6 退 4，车八进一，士 5 退 4，车八退四，将 5 进 1，车八进三，马 5 退 3，车八平七，将 5 进 1，同样失子，但比实战着法好些。

23. 车八平九 马 5 退 3 　　　　**24.** 车九平七 炮 7 平 2

25. 车七进一 将 4 进 1 　　　　**26.** 车七退二 炮 2 退 2

黑已难支撑。如车 7 进 3，车七平八，黑暂解危局，但亦难逃厄运。

27. 车七进一 将 4 进 1 　　　　**28.** 炮八进五

黑认输。

除了后手方采用转角马外，先手方也可采用。

周德裕胜张锦荣。

1. 兵三进一 炮 2 平 7 　　　　**2.** 马二进三 马 2 进 3

可卒 7 进 1，马三进四，卒 7 进 1，马四进五，炮 7 平 5，炮八平五，马 2 进 3，马八进七，车 1 平 2，车九进一。红弃兵抢先，黑渡卒对攻，各有千秋。

3. 马三进四 车 1 平 2 　　　　**4.** 相七进五 马 8 进 9

5. 马八进六 炮 8 进 3

如车 9 进 1，炮二平四，车 9 平 4，车一平二，炮 8 退 2，车二进七，仍红先。

6. 马四进六 象 7 进 5

7. 炮二平一 车 9 平 8

8. 车一平二 车 2 进 4

9. 前马进七 炮 7 平 3

10. 车二进三（图 20）　……

图 20，黑双车出动较快，红阵式比较稳固，局面平淡。

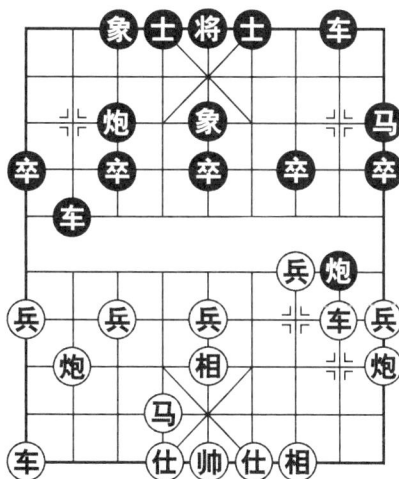

图 20

10. …… 卒 9 进 1

11. 兵七进一 炮 8 退 4

12. 兵一进一 马 9 进 8

不宜卒 9 进 1，炮一进五，炮 3 平 9，车二进四，黑无根车炮受牵难脱。

13. 炮一进三 炮 8 进 5 　　　　**14.** 炮一平八 炮 8 进 3

15. 前炮进一 卒 5 进 1 　　　　**16.** 马六进四 　……

到中局才跳转角马较少见，目的不是为马本身的发展，而是疏通横车的通路。

16. ……	马 8 进 6	**17.** 车九进一	马 6 进 5
18. 后炮平六	车 8 进 1	**19.** 炮八退四	马 5 进 6

失算，置马于死地。应车 8 平 4，仕六进五，卒 5 进 1，兵五进一，马 5 退 6，马四进二，炮 3 进 3，车九平七，卒 3 进 1，兵五进一，车 4 平 2，马二进四，车 2 进 6。红缺相，在对攻中有顾虑。

20. 车九平四	车 8 平 2	**21.** 炮八平七	卒 3 进 1
22. 炮六平五	车 2 进 5	**23.** 炮五进三	士 4 进 5
24. 马四进五	炮 3 进 3	**25.** 炮七平二	……

红运子取势，摆中炮打卒后，又移炮右翼准备沉底闷杀。

25. ……	炮 3 进 4	**26.** 仕六进五	将 5 平 4
27. 仕五退四	车 2 平 4		

平车守肋，防车四平六再沉炮杀。

28. 炮二进七	象 5 退 7	**29.** 车四平七	炮 3 平 6
30. 帅五进一			

红多子优，结果胜。

张锦荣负周德裕。

1. 兵七进一	卒 7 进 1	**2.** 马八进七	马 8 进 7
3. 车九进一	马 2 进 3	**4.** 相三进五	象 3 进 5
5. 马二进四	士 4 进 5	**6.** 兵三进一	卒 7 进 1
7. 车一平三	马 7 进 6	**8.** 车三进四	炮 8 平 6

红顺利地亮出相位车，而黑用士角炮瞄住拐脚马，潜伏威力，各有所得。

9. 马七进八	……	

软着。应炮八进三，伏冲七兵打马，黑马进退无佳位。如接走车 9 平 8，炮二平三，车 8 进 8，车三进一，车 8 平 6，车九平四，炮 6 进 6，车三平四，仍红先。

9. ……	炮 2 进 5	**10.** 炮二平八	车 9 平 8
11. 马四进六（图 21）	……		

图 21，红跳转角马并非寻找出路，而为避免车 8 进 8 牵制，由此造成中兵失根。

11. ……	车 8 进 6	**12.** 马八进七	车 8 平 5
13. 炮八进三	……		

现在伸炮已晚，无大作用。

13. ……　　　　车 1 平 4

14. 仕六进五　　车 5 平 9

15. 车九平八　……

如兵七进一，马 6 进 5，车三平五，象 5 进 3，车九平七，象 7 进 5，炮八退二，马 5 进 3，车七进一，车 9 平 2，红过河马受困。

15. ……　　　　车 9 平 6

16. 马六进五　　马 6 进 4

17. 马七进九　　马 3 进 2

18. 马九进七　　车 4 进 1

19. 车八进四　　车 4 平 3

图 21

如卒 5 进 1，马五进三，车 4 平 3，车三平六，车 6 退 2，马三进四，车 6 退 2，和局。

20. 马五进六　　车 3 进 2　　　　**21.** 车三平六　　炮 6 进 1

22. 马六退五　　炮 6 平 8

黑多一卒稍优。后来红走软着，结果黑胜。

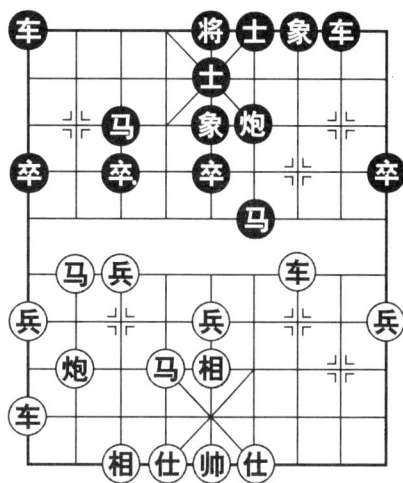

四、卒底炮响一声雷

前述对付挺兵局，黑采用象位车、转角马等应法，反击速度较慢，而且只针对红挺兵这一着棋，对于红继续跳马并无威胁。近代名手对局发掘了卒底炮应法，是古谱没有的。

顾名思义，卒底炮就是黑方在卒后置一门炮瞄住红挺起的兵，如红跳马则挺卒攻之，这样反击更直接有力。摆卒底炮，开始采取金钩炮阵式，后发现不过宫的卒底炮更厉害，俗称"一声雷"。

周德裕和钟珍。

这是周、钟10局赛中的一盘棋。钟珍首创金钩炮应挺兵，布局效果不错。

1. 兵三进一　炮2平7

黑平炮过宫摆卒底，这步棋称为金钩炮，目的是威胁红三路线，同时加快右翼出子速度。

2. 炮八平五　马2进3　　　　**3. 马二进三　象7进5**

补象稳健。如卒7进1，马三进四，卒7进1，马四进五，炮7平5，马五退三，红先手扩大。

4. 马三进四　马8进6

5. 炮二平四　车9进1

6. 车一平二　炮7退2（图22）

图22，红仕角炮瞄住黑拐脚马，控制局面。黑退底炮准备平8打车，是金钩炮的惯用手段。至此，如车二进五，卒7进1，伏炮打死车。

7. 炮四进六　车9平6

8. 马四进六　炮8平6

如炮8平7，车二进七，前炮平6，

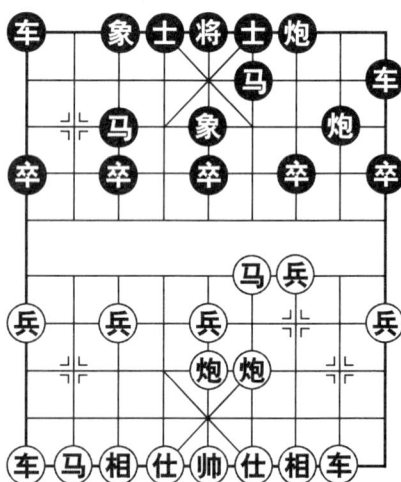

图22

仕四进五，士4进5，马六进八，红有攻势。

9. 兵七进一　车1平2　　　　**10.** 马八进七　车2进4

11. 马六进七　炮6平3　　　　**12.** 炮五进四　士4进5

跳了三步的红马兑换只走一步的黑马，红在步数上吃亏。而且黑肋车顺便亮出，子力比较活跃，黑潜伏反先之势。

13. 相七进五　车6进2　　　　**14.** 炮五退二　车2进3

15. 车九平七　卒3进1

可车6平4，仕六进五，车4进3，炮五平四，卒3进1，炮四退一，车4退2，黑易走。

16. 车二进五　卒7进1　　　　**17.** 兵三进一　……

如车二平三，车6平5，车三平六，卒3进1，红马难逃，黑优。

17. ……　　卒3进1　　　　**18.** 兵三进一　车6平3

如车6平5，兵三平四，车5平6，车二平七，炮3进1，前车退一，局势缓解。

19. 马七进六　车3平7　　　　**20.** 车七进四　炮7进2

黑第15回合挺卒过急，被红骑河车夺回先手。至此局面平稳，结果成和。但就布局而言，黑方仍属满意。

为了探讨这个布局，周、钟两位棋王又一次进行较量。

周德裕和钟珍。

1. 兵三进一　炮2平7　　　　**2.** 相三进五　马2进3

3. 兵七进一　车1平2

4. 炮八平七　象7进5

5. 马二进三　马8进6

飞相不及上局当头炮有力，所以拐脚马从容跳出。

6. 马八进九　卒7进1

7. 兵三进一　车2进4（图23）

图23，黑施展先弃后取手段兑卒，可把右车移左，集中优势子力攻红右翼。

8. 车九进一　炮7进5

9. 炮七平三　车2平7

10. 炮三进二　马6进4

11. 车九平六　卒3进1

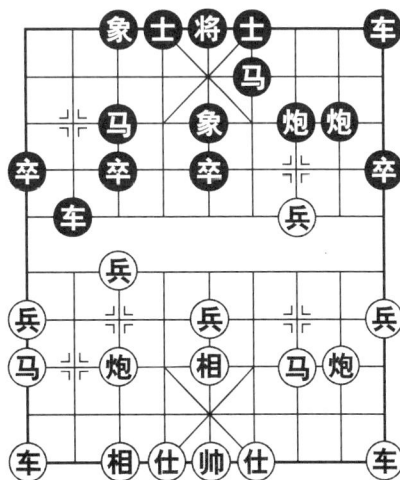

图23

黑着法积极，力争求先。

12. 炮二平三	车7平4	**13.** 车六平二	炮8平6
14. 车二进五	车4平5	**15.** 前炮平五	卒3进1
16. 相五进七	马4进3	**17.** 炮三平五	前马进5
18. 炮五进二	车9平7	**19.** 车二平四	士4进5
20. 相七退五	车7进6	**21.** 兵九进一	车7平5

经过兑子局面平稳。但黑先出双车，夺得中兵稍优，结果红处下风求和。这盘棋黑布局亦成功。

金钩炮阵型也有弊端，弊在侧翼子力拥挤，不利于开展，实战中也有失败的例子。于是人们逐渐改为目前流行的卒底炮阵式，既保持射兵制马的计划，又使子力分布均衡，并随时后补中炮进击。此类阵式在近代名手对局中已见采用，并取得较好效果。

早期红按挺兵原意，仍然跳马抢先，但未能占到便宜，见下面两个局例。

万启有和赵文宣。

1. 兵三进一	炮8平7	**2.** 马二进三	卒7进1
3. 马三进四	卒7进1	**4.** 马四进六	……

准备马六进四伏卧槽，再吃回黑卒。

4. ……	炮7进1	**5.** 炮八平五	马8进7
6. 马八进七	车9平8	**7.** 车九平八	炮2平4
8. 炮二平四	车8进4		

及时升车捉马。如马2进1，车八进四，车8进5，相三进一，车1平2，车八平三，车8平7，相一进三，车2进4，马六退四，仍红先。

9. 马六进八　马2进1

10. 兵五进一（图24）　……

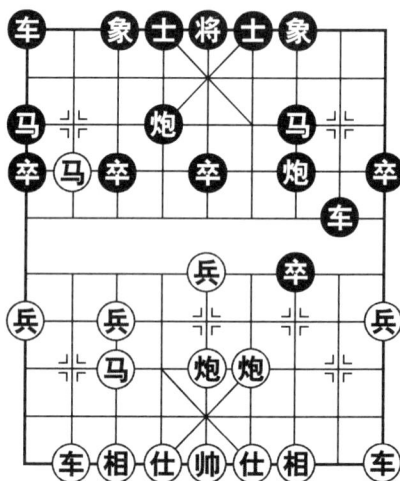

图24

图24，挺兵加强中路攻势，也为过河马留出退路。如车八进四，车8平7，炮四平三，卒7平6，炮三进四，车7退1，车八平四，车1平2，车四平八，车2进2，伏炮4进1打马反先。

10. ……　炮4平2

11. 马八退七　车1平2

12. 兵五进一　士6进5

13. 兵五进一　马7进5　　　**14. 前马退五　马5进6**

红快马过河又退回，显然损失步数。红中炮随时会被黑马兑掉，故无攻势。

15. 车八进四　……

如马五进三，炮2平5，仕四进五，车2进9，马七退八，车8平7，相三进一，炮7进2，相一进三，车7进1，黑优。

15. ……　　　炮2平7　　　**16. 车八平五　马6进5**

17. 相三进五　卒7进1　　　**18. 车五进二　车8平7**

19. 炮四平二　后炮平8　　　**20. 车五平四　车2进4**

21. 仕四进五　象7进5　　　**22. 车一平四　卒1进1**

双方子力对峙，均难进取。黑卒渡河稍优，红已失先，结果和棋。

周德裕和冯敬如。

1. 兵七进一　炮2平3　　　**2. 马八进七　卒3进1**

3. 马七进六　卒3进1　　　**4. 马六进五　象7进5**

5. 炮二平五　马8进6　　　**6. 马五退四　……**

退马避兑。如马二进三，马6进5，炮五进四，士6进5，车一平二，马2进1，车二进四，马1进3，黑卒过河有潜力。

6. ……　　　马2进1　　　**7. 马四进六　车1平2**

8. 炮八进四　……

只能伸炮封车。如炮八平六，车2进4，马六进七，炮8平3，马二进三，车9平8，黑双车先亮出反先。

8. ……　　　炮3进2

9. 车九平八　车2进2

10. 车一进一　士6进5

11. 车一平四　炮8进1（图25）

图25，面临兑子局面。如炮八退三，车9进1，车四进三，车2平4，仍属黑易走。

12. 车四进七　车2进1

13. 车八进六　炮8平2

14. 相七进九　炮2进6

16. 炮五平七　车9平6

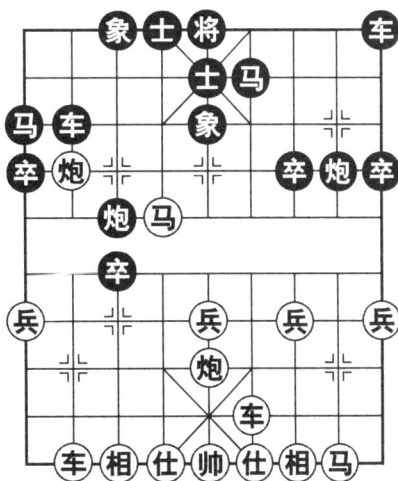

图25

15. 仕六进五　卒3平4

红忙于防守，黑已呈反先之势，故不宜兑车缓解局面。应车9平8，马二进三，车8进4，马六退四，车8平5，马四进三，车5平7，车四退二，炮3退1，兵三进一，车7平3，前马进一，士5进6，马一进三，将5进1，红难应付。

17. 车四进一　将5平6　　　**18.** 兵三进一　马1进3

19. 马二进三　马3进5　　　**20.** 马三进四　马5进7

21. 相三进一　马7进9　　　**22.** 马四进三　马9退8

应炮2退8守住红马叫将，并随时炮2平1打兵。

23. 马三进二　将6平5　　　**24.** 马二退一

双方子力相等，结果和棋。而在开局阶段黑稍好，红方不满意，说明弃兵抢三先的棋不成立，于是红方把跳马改为补相。

张锦荣负周德裕。

1. 兵七进一　炮2平3　　　**2.** 相三进五　……

红联相生根，并为跳左马创造条件，这是对付黑卒底炮的早期弈法。

2. ……　　马8进7　　　**3.** 马八进七　象3进5

4. 马七进六　车9进1

红按计划跃出左马，现面临黑横车准备平肋攻击，可炮八平六，车9平6，炮二进二，卒7进1，马二进三，马2进1，车九平八，红阵型协调。

5. 兵三进一　车9平4　　　**6.** 马六进七　……

如炮二进二，炮8进2，炮八平六，炮8平4，炮六进三，车4进3，马二进四，马2进4，车九平八，卒7进1，车一平三，车1平3，红攻势受阻。

6. ……　　　　车4进5

7. 炮八平七　马2进4

8. 马七进五（图26）　……

图26，红贪吃象是陷入被动的根源。应车九平八，马4进3，炮七进四，车4退3，炮七平八，炮3平2，炮八平七，黑无便宜。

8. ……　　　　炮8平5

9. 炮七进五　炮5进4

10. 仕四进五　车1平3

11. 炮七平九　马4进3

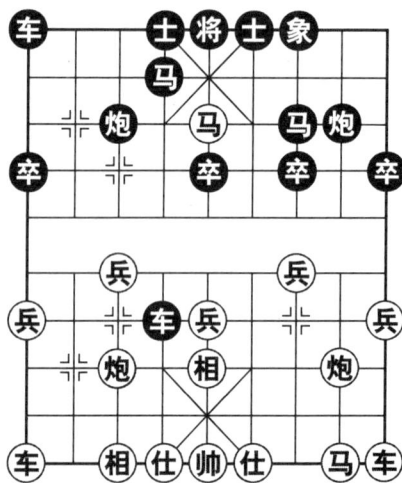

图26

12. 炮九平八　车 4 平 2

黑出车跃马，连续追击红炮，反夺先手。

13. 马二进三　炮 5 退 1　　**14.** 炮八平六　车 2 平 7

15. 炮六退五　马 3 进 1

黑全力反击，有马 1 进 3 捉炮以及马 1 进 2 入卧槽等手段，红难应付。

16. 炮六平七　车 3 平 2

似嫌软，可车 3 进 5，炮二进二，马 1 进 2，炮二平五，车 3 平 5，炮七平八，车 7 进 1，黑方得子。

17. 车九进一　车 2 进 7　　**18.** 马三退四　马 1 进 2

19. 车九平六　车 2 进 2　　**20.** 相七进九　车 7 进 2

伏车 7 平 5，车六平五，马 2 进 3 的杀势，至此黑控制局面，结果胜。

本局虽为黑胜，主要是红中局失误。黑开局第 2 回合跳马不够有力，改后补中炮更好。

张锦荣负雷海山。

1. 兵七进一　炮 2 平 3

黑摆卒底炮反击得力。至此红如按原计划马八进七，卒 3 进 1，马七进六，卒 3 进 1，马六进五，象 7 进 5，相七进五，马 8 进 6，黑反先。

2. 相三进五　炮 8 平 5　　**3.** 马八进七　马 8 进 7

4. 马二进四　车 1 进 1

第 2 回合飞相嫌软，黑趁势还中炮反击。第 4 回合跳拐脚马位置不佳，易被黑横车平肋威胁。可马二进三，车 9 平 8，车一平二，卒 3 进 1，马七进八，卒 3 进 1，相五进七，车 8 进 5，相七进五，车 8 平 4，炮八平九，车 4 进 1，车九平八，仍红略先。

5. 车九进一　车 9 平 8　　**6.** 车一平二　车 8 进 4

7. 炮二平三　车 8 平 6　　**8.** 马七进六　……

为防止黑运双肋车捉马，故意跳马诱离黑巡河车，但此马将被迫撤回。不如马七进八，马 2 进 1，车九平六，车 1 平 6，炮三平四，红尚有一些攻击手段。

8. ……　　车 6 平 4　　**9.** 车二进四　车 1 平 4

10. 马六退七　卒 3 进 1（图 27）

图 27，红马进而复退，损失一步棋。黑挺卒过急，以后被红马兑掉右炮，造成左马失根受攻，此着应马 2 进 1，仕四进五，双方相持。

11. 兵七进一　前车平 3　　**12.** 马七进八　马 2 进 1

13. 马八进九　车3退1
14. 马九进七　车3退1
15. 车二平三　马1进2
16. 车三进二　马7退9
17. 车三平五　马2进4
18. 车五退二　马4进2
19. 仕四进五　车4平8

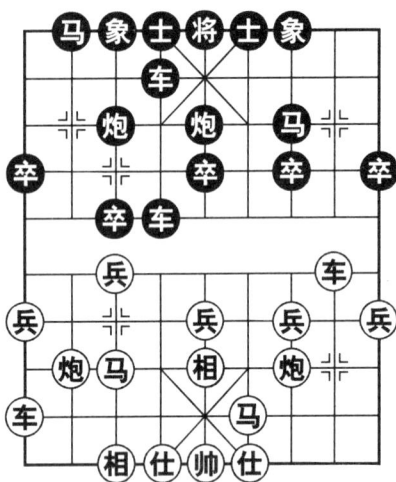
图 27

红多兵但处于守势，黑须强攻才能速战速决。至此形势，红实战着法是飞炮轰象叫将。孤炮躁进无用，却导致左炮右马受攻，结果黑胜。从布局来看，红方未能掌握先手，是不理想的。

红方改进的办法是后补中炮，加强攻势。

鲍子波负赵文宣。

1. 兵三进一　炮8平7　　2. 炮二平五　炮2平5
3. 马二进三　马2进3　　4. 马八进九　车1平2
5. 车九平八　马8进9

红后补中炮取攻势，比飞相显得有力，但摆哪一只炮却值得研究。黑方以列炮应战，至此局面与古谱大列手炮有明显不同。这种局面红挺起了三路兵，不便于巡河车攻防，这步兵有害无益，给黑提供了反击的目标。

6. 车一平二　卒7进1
7. 兵三进一　……

如车二进四，车2进5，相三进一，卒7进1，车二平三，车2平7，相一进三，车9平8，红失先。

7. ……　　　车2进4（图28）

图28，黑先弃卒再升车捉兵，准备移车左翼联炮攻马。如车二进五，卒9进1，车二平一，炮5退1，车一退一，车2平7捉马，红难应付。

8. 兵三平二　车9平8

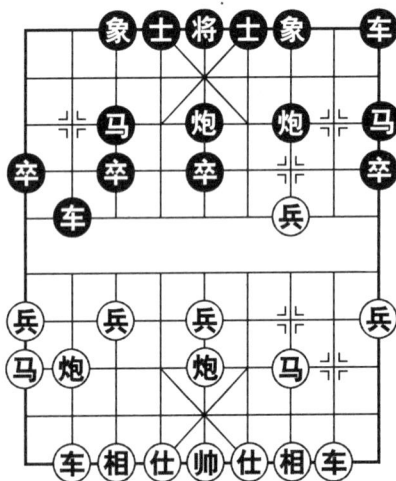
图 28

9. 兵二进一　车2平7　　　　　**10.** 车二进二　卒9进1

伏车7平8兑车打相，谋求积极反击。如马9退7，炮八平七，炮7进5，车二平三，车7进3，炮七平三，马7进8，车八进四，平稳。

11. 相三进一　卒3进1

缓着，可车7平8，车二进三，马9进8，炮八平七，车8进3，炮七进四，卒5进1对攻，黑不亏。

12. 炮八平七　车7平8　　　　**13.** 车二进三　马9进8

14. 车八进四　车8进3　　　　**15.** 车八平二　车8平7

16. 车二进一　炮7进5　　　　**17.** 炮七平三　车7进4

18. 车二平七　炮5进4　　　　**19.** 仕六进五　马3退5

20. 车七平六　马5进7

局势平稳。以后黑车吃边相后获胜。

谢侠逊负黄松轩。

1. 兵七进一　炮2平3　　　　**2.** 炮八平五　炮8平5

黑摆列炮对攻，比跳马保卒更积极。

3. 马八进七　马8进7　　　　**4.** 马二进一　车9平8

5. 车一平二　马2进1　　　　**6.** 车九平八　……

开车是随手棋，未料到黑弃卒的反击手段。可炮二进四，卒3进1，马七进六，卒3进1，马六进四对攻。

6. ……　　　　卒3进1　　　　**7.** 兵七进一　车8进4

8. 仕六进五　……

虚着，只能炮五平四，车8平3，相七进五，但红已无先手。

8. ……　　　　车8平3

9. 马七进六　车1平2

10. 车八平九　车3平4（图29）

图29，红车避兑归回原位，红马受阻，黑反先，说明红布局失利。

11. 马六退七　马1进3

12. 车九进二　……

等待黑炮兑马能开出左车。如炮二平三，炮3进5，炮三平七，炮5进4，车二进四，马3进4，炮七进二，马4进

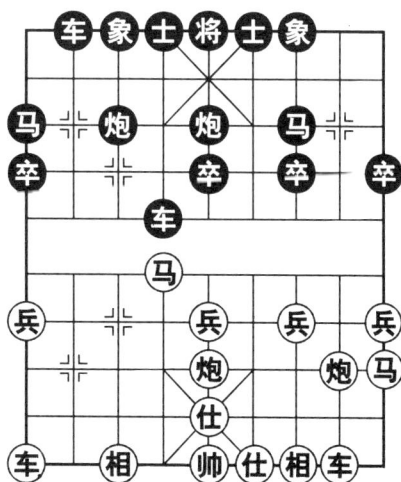

图29

3，相七进九，车2进8，车九平七，车2平4，再进车绝杀。

12. …… 车2进8 **13.** 炮二退一 ……

防平车捉相。如炮五平四，炮3进5，车九平七，炮5进4，相三进五，车2平4，车七平六，后车进3，炮四平六，马3进4，炮二平四，马4进3，再进车杀。

13. …… 车2退2 **14.** 炮二进五 车2平3

15. 车二进四 ……

如马七退六，马3进2，车九平八，炮3进7，马六进七，马2进3，黑亦得子得势大优。

15. …… 车3进1 **16.** 车九平七 炮3进5

17. 车二平七 炮3平9 **18.** 车七进二 炮9进2

黑得子，反先占优，结果胜。

再举一个北方棋手的局例。结果虽属红胜，但开局还是黑方易走。

赵文宣胜赵松宽。

1. 兵三进一 炮8平7 **2.** 炮二平五 炮2平5

3. 马二进三 马2进3 **4.** 马八进九 ……

可马八进七，车1平2，车九平八，卒7进1，马三进四，卒7进1，马四进五，各有顾忌。

4. …… 车1平2

5. 车九平八 马8进9

6. 车一平二 卒7进1

7. 兵三进一 车2进4

8. 兵三平二 卒9进1

缓着，车9平8，兵二进一，车2平7更有力。

9. 兵二进一 车9平8

10. 炮八平七 车2平8（图30）

图30，黑平车邀兑软着，应车2平7，车二进二，马9进8，车八进四，马8进9，车二进一，炮7进5，炮七平三，车7进3，车八平二，炮5平7，黑易走。

11. 炮七进四 象3进1

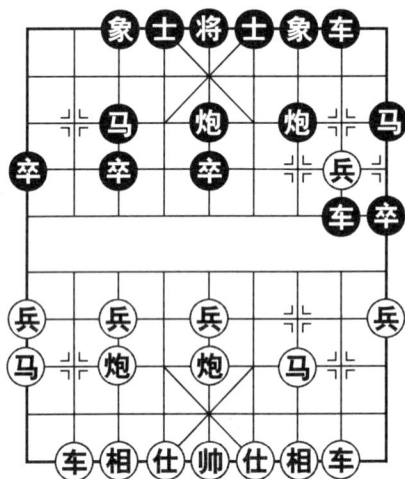

图30

软着，可前车进5，炮七进三，士4进5，马三退二，车8进3，对攻中黑易走。

12. 车八进四　前车平7　　　　**13. 马三进四　炮5进4**

14. 仕四进五　车8进1　　　　**15. 马四进五　马3进5**

16. 车八平五　……

先弃后取，兑子后红便于掌握局势。

16. ……　　炮7平5　　　　**17. 车五进二　车7进2**

18. 兵二进一　车8平7　　　　**19. 相三进一　马9进8**

20. 车二平四　……

防黑马过河咬车。不能车二进五吃马，因前车进3，相一退三，车7进8杀。

20. ……　　后车平4　　　　**21. 车四进五　车7平8**

22. 车四平三　车4进4

如车4进3，车五退三，车8平5，车三平六，马8进6，车六平四，马6进5，相七进五，车5进1，马九退七，红得子优。

23. 马九退八　士4进5　　　　**24. 车三进四　象1退3**

25. 炮七平八　……

伏炮八进三，象3进5，车五进一得子。

25. ……　　车4平2　　　　**26. 马八进七　马8进6**

27. 车五退三　车8平5　　　　**28. 马七进五　车2退2**

29. 炮五进五　象3进5　　　　**30. 车三退五**

大量兑子后，红多兵优，结果胜。

在近代名手对局中，挺七兵再还中炮多数吃亏，直到20世纪70年代初期才找到正确攻法。

现代名手对局偶尔也会弈出上述列炮局，例苏耿振和刘殿中一局。

1. 兵七进一　炮2平3　　　　**2. 炮八平五　炮8平5**

3. 马八进七　马8进7　　　　**4. 马二进一　马2进1**

5. 车九平八　车9平8　　　　**6. 车一平二　卒3进1**

7. 马七进六（图31）　……

图31，红跃马是一步新变着，由此展开对攻。

7. ……　　卒3进1

如炮5进4，仕六进五，卒7进1，兵七进一，车8进5，马六退七，炮3进5，炮二平七，车8平3，车八进三，仍红先。

8. 马六进四　车 8 进 4

9. 马四进五　象 3 进 5

10. 相七进九　……

防车 1 平 2 兑车打相失先。

10. ……　　　车 1 平 2

11. 车八进九　马 1 退 2

12. 相九进七　车 8 平 3

忽略了红弃相兑炮的巧着。可车 8 进 1，相七退九，炮 3 平 2，炮二平三，车 8 平 4，黑优。

13. 炮五平七　车 3 进 1

14. 炮七进五　马 2 进 3

15. 炮二平五　……

红虽失一相，但兵种较优，有谋和希望。

15. ……　　　卒 7 进 1　　**16.** 车二进六　马 7 进 6

17. 炮五进四　士 4 进 5

黑避免兑子，以寻求更多变化。

18. 炮五平一　卒 7 进 1　　**19.** 车二平四　马 6 进 7

20. 马一进三　卒 7 进 1　　**21.** 炮一平九　车 3 进 1

22. 兵九进一　马 3 进 4　　**23.** 车四退四

黑难取胜，结果和棋。从开局阶段来看，仍是黑易走。

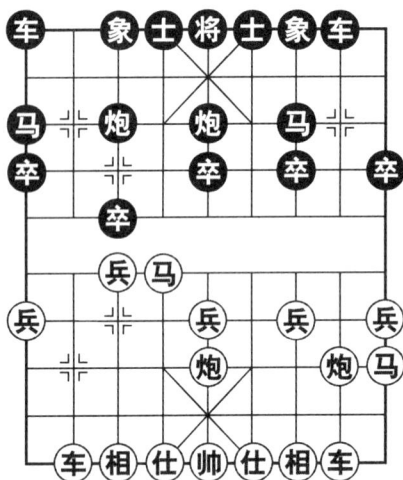

图 31

五、边马弃兵还中炮

20世纪三四十年代，挺兵局受到卒底炮有力反击后，采用者渐少。当时人们认为中炮局更具进攻力，故更多地研究中炮局的各种战术。布局理论的发展是螺旋式的。20世纪50年代浙江棋手刘忆慈以其富有特色的挺兵局出现在赛场上时，犹如在一潭死水中激起一阵浪花，又引起了棋界的注意。

刘忆慈在1956年全国赛预赛、复赛阶段均未采用挺兵局，但到决赛与当时夺冠呼声最高的杨官璘相遇时，突然施展其首创的挺兵秘密武器，边马弃兵还左中炮变例，着法如下。

1. 兵七进一　炮2平3　　　　**2.** 马二进三　……

红跳右马而不顾七路线所受威胁，别出心裁，由此引起一套新的布局体系。以往棋手曾试走马八进七，卒3进1，马七进六，卒3进1，马六进五，象7进5，红跃马抢三先，但马位不佳难发展，黑过河卒成为后患，红方战果多数不利。

2. ……　　　　卒3进1　　　　**3.** 马八进九　卒3进1

4. 炮八平五　……

红起手挺兵，突然后补中炮，由试探转为进攻，出其不意，是本开局的一大特点。此时红走动三个强子，黑只平一步炮，红仍持先手。

4. ……　　　　马8进7　　　　**5.** 炮二进二　卒7进1

红升巡河炮是以上着法的配套招数，伏借挺中兵进攻之机，用炮吃回过河卒。黑如马2进1准备保过河卒，红有以下陷阱：兵五进一，马1进3，炮二平三，象7进5，车一平二，炮8平9，炮三进三，炮3平7，炮五进四，士6进5，炮五平一，红炮打车得马。

6. 车一进一　……

起横车准备加强左翼攻击力。如兵五进一，象3进5，炮二平七，车9平8，兵三进一，卒7进1，炮七平三，炮8平9，黑直车控制通路。

6. ……　　　　象3进5　　　　**7.** 兵五进一　车9进1

8. 炮二平七（图32） ……

图32，红吃回黑卒消除隐患，又活跃了子力，并策划从中路及侧翼发动攻势，体现了红方布局的战略思想。

8. ……　　　　车9平4

9. 炮七平九　马2进1

10. 车一平七 ……

黑横车先占肋，并有伸兵林威胁红右马的手段。故红闪开巡河炮，横车从七线亮出捉炮，必要时还有升兵林车的守着。

10. ……　　　　卒1进1

11. 炮九平八　车1平3

12. 车九平八　车4进5

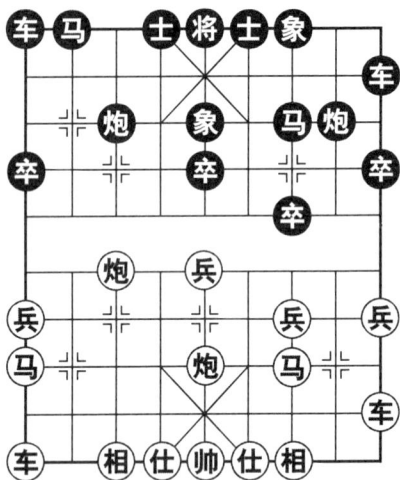

图32

双方子力皆已开展，黑方阵型无明显缺陷，红找不到攻击点，却出现右翼弱马。

13. 车七进二　车4平3　　　　**14. 马九进七**　炮3平2

急躁，漏算红进马兑子。可炮8进2防马，兵三进一，炮3平2，马七进八，炮8平2，炮八进三，车3进2，炮八退一，卒7进1，黑易走。

15. 马七进八　炮2进3　　　　**16. 马八进九**　炮2平3

17. 车八进八　车3进2　　　　**18. 车八平三**　马7进6

19. 炮五进四　士4进5　　　　**20. 车三退三**　马6进4

21. 车三平六　马4进3　　　　**22. 相三进五**　车3平1

23. 相五进七

这一系列着法，红方走得很紧凑，兑子后多兵占优。后来黑方施展精巧残棋功夫弈和。

当时杨官璘被认为棋坛最高手，这一局刘忆慈以优势弈和，人们认为黑方布局需要寻找新的应法。起初人们以为黑贪吃兵损失了步数，不如跳边马及早开车为妥。1957年全国赛，惠颂祥对刘忆慈，以其人之道还治其人之身，黑方就是这样走的。

1. 兵七进一　炮2平3　　　　**2. 马二进三**　马2进1

黑不冲3卒而跳马准备开车，是试验性着法。

3. 炮八平五　马8进7　　　　**4. 马八进七**　车1平2

5. 马七进六　象7进5

黑先亮车是一个改进，红还中炮跃马，仍持先手。

6. 炮二平一　士6进5

补士看似稳健，但后来局势发展表明，红开右车捉炮控制通路，对黑左翼有牵制性威胁。在刘忆慈对李义庭一局中，此着车2进4，车一平二，车2平4，车二进四，炮8平9，炮五平六，车4平2，相三进五，士6进5，红卸中炮便无攻势，双方仕相局对峙成和。

7. 车一平二　炮8平9　　　　**8. 马六进五　马7进5**

9. 炮五进四　车2进4　　　　**10. 兵五进一　车9平6**

11. 相七进五　卒1进1

由于红车随时可沉底叫将，黑肋车不便骑河捉兵，故此着可炮9平8拦车，现在挺边卒较缓。

12. 仕六进五（图33）……

图33，红炮镇中路，右车牵制黑肋车的活动，左车准备贴身亮出助攻，稳持先手而多中兵，布局满意。

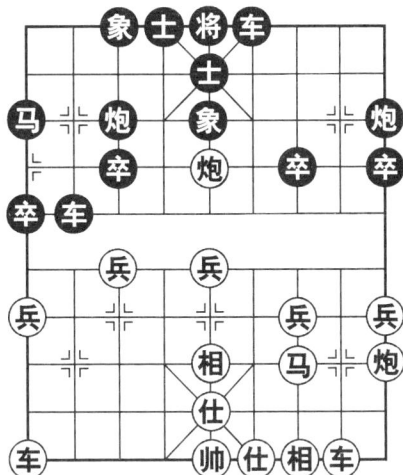

图33

12. ……　　　卒3进1

13. 马三进五　炮9平8

14. 车二进六　马1进3

15. 兵七进一　车2平3

16. 车九平六　车6进5

17. 车二平三　将5平6　　　　**18. 马五进三　车3平7**

急于兑车失算，应炮8平6守肋，虽处下风，但比实战好些。

19. 炮一平四　车6进2

如车6平5，车六进九得势。又如炮8平6，炮五平四抽车。

20. 车三退一　车6退1　　　　**21. 车二进一　车6平3**

22. 车三平四

红得子得势，黑认输。

刘忆慈执先再用挺兵局对李义庭。

1. 兵七进一　炮2平3　　　　**2. 马二进三　马2进1**

3. 炮八平五　马8进7　　　　**4. 马八进七　车1平2**

5. 马七进六　……

跃马避开黑炮威胁，又可咬中卒争先。

5. ……　　　　象7进5　　　　6. 炮二平一　车2进4

7. 车一平二　车2平4

正着。如炮8平9，马六进五，马7进5，炮五进四，士6进5，相三进五，车2平5，车九进一，车9平6，炮一进四，仍属红先。

8. 车二进四　炮8平9

9. 炮五平六　车4平2

10. 相三进五（图34）……

图34，红卸中炮逐车，攻势减弱，但子力位置尚好，仍占先。

10. ……　　　　士6进5

11. 车九进一　……

可兵九进一，抑制黑边马，为后半盘棋奠定基础。

11. ……　　　　卒1进1

12. 车九平四　车9平6

13. 车四进八　士5退6

14. 车二进二　炮9退1

15. 兵三进一　……

图34

软着。应炮一进四，炮9平7，炮一平三，炮7进2，车二平三，车2平7，车三退一，象5进7，兵三进一，象7退5，马三进四，红多兵优。

15. ……　　　　卒7进1　　　16. 兵三进一　车2平7

17. 炮一进四　马1进2　　　18. 马六进五　马7进5

19. 炮一平五　炮9平5　　　20. 炮五进二　士6进5

21. 马三进二　……

兑子后红呈多兵较优之势，跳马是防止车7进2压制。

21. ……　　　　车7平5　　　22. 车二平七　车5进2

23. 马二进四　车5平9　　　24. 马四进二　车9平6

25. 炮六进三　炮3平1　　　26. 炮六平四　……

如马二进三，车6退5，马三退四，马2进4，车七平九，车6进1互缠。

26. ……　　　　炮1退1　　　27. 兵七进一　……

如车七进二，马2退4，兑炮成和。

27. ……　　　　马2进3　　　28. 车七平九　炮1平2

29. 车九平八　炮2平1　　　30. 兵七平八　马3退5

31. 仕六进五　马5退7　　　32. 车八平六　马7退6

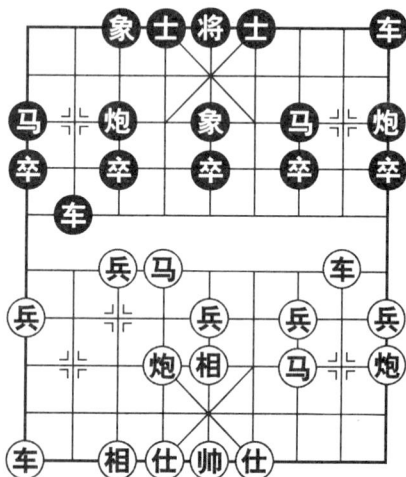

逼兑马，以后红难取胜，结果和。

惠颂祥施展挺兵局战胜王嘉良。

1. 兵三进一　炮8平7　　　　**2.** 马八进七　卒3进1

3. 炮二平五　马2进3　　　　**4.** 马二进三　马8进9

软着，没有发挥卒底炮的威力。可卒7进1，马三进四，卒7进1，马四进五，象7进5，车一平二，马3进5，炮五进四，士6进5，相七进五，马8进6，黑势不错。

5. 马三进四　象3进5　　　　**6.** 炮八平九　车1平2

虚着，以后被红开车牵制车炮。不如马3进2，炮五进四，士4进5，炮五退一，马2进3，车九平八，车9平8对攻。

7. 马四进五　马3进5　　　　**8.** 炮五进四　士4进5

9. 车九平八　车9平8

如炮2进4，车一进一，车2进2，车一平六，车9平8，仕六进五再出帅叫杀，黑难应付。

10. 相三进五　车8进4

11. 车八进六（图35）　……

图35，红虽右车晚开，但镇中炮并多兵，布局已感满意。

11. ……　　　车2平4

12. 仕四进五　车4进8

13. 车一平四　车8平4

如车4平3，车四进四，车3退1，炮九平八，黑难应付。

14. 炮九进四　前车平3

15. 炮九进三　车3退1

16. 炮五平七　……

红妙手弃马，移炮攻杀，黑难招架。

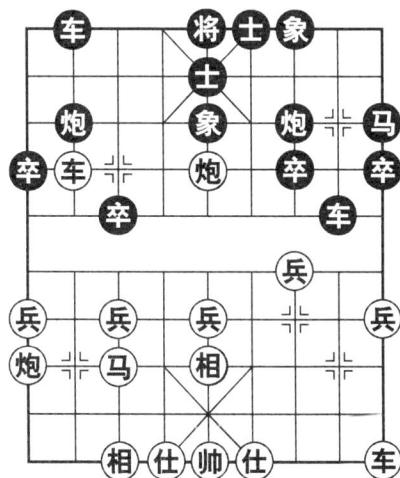

图35

16. ……　　　将5平4　　　　**17.** 炮七进三　将4进1

18. 车四进六　……

加快攻击，准备车四平七叫杀。

18. ……　　　车4退2　　　　**19.** 炮九退二　……

老练之着，如车四平七，车4平3，车七进一，炮7平3，车八进一，炮3进4，车八进一，将4进1，红未能成杀。

19. ……　　　　将 4 退 1

无奈丢车。如炮 2 退 2，车八进二，将 4 退 1，炮九进二，象 5 退 3，车八进一，将 4 平 5，车八退七抽车。

20. 炮七平八　　车 3 退 1

如车 4 进 2，车四平七，车 3 退 1，炮九进二，将 4 进 1，车七进二，将 4 进 1，车八进一杀。

21. 炮九平六　　炮 7 平 4　　22. 车八进一

红多子大优，结果胜。

以上局例，黑第 2 回合没有冲卒反击，效果并不好，因此人们又回到冲卒变例深入研究，弈出一些新变化。

刘忆慈和何顺安。

1. 兵七进一　　炮 2 平 3　　2. 马二进三　　卒 3 进 1

3. 马八进九　　卒 3 进 1　　4. 炮八平五　　马 8 进 7

5. 车九平八　　马 2 进 1

红子力出动较快，黑卒渡河有潜力，各得其所。

6. 炮二进二　　卒 7 进 1

7. 兵五进一　　马 1 进 3（图 36）

图 36，黑跳边马保卒，又防红兵过河，是一种新应法。

8. 车一进一　　士 6 进 5

9. 炮二平七　　……

如车一平七，马 3 进 4，车七进三，马 4 进 5，相七进五，车 1 进 2，黑亦可抗衡。

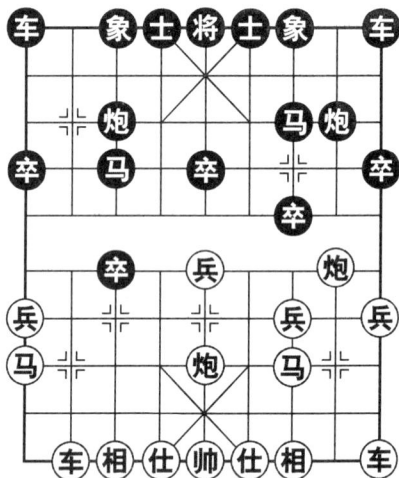

图 36

9. ……　　　　炮 3 进 3

10. 车一平七　　马 3 进 4

黑只能送回一子。如炮 8 进 3，马三进五，马 3 进 4，马五进七，马 4 进 5，相七进五，炮 8 平 3，车七进三，和势。

11. 车七进三　　马 4 进 5　　12. 相七进五　　象 7 进 5

兑子后黑兵种齐全易走。

13. 车八进一　　车 9 平 6　　14. 车八平二　　炮 8 进 2

双方局势平稳，结果和。

刘忆慈对沈志奕，用挺兵局吃亏。

1. 兵七进一　炮2平3　　　2. 马二进三　卒3进1

3. 马八进九　卒3进1　　　4. 炮八平五　马8进7

5. 炮二进二　炮8进2

这步对顶炮是黑方应付挺兵局的新着，与后续着平炮兑炮呼应，稳健有力。

6. 兵五进一　象7进5

7. 炮二平七　炮8平3（图37）

图37，红实现吃回黑卒的计划，黑欲以兑炮扳成平手。如炮七进三，马2进3，车九平八，马3进4，车八进三，车9平8，黑可抗衡。

8. 马三进五　后炮进3

9. 马五进七　车9平8

10. 炮五退一　……

也可车九平八，马2进3，兵五进

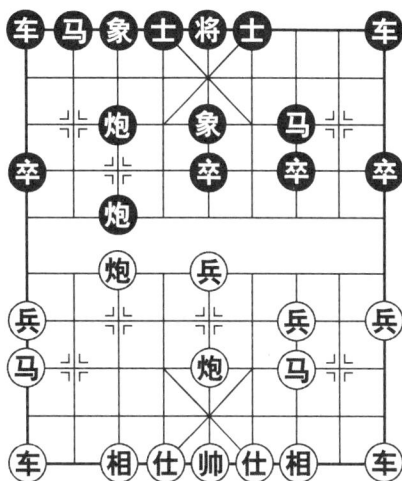

图37

一，车8进5，马七退五，卒5进1，炮五进三，士4进5，相三进五，车8平4，伏进1捉马，红无先手。

10. ……　　　马2进3　　　11. 车一进二　车8进5

12. 车一平四　……

既然原先退窝心炮，此时应补中相保兵。

12. ……　　　车8平5　　　13. 相三进五　车5平4

14. 车四进五　……

失算，未料到黑有支士出将叫杀手段。红为实现此捉马计划，上回合应改相七进五免除后患。

14. ……　　　士4进5　　　15. 车四平三　将5平4

16. 炮五平六　……

无奈送回一炮。如炮五平二，炮3平5叫将，红补仕则沉肋车杀；红落相则车吃马并获得空头炮优势。

16. ……　　　车4进3　　　17. 仕四进五　马3进4

18. 车三退一　马4进6　　　19. 车三平四　马6进5

红退车吃卒败着，被黑跳马咬双得相大优，结果黑胜。

王贵方对麦昌幸，再次弈出此布局进行较量。

1. 兵七进一　炮 2 平 3　　　**2.** 马二进三　卒 3 进 1

3. 炮八平五　卒 3 进 1

4. 马八进九　马 2 进 1 （图 38）

图 38，黑弃中卒准备让红空头炮，是有胆识的新变着，由此导致对攻趋势。至此炮五进四，马 8 进 7，炮五退一，马 1 进 3，红空头炮站不住脚。

5. 炮二进二　卒 7 进 1

象 7 进 5，阵型较为稳固。

6. 炮五进四　卒 3 平 4

7. 炮二进五　……

兑子避免马 8 进 7 咬炮，希望保持空头炮的地位。

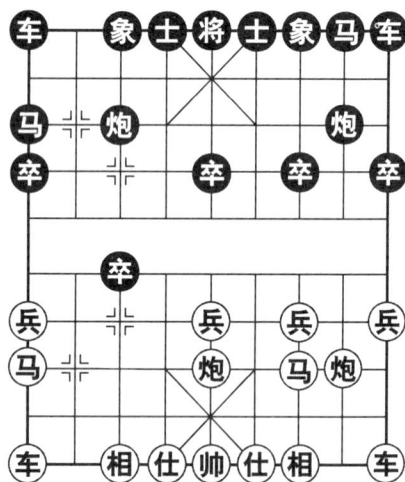

图 38

7. ……　　　　　车 9 平 8

8. 马九进七　炮 8 进 2　　　**9.** 车一平二　车 8 进 3

10. 马七进六　炮 3 平 6

黑认为有反先机会，不愿兑子成和。如车 8 平 5，马六进七，车 5 平 3，车二进五，车 3 退 1，局面简化。

11. 马六进八　车 1 平 2　　　**12.** 马八进六　将 5 进 1

13. 相七进五　车 8 平 5　　　**14.** 车二进五　将 5 进 1

15. 马六退七　车 5 进 1　　　**16.** 车二进一　……

如车九平七，车 2 进 4，红马亦难逃，故红决定弃马，利用黑将升顶之际，争取攻杀机会。

16. ……　　　　　车 5 平 3　　　**17.** 车二平五　将 5 平 4

18. 车五平六　将 4 平 5　　　**19.** 车六进三　将 5 退 1

20. 车六平四　炮 6 平 2　　　**21.** 车九平八　炮 2 进 6

至此形成互有顾忌的局面，但红终归少子而且左车受压，右马不活，相比之下黑较易走。从布局角度来看，红方空头炮站不住脚，也难掌握先手。刘忆慈创造的挺兵局法，在全国赛的战绩是二和一负，不够理想。

六、挺兵转变顺手炮

挺兵还左中炮的局法，在20世纪50年代全国赛中效果不够理想，原因之一是红右车出动较慢，且找不到攻击点。但此布局所构思的后补中炮战略则应该肯定，故人们改进为还右中炮，以求更好地发挥右车的作用。1959年全国赛陈天才对邓鹏一局已有此改进的苗头，到1962年全国赛刘忆慈对陈新全一局更显效果。

1. 兵七进一　炮2平3　　　**2.** 炮二平五　炮8平5

陈天才对邓鹏之局，红先右中炮，当时黑应以马8进7，马二进三，卒3进1，相七进九，卒3进1，车一平二，车9平8，相九进七，马2进1，车二进六，车1平2，马八进六，红飞相吃卒，局势平淡，结果和棋。

3. 马八进七　马8进7　　　**4.** 马二进三　马2进1

黑没挺3卒攻马，是考虑红跃出左马踏中卒，形成类似于顺炮局天马行空变例的情形，红抢得先手。

的确，在1964年全国赛黄国棣对陈苏一局，黑第4回合卒3进1，马七进六，卒3进1，马六进五，车9进1，车一平二，卒3进1，车九平八，车9平4，炮八进五，马7进5，炮五进四，士4进5，炮八平五，象7进5，炮五平一，象5退7，炮一进三，车4进4，车二进七，士5进4，车二进一，士4退5，车八进八，炮3进7，帅五进一，将5平4，车八平五，红胜定。

5. 车九平八　车1平2（图39）

图39，是挺兵转顺炮的典型阵式，至今还被棋手们采用。当时这种变例只是处于萌芽状态，许多变化尚未被人们认识。

6. 炮八进四　车9平8

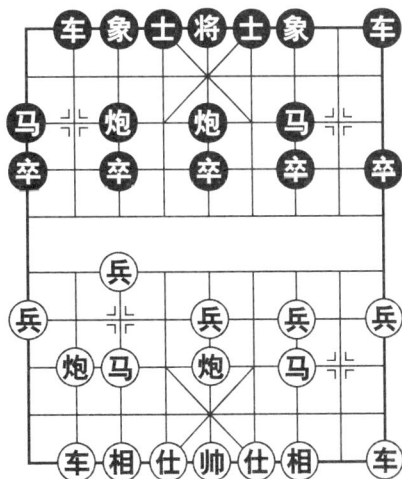

图39

红伸炮封住黑右车,黑抢出左直车占领通路,各有所获。

7. 炮八平五　马7进5　　　　**8.** 炮五进四　士6进5

9. 车八进九　马1退2　　　　**10.** 马七进六　车8进7

11. 车一进二　车8退3　　　　**12.** 马三退五　车8平4

13. 马五进七　……

第10回合如车8进4,车一平二兑车,故先伸车捉马再退河口,不料红却有退窝心马再跳七路成连环之势,并开拓横车出路。至此双方对峙,后来残局红以多兵取胜。

上局红方取胜在残局,开局攻法显然不能令人满意,主要是左翼开展快而右车出晚了,而红补右中炮的原意是应加快右车出动的。这个问题到20世纪80年代才得到解决,因为挺兵局到70年代初属少数棋手乐用,未引起人们广泛注意。

20世纪80年代布局发展出现百花齐放的新局面。挺兵对卒底炮开始流行,尤以转顺炮为棋手们乐用。例如1980年蚌埠邀请赛胡荣华对陈孝坤一局。

1. 兵七进一　炮2平3　　　　**2.** 炮二平五　炮8平5

3. 马二进三　……

面临卒底炮的威胁,前面几局红跳左马准备弃兵抢先。本局改为跳右马便于快出右车,两者在战术思想上是不同的,现在必须解决如何对付黑冲卒渡河的问题。

3. ……　　　　卒3进1

4. 车一平二　卒3进1

5. 马八进九　炮3退1

退炮准备跳右正马保卒。如马8进7,车二进四,卒3进1,车二平八,马2进1,车八平七,卒3平2,炮八平六,炮3平4,车七平八,车1平2,车八进五,马1退2,车九平八,必吃卒。

6. 车九平八　马8进7

7. 炮八进五(图40)　……

图40,红双车亮出,现又伸炮打马抢先。如炮八进六,车1进2,车二进四,车1平3,红无便宜。

7. ……　　　　马2进3　　　　**8.** 炮五平七　马7退5

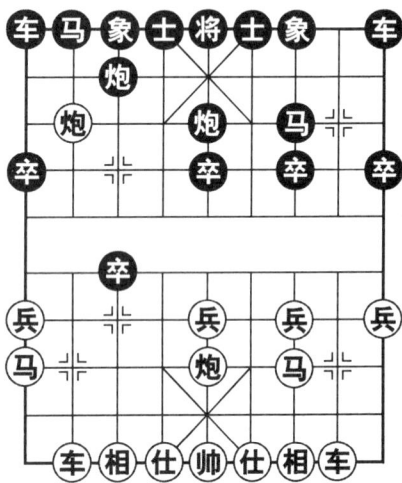

图40

9. 炮八平五　象3进5　　　　**10.** 车八进七　象5进3

红连续发出攻击，黑忙于招架，其根源在黑第5回合退炮保过河卒所付出的代价。

11. 车二进七　……

红伸右车虽有兑双马的可能，但主要是为了堵塞黑左车出路。如兵五进一，车9进2，马三进五，车9平4，马五进七，车4进3，相三进五，象7进5，红缺乏续攻手段。

11. ……　　象7进5　　　　**12.** 兵五进一　车9进1

如马3进4，兵五进一，卒5进1，车八平六，马4进3，车六退一，车1进2，马九进七，卒3进1，炮七平五，仍红先。

13. 马三进五　马3进4　　　　**14.** 马五进三　卒7进1

15. 兵五进一　……

红跃马算准不会被捉死。至此黑如选择兑马卒7进1，兵五平六，卒7进1，兵六平七，红优。

15. ……　　马5退7　　　　**16.** 车二平三　卒5进1

17. 马三进五　炮3平5

看似打死红马，其实并不成立。如车9平4，炮七平六，车4平8，马五进六，车8平4，马六退七，车4平8，车八平六，士4进5，车六退二，象5进3，车三进二，红得子优。

18. 车八平六　马4退3

如马4进5，炮七平五，马5退6，车六退二，炮5进3，车六平五，马6退7，车五进二，车9平5，车五平三，车5进6，相三进五，马7进9，车三退二，红优。

19. 车六退一　炮5进3　　　　**20.** 车三平五　士6进5

可车9平5，车五平七，车1平2，还有对攻机会。

21. 车五退二

红打通中线，冉摆中炮即有强烈攻势，黑认输。

纵观黑方布局，为了冲卒过河，延缓了强子出动的速度是不合算的，所以又出现了第3回合挺卒改为跳马，但红随之又产生了新的攻击手段，见1983年全国团体赛李来群对蒋志梁一局。

1. 兵七进一　炮2平3　　　　**2.** 炮二平五　炮8平5

3. 马二进三　马8进7

不挺3卒而改跳马，争取出子速度不落后于红方。

4. 车一平二　马2进1　　　5. 马八进七　……

跳正马是强劲着法。六省市邀请赛于幼华对许波一局，马八进九，攻势不大，结果成和。

5. ……　　　车1平2　　　6. 车九平八　车2进6

柳大华对蒋志梁，车2进4，马七进六，车9进1，兵七进一，车2进1，兵七进一，车9平4，兵七进一，车4进4，仍红易走，结果红胜。

7. 马七进六　车9进1

8. 车二进六（图41）……

图41，红车过河准备吃卒压马。另一种走法是兵七进一，车2退1，兵七进一，炮3平4，马六退七，车2平3，兵七平六，炮4平3，马七退五对攻。

8. ……　　车2退1

软着，应车9平4，炮八平六，车2平4，仕六进五，前车进1，仕五进六，车4进4，黑略亏，尚可周旋。

9. 车二平三　车9平6

10. 兵三进一　象7进9

黑已感到难走，飞象防兵出于无奈。

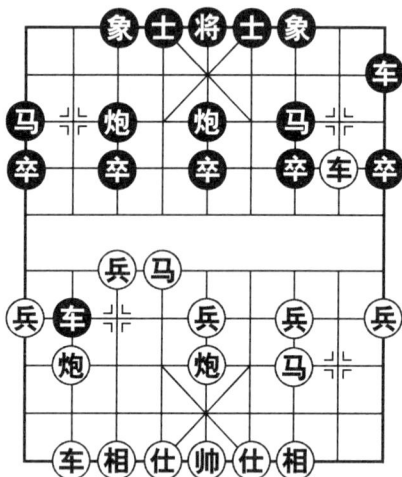

图41

如车2平3，马六进五，马7进5，炮五进四，士4进5，炮八进六，车6进6，车八进七，亦红优。

11. 兵三进一　象9进7　　　12. 马六进五　马7进5

红先弃兵再马踏中卒，暗伏一套取势作战方案。如不兑马而炮3平2，马五进三，炮2进5，车三退一，红得象较优。

13. 炮五进四　士4进5

如士6进5，车三进三，车6退1，车三平四，将5平6，马三进四，将6平5，马四进六，车2退3，车八进一，将5平6，马六进五，象7退5，车八平四，士5进6，炮八平四，士6退5，炮四平六，士5进6，炮六进五，炮3退1，炮六平四，象5退7，炮四平九得子。

14. 马三进四　……

弃马妙手，暗伏炮八平二叫闷得车。如车2平3，炮八进七，马1退2，车八进九，炮3平4，车八平七，炮4退2，马四进六，车3平4，车三平四，车6进2，马六进四，车4平6，马四进三，车6退4，仕六进五，车6平7，帅五平六构成绝杀之势。

14. …… 　　车 2 进 2 　　　　**15. 车八进二** 　车 6 进 4

16. 车八平六 　……

兑子后红车占领肋线封住黑将门，已呈优势。

16. …… 　　车 6 退 1 　　　　**17. 仕六进五** 　车 6 平 5

18. 车六进六 　象 7 退 9 　　　　**19. 帅五平六** 　炮 3 平 4

20. 车六退一 　车 5 退 1 　　　　**21. 车三平五** 　士 5 进 4

22. 车五平一

红多兵，有车胜无车，大局已定，结果红胜。

李来群胜蒋志梁之局，给黑方提出了新的课题。1983 年全国个人赛，有些棋手执黑试验先跳边马的新战术，取得较好效果。例如徐天利对赵庆阁一局。

1. 兵七进一 　炮 2 平 3 　　　　**2. 炮二平五** 　炮 8 平 5

3. 马二进三 　马 2 进 1

黑跳边马加快右翼出子速度，增强反击力，体现新的战术思想。以往多跳左马，例如马 8 进 7，车一平二，车 9 进 1，马八进七，车 9 平 4，车九平八，马 2 进 1，车二进五，车 1 平 2，炮八进四，红右车骑河扼守要道，左炮封车兼瞄中卒，黑局面受制。

4. 车一平二 　车 1 平 2 　　　　**5. 马八进七** 　卒 3 进 1

挺卒攻马，在右翼发难是新战术的特点。黑起手卒底炮的原意，就是攻击红七路线。以前先跳左马的弈法未能实现，今改进战术恢复了卒底炮的反击作用。

6. 车二进四 　马 8 进 7 　　　　**7. 车九平八** 　车 9 平 8

8. 车二进五 　……

兑车后左马受攻的弊病仍未消除。但如车二平四，车 2 进 6，马七进六，卒 3 进 1，马六进五，马 7 进 5，炮五进四，士 6 进 5，车四平七，炮 3 退 1，红车炮被牵。总之，红兑车与否皆难掌握先手。

8. …… 　　马 7 退 8

9. 马七进六 　车 2 进 5（图 42）

佳着。如急于卒 3 进 1，马六进五，炮 3 退 1，炮八进五，黑车被封。

图 42，红无根车炮被牵。如马六进五，炮 3 平 2，马五退七，炮 2 进 5，马七进六，将 5 进 1，黑得子实惠。

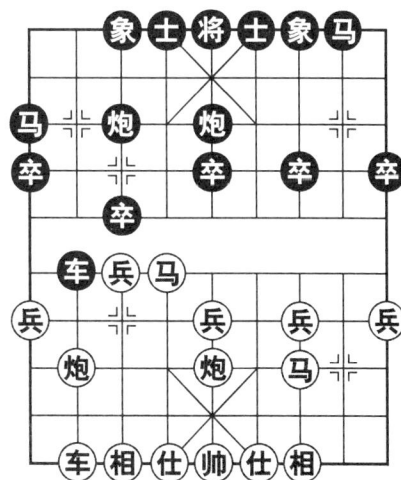

图 42

10. 炮五进四　士4进5　　　　**11. 相七进五　卒3进1**

黑卒渡河，呈优势。如相五进七，炮3平2，马六退七，车2平3，车八平七，马8进7，相三进五，车3进1，炮五退二，炮2平3，马三退五，马7进5，红难走。

12. 炮五退二　车2退2

此时不能急于炮3平2谋子，因马六退七，卒3进1，炮八进五，黑反而失子。现退车欠考虑，误以为可续平2路炮可得子，岂料红有妙手解救。此着应马8进7，仕四进五，车2退2，炮五平七，炮3平2，炮八进五，车2进6，炮八平三，黑有车稍好。

13. 炮五平七　炮3平2　　　　**14. 马六退七　炮2进5**

15. 炮七平八　马8进7

无奈退回一炮，如炮2平1，炮八平三，叫闷得车。

16. 车八进二　马1进3　　　　**17. 车八退二　卒7进1**

红多兵，黑子活，双方大体均势，后来红失误，黑胜。

从布局看，红方先手未能紧握住，其根源在哪里呢？问题很简单，既然黑第3回合先跳左马，这意味着要开出右车反击，那么红第4回合仍然按习惯出右车，就显得不合适了，应该针锋相对地开展左翼子力才是。

1989年少林口乐杯赛吕钦对陈孝坤一局，红方做了急出左马的改进。

1. 兵七进一　炮2平3　　　　**2. 炮二平五　炮8平5**

3. 马二进三　马2进1　　　　**4. 马八进七　……**

红马冒着炮火跃出，开展左翼子力争取主动，从而导致对攻形势，这是针对黑跳边马而改进的着法。

4. ……　　　卒3进1　　　　**5. 马七进六　车1平2**

6. 车九平八　卒3进1

黑方如模仿上局车2进5，将会出现复杂局势，因为两者条件不同，本局尚未兑车，红可接走马六进五，炮3平2，马五退七，炮2进5，马七进六，将5进1，车一平二，将5平4，车二进八，士4进5，车八进一，红有攻势。

7. 马六进五　炮3进1　　　　**8. 炮八进五　车9进1**

黑右车被封，急起左横车准备支援右翼，伏车9平2，炮八进二，车2进8，炮八平九，炮3进6，仕六进五，炮3平6，抽车大优。

9. 车一进一　车9平4　　　　**10. 车一平八　车4进2**

11. 炮八退一　炮3进6

红退炮明为打车实为保马，如马五退四，卒7进1，红双马难施展；黑炮轰相嫌急，兑子后双马暂无出路，可炮3进1，前车进四，炮3平7，马五退三，卒7进1，炮八进一，炮5进5，相三进五，象7进5，局势平稳。

12. 后车平七　车2进3

13. 车八进五　车4平2

14. 车七进四（图43）……

图43，红虽失相但有潜力，以后挺三兵跃出右马，子力较活跃，布局应属满意。

14. ……　　　　车2平3

15. 车七平八　炮5退1

16. 马五进四　……

跳马佳着，破坏黑退炮联象计划。如兵三进一，象7进5，马五退四，马8进6，黑势工整可抗衡。

16. ……　　　　马8进9

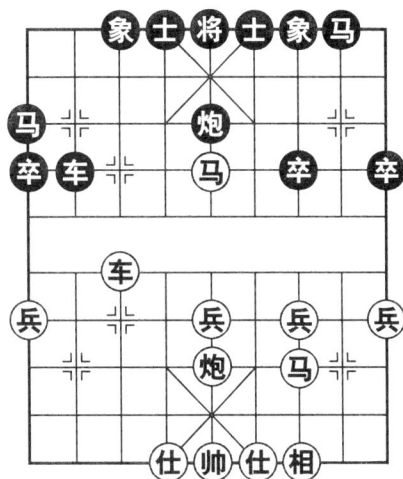

图43

17. 兵三进一　马1退3

18. 车八平四　马3进5

19. 仕四进五　马9退7

20. 兵五进一　……

黑运马企图寻找出路，红平肋车补仕攻守两利。至此黑如接走：①车3平6，兵五进一，车6进2，马三进四，黑不能用炮打兵，红有前马退六抽炮的棋。②马7进6，马四退二，马6进5，帅五平四，黑移炮解杀则丢马。

20. ……　　　　马5进4

21. 兵五进一　马4进3

22. 炮五进六　士4进5

23. 马三进五

红中兵渡河形势略优，结果胜。

上局黑第4回合冲卒攻马，似乎有点急躁，那么改为跳左马保中卒又如何呢？请看1984年全国团体赛吕钦对赵庆阁一局。

1. 兵七进一　炮2平3

2. 炮二平五　炮8平5

3. 马二进三　马2进1

4. 马八进七　车1平2

5. 车九平八　马8进7

跳马稳健，是对上局的一种改进。

6. 车一平二　车9进1

黑仍不宜卒3进1，因车二进五，卒3进1，车二平七，炮3平4，车七退一，红左翼势强。现在黑起横车后才可冲卒，红如仍按上面弈法至骑河车平七捉炮时，黑有车9平3生根并保住炮卒的手段。

7. 炮八进四　车9平4

如卒3进1，车二进四，车9平4，炮八平三，象7进9，车八进九，马1退2，马七进六，车4进3，相七进九，仍红先。现在黑车过宫占肋，不怕丢中卒，如炮八平五，马7进5，炮五进四，士4进5，车八进九，马1退2，相三进五，卒3进1，车二进四，卒7进1，黑可抗衡。

8. 车二进四　车4进5　　　9. 马七进六　士4进5

10. 兵七进一　……

弃兵佳着，发挥过河炮攻坚突破黑防线的作用。如仕六进五，卒7进1，马六进五，马7进5，炮五进四，卒3进1，炮八进一，将5平4，红反易失先。

10. ……　　　卒3进1

11. 炮八平三　象7进9（图44）

图44，黑飞边象防红炮打闷宫。另有退马解杀的应法。①马7退9，车八进九，炮3进7，仕六进五，马1退2，马六进四，马2进3，马四进三，炮5平4，前马进一，马3进4，炮五平六，马4进3，车二平八，炮3平1，马一退二，黑

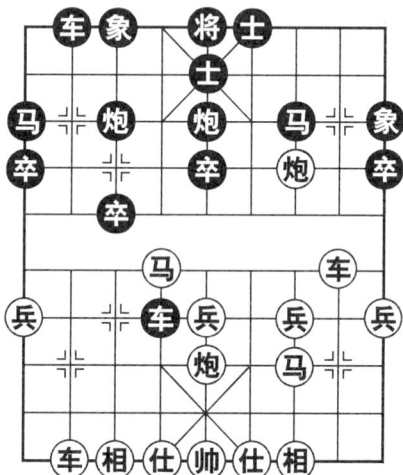

图44

无杀势，红多子优。这是蔡福如对于红木的实战着法，结果红胜。②马7退8，车八进九，炮3进7，仕六进五，马1退2，马六进五，马8进9，炮三退一，炮3平1，车二平八，马2进1，车八进三，车4平3，仕五进六，炮5平6，马五进四，红优势，结果胜。

12. 车八进九　马1退2

黑炮不打相，是为了保护左马，免受马六进四攻击。

13. 仕六进五　卒1进1　　　14. 马六进四　车4退2

15. 车二平四　马2进1

红马不宜兑子，避免简化局面延缓攻势。黑用车对红子牵制的同时，挺边卒跳边马，积极等待反击机会。

16. 兵三进一　马1进2　　　17. 炮五平九　炮3进7

18. 炮九进三　炮5平4　　　19. 仕五进六　车4进3

20. 车四平八　马2退1　　　21. 马四进三

黑单车炮不能取势，红多子占优，结果胜。

实战与理论研究表明，红方布局能掌握先手，胜率较高。

七、黑飞象以柔克刚

后手卒底炮应挺兵转中炮局，若补顺炮以刚斗刚，变化单纯，容易受制。人们曾试行跳正马保中卒，亦感吃亏，例如布局陷阱。

1. 兵七进一	炮2平3	**2.** 炮二平五	马8进7
3. 马二进三	车9平8	**4.** 马八进七	卒3进1
5. 马七进六	卒3进1	**6.** 马六进四	象3进5
7. 炮八进五	马2进4	**8.** 马四进三	车8进1
9. 炮八进一	马4进3	**10.** 炮五进四	象5退3
11. 前马进五	将5进1	**12.** 炮八平二	

红得车大优，其中虽有迁就之着，但黑方却陷被动，说明应法不当。

挺兵对卒底炮布局成为热门，后手应法大为改进，用飞象对付先手中炮，以柔克刚，取得一定效果。这里又有飞右象与飞左象之分，战术各有不同。

韩福德对胡荣华一局。

1. 兵七进一	炮2平3	**2.** 炮二平五	象3进5

黑飞象弃中卒，摆出一副守势，这是柔型布局的特点，后发制人以柔克刚。如马二进三或马八进七，卒3进1反击。

3. 马八进九　车9进1

黑抢出横车以保留担子炮阵式，使红以后开出右直车时无法施其技。如马8进7，马二进三，车9进1，车一平二，炮8平9，车九平八，车9平4，车二进六，红右车发挥了作用。

4. 马二进三	车9平4	**5.** 车一平二	士4进5
6. 仕四进五	车4进3	**7.** 炮五进四	马2进4
8. 炮五退二	马8进9	**9.** 炮五平三	炮8平6（图45）

图45，红炮打中卒采取谋兵策略；黑上边马准备挺边卒再跳马打车反击，红现又平炮瞄象，迫使8路炮移位，双方以上一段着法针锋相对。

10. 相三进五	卒9进1	**11.** 车九平八	马4进5

黑丢卒的代价使拐脚马找到出路，目前形势是红多兵，黑子力较活跃。

12. 炮八平六　马 9 进 8

13. 车八进三　马 8 进 6

14. 兵五进一　卒 7 进 1

15. 炮三平二　卒 3 进 1

红七线较弱，黑卒底炮潜伏威胁，挺 3 路卒企图兑兵打开突破口，施展反击计划。

16. 马三进五　车 1 平 3

17. 马九退七　……

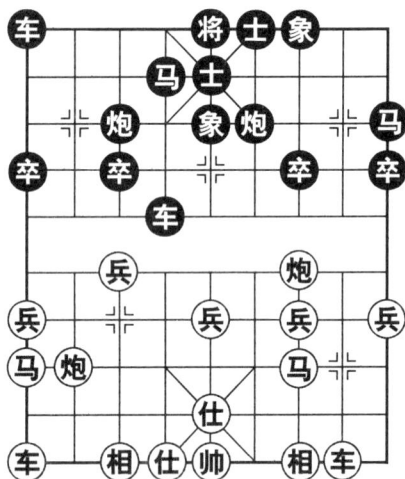

图 45

失算。应兵七进一，马 5 进 3，马五进七对峙，不至于失子或失势。

17. ……　　　卒 3 进 1　　　**18.** 马五进七　炮 3 进 6

19. 车八退二　炮 3 退 1　　　**20.** 兵五进一　车 4 进 2

21. 炮六退一　……

红原以为弃马后，冲中兵捉双可追回一子，但弈至此时发现，如兵五进一，马 6 进 5，相七进五，炮 3 平 5，仕五退四，车 3 进 5，黑大优。

21. ……　　　马 5 退 7

黑得子优，结果胜。

傅光明负蒋志梁。

1. 兵七进一　炮 2 平 3　　　**2.** 炮二平五　象 3 进 5

3. 马八进九　……

为避免黑冲 3 卒反击，红采取左马屯边的办法，但使挺七兵之着降低效率。这是 1984 年全国赛对局。

3. ……　　　马 8 进 7　　　**4.** 马二进三　卒 7 进 1

5. 车一平二　车 9 平 8　　　**6.** 车二进六　炮 8 平 9

7. 车二平三　……

可车二进三，马 7 退 8，炮五进四，士 4 进 5，车九平八，马 2 进 4，炮五退一，车 1 平 2，炮八进四，红得中卒实利。

7. ……　　　车 8 进 5　　　**8.** 炮八平七　马 2 进 4

如车 8 平 3，炮七进一，伏炮五平七打车的手段。

9. 炮五平四（图 46）　……

图46，红卸炮嫌稳，可车九平八占
领直车通道。

9. ……　　　车8平3

10. 相七进五　车3退1

11. 仕六进五　士4进5

12. 车九平六　车1平4

13. 兵三进一　……

挺兵活马，也给黑马挪开了出路。
如车六进三，马4进2，车六平八，马2
退3，红亦难找到进攻途径。

13. ……　　　卒7进1

14. 车三退二　马7进6

15. 马三进四　卒1进1

16. 马四进六　……

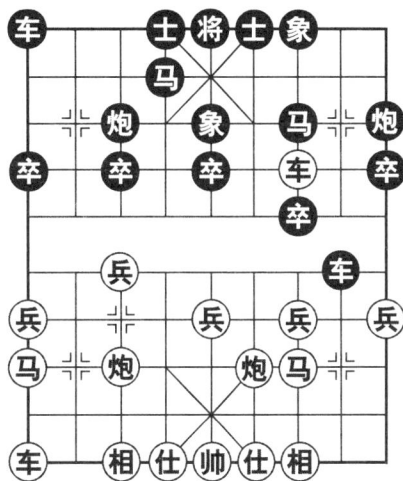

图 46

跳马并无进路，急躁。可兵一进一，马4进2，车六进九，士5退4，车
三进二，马6进4，炮七进二，炮9进3，车三平一，炮9平8，马四进五，马
4退5，车一平五，仍红先。

16. ……　　　炮3平4　　　17. 马六进四　……

如马六退七，马6进5，车三平五，车3平5，红无便宜。

17. ……　　　炮9平6　　　18. 车六进三　马4进2

19. 车六平八　炮4退1　　　20. 马四进二　……

勉强求攻，不如兵五进一通车路为稳。

20. ……　　　炮4平2　　　21. 车八平七　车3进2

22. 马九进七　马6进5　　　23. 车三退一　……

如车三平五，马5进3，炮四平七，马2进3咬车兼保卒。

23. ……　　　马5进3　　　24. 炮四平七　卒3进1

25. 马七进五　卒5进1　　　26. 马五退四　车4进3

黑阵式稳固，多卒占优，结果胜。

柳大华负刘殿中。

1. 兵七进一　炮2平3　　　2. 炮二平五　象3进5

3. 马二进三　车9进1

放弃冲3卒的机会，是为了加快开出左车。

4. 车一平二　车9平2

这是1984年全国赛出现的对局。以前通常是平肋车，此着平2路车在当时很少见，到20世纪80年代后期才流行起来。

5. 马八进七　马2进4

跳马保中卒，如卒3进1，兵七进一，炮3进5，车二进七，马8进9，炮八进七，车1平2，炮五进四，士4进5，车九进二，红多兵优。

6. 车二进四　马8进9　　　7. 兵一进一　……

虚着。应炮八平九摆脱牵制，便于左马跃出攻击。

7. ……　　　士4进5

缓着。可车2进5，车二平六，车1进1，伏平车压马的手段。

8. 炮八平九　炮8平6（图47）

图47，双方布阵稳健，红左车晚出，但马路活跃。

9. 马七进六　车2进7

10. 仕四进五　炮3进3

11. 马六退七　……

无奈。如马六进七，车2平3，马七进六，炮3进4，车九平七，车3进1，炮九平六，车1平3，马六退五，前车退4，黑多车欺少车。

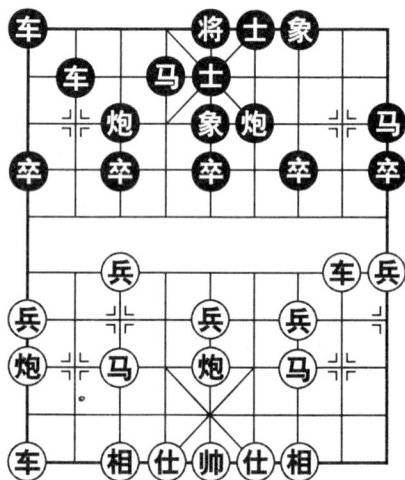

图47

11. ……　　　炮3进1　　　12. 车二平七　……

虚着，可炮五平四，再联相调整阵型。

12. ……　　　炮3平7　　　13. 相三进一　车2平3

14. 车九平八　……

忽略黑挺卒逐车的手段，应车九进一兑车减轻压力，红尚不亏。

14. ……　　　卒3进1　　　15. 车七平六　车1平2

16. 马七进八　卒3进1　　　17. 车六进四　卒3平2

利用红左马弱点，黑乘机冲卒渡河，兑子后成反先之势。

18. 炮五进四　车3退1　　　19. 车六退六　车3平4

20. 仕五进六　卒2进1

黑略优，结果胜。

黑除了飞右象应法之外，还有飞左象应法，战术各有不同。

徐天红负李来群。这是 1985 年柳泉杯赛对局。

1. 兵七进一　炮 2 平 3　　　　**2. 炮二平五　象 7 进 5**

飞左象有利于冲 3 卒反击。如马二进三，卒 3 进 1，车一平二，卒 3 进 1，马八进九，马 2 进 1，车二进四，马 1 进 3，黑布局满意。

3. 马八进九　马 2 进 1　　　　**4. 车九平八　车 1 进 1**

5. 马二进三　车 1 平 4　　　　**6. 兵九进一　……**

挺兵意图是发挥边马的作用。如急于打卒而炮五进四，士 6 进 5，车一平二，马 8 进 6，炮五退二，车 4 进 6，相三进五，炮 3 平 2，炮八平七，车 4 平 3，仕四进五，马 6 进 5，黑得子优。

6. ……　　　　车 4 进 3

7. 炮五进四　士 6 进 5

8. 相三进五　卒 1 进 1（图 48）

图 48，黑挺卒兑兵活马。如马 8 进 6，炮五平九得兵。

9. 兵九进一　车 4 平 1

10. 炮五退二　马 8 进 7

11. 炮八平六　马 7 进 5

12. 车八进三　车 9 平 6

13. 车八平六　马 5 进 6

14. 车一平二　……

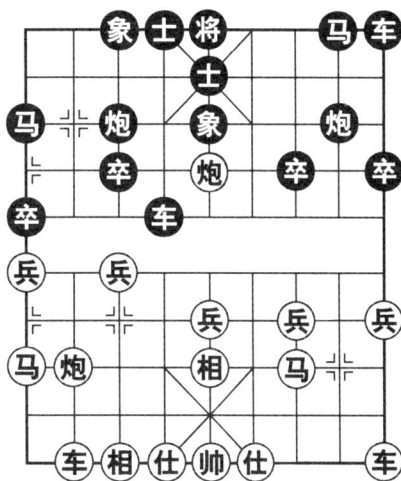

图 48

应兵三进一兑马平稳，如炮六进七，车 6 进 4，车一平三，车 1 平 4，车六进二，车 6 进 4，捉死红炮。

14. ……　　　　马 6 退 8　　　　**15. 车二平三　马 8 进 7**

16. 仕六进五　……

如炮六进七，车 6 进 4，炮六退一，车 1 平 4，车六进二，车 6 平 4，炮六平九，将 5 平 4，炮九进一，将 4 进 1，仕四进五，卒 3 进 1，兵七进一，象 5 进 3，伏进车塞相眼及还左中炮等手段。

16. ……　　　　车 6 进 3　　　　**17. 马三退一　车 6 进 3**

18. 马一进三　车 6 退 3　　　　**19. 马三退一　马 7 进 6**

20. 车三进一　炮 8 进 7　　　　**21. 马一退三　车 1 平 7**

22. 炮五平三　车 6 进 3

红子力被牵制，黑反先，结果黑胜。

吕钦负胡荣华。这是 1989 年金角杯赛对局。

1. 兵七进一　炮 2 平 3　　　　　**2.** 炮二平五　象 7 进 5

3. 马八进九　卒 1 进 1　　　　　**4.** 车九平八　马 2 进 1

黑先挺边卒，抑制红边马发展。

5. 马二进三　车 1 进 1　　　　　**6.** 车一平二　……

黑一直不顾中卒。如炮五进四，士 6 进 5，车一平二，马 8 进 6，炮五退二，车 1 平 4，黑马路较通畅。

6. ……　　　　马 8 进 6

7. 炮八进五　车 9 平 8

8. 兵五进一　车 1 平 2

9. 炮八退一　士 6 进 5（图 49）

图 49，双方形势对峙，红仍略持先手。

10. 车二进四　炮 8 平 7

11. 车二平四　……

避兑而让出黑车通路，有点勉强求攻。可车二进五，马 6 退 8，炮五进四，仍属红控制局面。

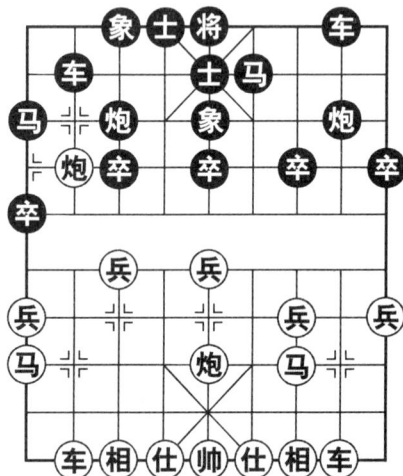

图 49

11. ……　　　　炮 3 退 1

12. 马三进五　炮 7 退 2

13. 兵五进一　卒 5 进 1　　　　　**14.** 炮五进三　……

如马五进六，车 2 进 1，红亦缺乏续攻手段。黑虽然摆出守势，但绵里藏针，富于反弹力，随时等待机会出击。

14. ……　　　　车 2 进 1　　　　　**15.** 兵七进一　……

骗着。希望黑续走卒 3 进 1，炮八平七，车 2 平 3，炮七进二，车 3 退 1，车四进四得子。

15. ……　　　　炮 7 平 6　　　　　**16.** 车四平六　炮 3 进 3

17. 仕六进五　车 8 进 4　　　　　**18.** 炮五平九　车 8 进 2

黑升巡河车逐炮，消除中路威胁，然后伸车过河准备扫兵，红攻势受阻。

19. 炮八退三　马 6 进 5　　　　　**20.** 车六平五　……

黑跃出拐脚马寻求反击机会，红平中车随手，应车六平七，炮 3 平 7，相三进五，卒 3 进 1，车七平五，炮 7 平 1，车五进二，炮 1 进 3，相七进九，车 8 退 2，炮八进三，红不亏。

20. ……　　　　炮 3 平 7　　　　　**21.** 车五平三　……

平车拦炮解杀。如相三进五，马 5 进 3，车五平七，炮 7 平 1，黑得子。

21. ……　　　马5进4　　　　　**22.** 炮八平六　马4进2

黑得势跃马，连连捉炮抢先。

23. 炮九平五　马2进3　　　　　**24.** 炮六退二　车2进7

25. 马九退八　马3退4　　　　　**26.** 炮五进一　马1进2

27. 仕五进六　马4退5

黑反先，结果胜。

臧如意负刘殿中。

1. 兵七进一　炮2平3　　　　　**2.** 炮二平五　象7进5

3. 马八进九　马2进1　　　　　**4.** 车九平八　车1进1

5. 马二进三　车1平6　　　　　**6.** 炮五进四　士6进5

7. 炮五平九　……

在局势比较缓和的条件下，红炮连击双卒，采取谋兵策略，希望为中残局占优打下基础。

7. ……　　　车6进3　　　　　**8.** 兵九进一　……

可车一平二，不怕黑车捉炮。如车6平1，炮八进六，车1退1，炮八平九，马1退3，车八进八，红必追回一子扳平。

8. ……　　　马8进6　　　　　**9.** 相三进五　卒3进1

10. 兵七进一　车6平3

黑挺卒兑兵加强了右炮对底相的威胁，同时疏通拐脚马出路。

11. 炮八平六　马6进5

12. 车一平二　车9平6

13. 车二进四　马5进6（图50）

图50，红虽多两兵，但黑子力占据要阵，跃马过河成反击之势，红失先。

14. 仕六进五　车6进3

黑车借捉炮占领卒林线，并防炮九平一吃卒。

15. 炮九退一　马6退8

16. 车二平六　……

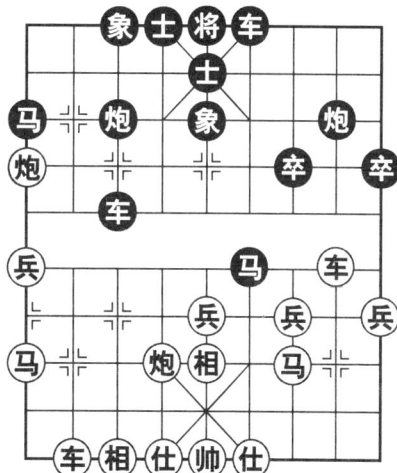

图50

红平肋车似随手，未注意黑马再跳过河挡车，红右翼空虚受攻。此着可车二平三，卒7进1，车三平六，马8进7，车六平二拦炮，黑难施展反击计划。

16. ……　　　马8进6　　　　　**17.** 兵三进一　马6进7

18. 炮六平三　马1进3

黑跃马着法含蓄，伏车3平1吃炮得子，或闪车露马攻击，红开始陷入被动。

19. 车八进六　炮8进7　　　**20.** 炮三退二　车3平6

21. 车六退二　象5退7

黑着法深谋远虑。如将5平6，相五进七，红有车六平四兑车解围的手段。现先落象再出将，红如飞相，黑有炮3平5攻杀的棋。

22. 炮九平八　将5平6　　　**23.** 炮八退四　炮3平4

伏前车进5，仕五退四，车6进6，帅五进一，车6平5杀，红难应付。至此红被迫舍车啃炮，失子失势，结果黑胜。

以上所举例局表明，黑布局用担子炮横车取得较好的效果。那么，红方自然地会总结，第4回合是否应该炮打中卒叫将，逼黑支士阻止横车过宫，从而削弱黑横车的反击作用。关于这个问题让我们演变一下。

1. 兵七进一　炮2平3　　　**2.** 炮二平五　象3进5

3. 马八进九　车9进1　　　**4.** 炮五进四　士4进5

5. 马二进三　马2进4

黑跳马抢先赶退红炮，次序正确，如车9平6，炮五平一再吃卒实惠。

6. 炮五退二　车9平6

7. 相三进五　卒3进1（图51）

图51，黑送卒准备升巡河车吃回红兵，虽然前阶段横车未能过宫，现仍能实现集中子力于右翼反击的计划。

如车6进5，炮八进一，车6进1，车一平三，车1平2，车九平八，炮8进4，仕四进五，炮8平5，马九进七，车6退1，马三进五，车6平5，炮八平五，车2进9，车三平四，红方伸车塞象眼占优。

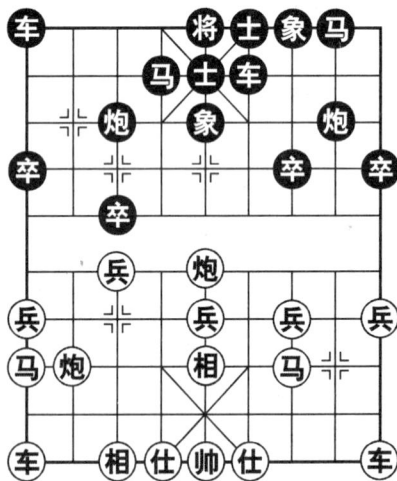

图51

8. 兵七进一　车6进3　　　**9.** 车九平八　车1平2

10. 车一平二　车6平3　　　**11.** 车二进六　马8进9

红右车难以施展，不能平三吃卒，因黑沉炮叫将露马吃车。至此红缺乏续攻手段，黑子力位置较好，黑略优。

下面再分析黑飞左象红炮打中卒的变化：

1. 兵七进一	炮 2 平 3	**2.** 炮二平五	象 7 进 5
3. 马八进九	马 2 进 1	**4.** 车九平八	车 1 进 1
5. 炮五进四	士 6 进 5	**6.** 炮八进五	……

红炮打中卒阻止黑车过宫，再伸左炮瞄象，限制黑车平右肋，其实作用不大，可马二进三，车 1 平 4，车一平二，马 8 进 6，炮五退一，红不亏。

6. …… 马 8 进 7

7. 炮五平九 车 1 平 4

8. 马二进三 车 4 进 3（图 52）

图 52，红多兵但先手不大，黑势巩固，子力渐趋活跃。

9. 车一平二 车 9 平 8

10. 车二进六 卒 7 进 1

11. 车八进六 马 7 进 6

马盘河伏冲 7 卒蹩车，呈现对攻形势。

12. 车八平七 卒 7 进 1

13. 车二退一 卒 7 进 1

14. 兵七进一 ……

图 52

如车七进一，马 6 进 5，车二平六，马 5 退 4，车七退一，炮 8 平 2，黑较优。

14. ……	炮 3 进 2	**15.** 炮九退一	车 4 退 2
16. 车二平四	车 4 平 2	**17.** 马三退五	炮 8 进 4

兑子后过河卒欺马。红已失势，黑优。

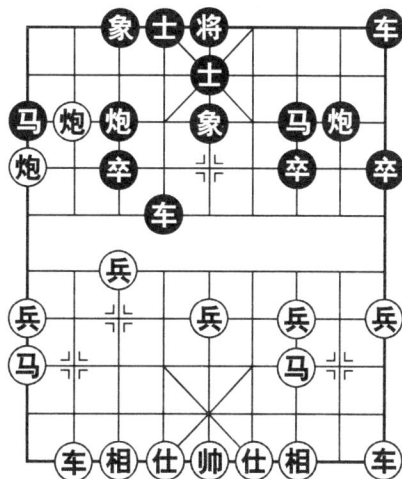

八、红跃边马黑左象

1. 兵七进一　炮2平3　　　　**2.** 炮二平五　象7进5

3. 马八进九　……

跳边马避免黑冲3卒反击，并能尽快开出左车抑制黑右车直出，属正常着法。如仕六进五，马8进7，马二进三，车9平8，兵三进一，马2进1，炮八平六，车1平2，马八进七，炮8平9，黑边马有根，阵型巩固。

3. ……　　　　　马2进1　　　　**4.** 车九平八　车1进1

黑起横车是必然的，如出直车会被封。例如1991年全国个人赛张强对庄玉腾之局，车1平2，炮八进四，士6进5，马二进三，马8进9，车一平二，车9平6，炮八平五，车2进9，马九退八，车6进7，车二进二，卒9进1，兵五进一，红势较优，结果胜。

5. 兵九进一　车1平6

6. 马九进八　车6进3

7. 马八进九（图53）　……

挺边兵跃边马是近几年的新攻法。此着马踏边卒，防止黑卒1进1，兵九进一，车6平1以后，红左翼马炮难以发挥作用。1989年全国个人赛赵国荣对胡荣华之局，马二进三，马8进6，车一进一，车9平8，车八进一，炮8平7，马八进九，炮3进3，黑可抗衡。

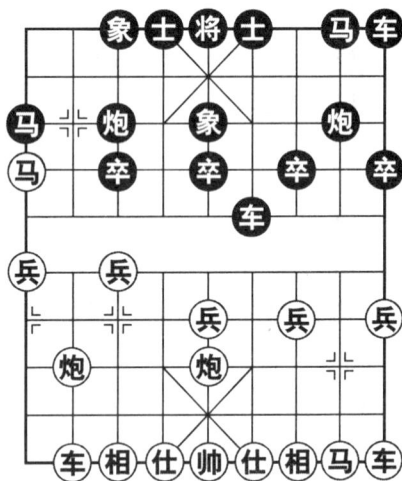

图53

图53，黑方主要有跳拐脚马、肋车移右及平炮士角等应法，分述如下。

跳拐脚马，李来群对徐建秒局例。

7. ……　　　　　马8进6　　　　**8.** 车一进一　……

邓颂宏对李雄兵之局，车一进二，车9平8，车一平四，车6进3，炮八平四，士6进5，马二进三，炮3退1，车八进五，红势稍优。本局红抬一步车，与下着左车提一步相呼应，准备再平肋邀兑车。

8. ……　　士6进5　　　　**9. 车八进一　炮3退1**

10. 车一平四　车6平2　　　**11. 炮八平九　车2进4**

12. 车四平八　……

黑不兑肋车而兑红左车，这样可以避免红车对拐脚马的威胁。

12. ……　　车9平8　　　　**13. 马二进三　炮8平7**

14. 炮五平七

红中炮已无续攻手段，卸炮准备联相使阵型巩固，并集结子力于左翼加强攻击力，是适时调整战略的佳着。

至此红稍优，且有发展潜力。黑方子力位置呆滞，缺乏反击手段，红胜。

　　肋车移右，李来群对黄增光局例。接图53，黑先。

7. ……　　车6平2　　　　**8. 兵九进一　……**

黑车绕了一圈返回右翼，是为了牵制红无根车炮，并防止红伸左炮过河。不料红冲兵送吃，出人意料。至此如车2进2，马九进七，炮8平3，兵九进一，马1退3，车一进一，红易走。

8. ……　　车2平1

9. 炮八进六（图54）　……

图54，红弃兵摆脱车炮被牵制状态，继续贯彻伸炮过河塞象眼的计划。现在黑不敢吃马，因红有炮打中卒叫将抽车的棋。

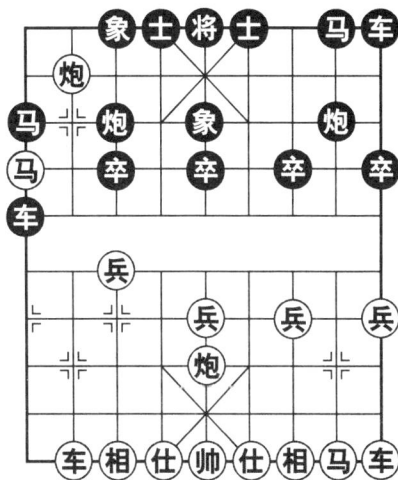

图54

9. ……　　士6进5

补士软着，应躲卒底炮，见下局例。

10. 马九进七　炮8平3

11. 车八进七　炮3进3

黑炮离位造成边马弱点。应炮3平4，使红卸边炮不起作用，如炮五进四，马8进7，炮五退二，马7进5，炮八平六，车9进2，黑可抗衡。

12. 炮五平九　象5进3　　　**13. 马二进三　车9进2**

14. 车八退三　车1平2

企图兑车减轻压力，如炮3进1，车一平二，马8进7，兵三进一，车1平2，车八进一，马1进2，马三进四，亦红优。

15. 车八平七　车2退3　　　　**16.** 车一平二　马8进7

17. 兵三进一　……

兑炮后，红虽少兵，但兵种齐全有利，且子力活跃，已略优。

17. ……　　车2进6　　　　**18.** 马三进四　马7退6

19. 仕四进五　马1退3　　　　**20.** 车七平五　马3进5

21. 车五进二

黑子龟缩处于守势，红控制局面占优，结果胜。

总结这盘棋时，感到黑第9回合补士给红提供了一个进攻机会。所以赵国荣对胡荣华局例，黑做了改进。接图54，黑走。

9. ……　　炮3平4　　　　**10.** 马二进三　士6进5

11. 炮八平九　炮4进1　　　　**12.** 车一平二　炮4平1

黑围绕捉马行棋，红及时亮出右车捉炮。现在黑炮打马兑子是简化局面，也可炮8平7维持捉马之势，局势较为复杂多变。

13. 炮九退二　马8进6

14. 炮九平五　马6进5（图55）

图55，黑马踏炮仍属简化局面之着法，但兑子后还要逃炮便落后手。不如车1平6，前炮退一，车9平8，仕六进五，卒7进1，车二进六，炮8平7，威胁红马，黑有对攻手段。

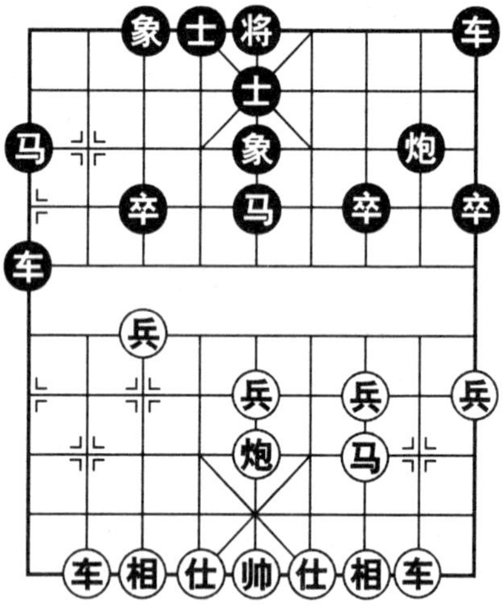

15. 炮五进四　炮8平7

16. 兵五进一　车9平6

17. 车八进三　……

红炮镇当头，在一定程度上限制了黑肋车的活动自由。现在升兵林车是准备摆中路保兵过河，形势稍优。

图55

17. ……　　卒7进1　　　　**18.** 相三进五　车1平6

19. 仕六进五　炮7退2　　　　**20.** 车八平五　马1进2

21. 兵五进一　前车进4

红兵渡河扩大了优势，结果胜。

平炮士角，张强对柳大华局例。接图53，黑先。

7. ……　　炮3平4

黑上局平车牵制红车炮并未达到目的，现干脆避一手炮。

8. 马二进三　马 8 进 7　　　　**9.** 炮八进六　车 9 进 1

红按预定计划伸左炮塞象眼，准备车八进七捉双谋子，黑起横车牵制红炮，双方即将转入中局的争夺战。

10. 车一平二　炮 8 进 2　　　　**11.** 炮五平九　……

如车八进七，炮 4 进 5，红马被捉反易失先，现在卸炮暗瞄黑边马，又可联相巩固阵型。

11. ……　　　　炮 4 进 1

12. 相三进五　卒 7 进 1

13. 车八进七　车 9 平 3（图 56）

图 56，红伸车逼黑边马，黑炮亦瞄住红边马，双方子力呈互缠状态。

14. 马九退八　马 1 进 2

15. 车二进四　……

红升车防黑跃马过河，也可兵七进一，车 6 平 3，兵九进一，后车进 1，兵九平八，后车平 2，兵八平七，车 2 退 1，兵七进一，炮 4 进 2，马八退七，红优。

15. ……　　　　车 3 进 1

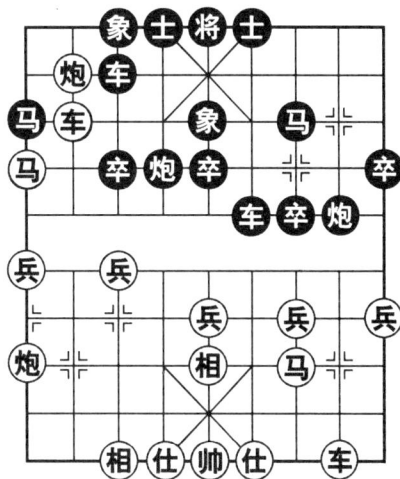

图 56

16. 车八平七　马 2 退 3　　　　**17.** 马八进七　……

经过一番较量，黑右马找到退路。红未能得子，但红阵型巩固，子力协调，又多双兵，已呈优势。

17. ……　　　　车 6 平 2　　　　**18.** 炮八平四　士 4 进 5

防炮四退一打马。

19. 兵三进一　炮 8 退 4　　　　**20.** 炮四平三　炮 8 平 7

21. 兵三进一　象 5 进 7　　　　**22.** 仕四进五　象 7 退 5

局势平稳，但红多双兵潜伏优势，结果胜。

综观以上局例，红挺边兵跃马的攻法看似平淡，却能取得一定效果，胜率较高，黑方应法尚待改进。

下面介绍本布局的新发展，黑横车左肋应法。

1. 兵七进一　炮 2 平 3　　　　**2.** 炮二平五　象 7 进 5

3. 马八进九　……

理论上认为，在黑飞左象的条件下，红不宜让黑冲 3 卒过河，故跳边马。

3. …… 马 2 进 1

4. 车九平八 车 1 进 1

5. 兵九进一 车 1 平 6

6. 马九进八 车 6 进 3

7. 马八进九（图57） ……

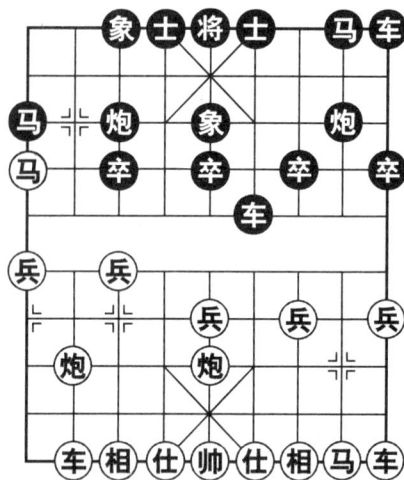

图 57

图57，红急跃边马踏边卒，是目前比较流行的攻法。

全国个人赛廖二平对陶汉明局例。接图57，黑走。

7. …… 车 6 平 2

8. 兵九进一 车 2 平 1

9. 炮八进六 炮 3 退 1

避一手炮是必要的，以免红马兑炮后，再进车捉炮抢先。

10. 车一进一 炮 3 平 8 **11.** 炮八平九 马 8 进 6

如后炮进8，车一平二，红必追回一子。现在黑跳拐脚马，先弃后取别出心裁，这种应法少见，如炮九平二，车9进1捉死炮，而红边马仍受困。

12. 炮九进一 士 6 进 5

补士稳健，如后炮进8，车一平四，车9进1，炮九退一，马6进4，炮五进四，红弃子得势。

13. 车一平六 车 1 平 6

如后炮进8，车六进七，接有车八进九叫闷杀的凶着。现平车保马，诱车六进七，士5进4打死车。

14. 马二进三 卒 7 进 1 **15.** 兵七进一 卒 7 进 1

16. 炮五平七 卒 7 进 1 **17.** 兵七进一 士 5 进 4

18. 马三退一 车 9 平 7

后来红在对攻中走软，结果黑胜。

徐天红对胡荣华局例。接图57，黑走。

7. …… 炮 3 进 3 **8.** 车一进一 马 8 进 6

9. 车八进一 炮 8 平 6

防车一平四，兑车后捉黑拐脚马。

10. 马二进三 车 9 平 8 **11.** 车一平七 车 8 进 5

12. 兵三进一（图58） ……

图 58，黑进车保炮失算，红挺兵捉车谋子。因车 8 平 7，炮五进四，士 6 进 5，相七进五捉双。

12. …… 炮 3 进 4

13. 车七退一 车 8 平 7

14. 炮八平七 炮 6 平 7

15. 车七进一 车 7 平 1

16. 车七平四 车 6 进 4

17. 车八平四 马 6 进 4

18. 马九进七 ……

红得子后，黑趁势困捉红边马，现在红马已逃脱。

18. …… 车 1 平 3

19. 炮七平六 士 4 进 5

20. 车四进三 车 3 平 6

21. 马三进四

红多子优，结果胜。

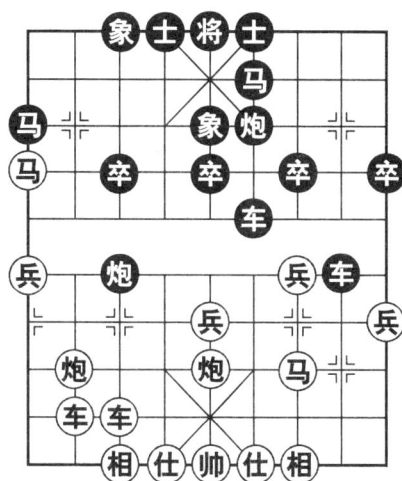

图 58

以下介绍红右肋车的变化。

1. 兵七进一 炮 2 平 3

2. 炮二平五 象 7 进 5

3. 马八进九 马 2 进 1

4. 车九平八 车 1 进 1

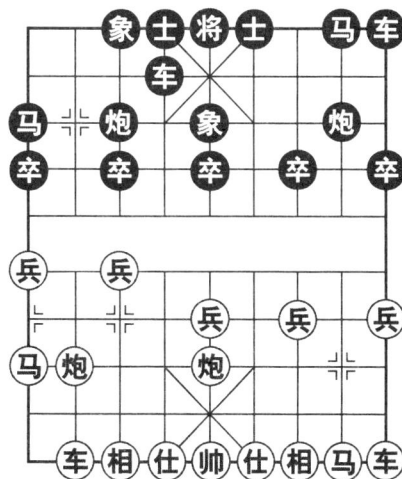

5. 兵九进一 车 1 平 4（图 59）

图 59，黑横车右肋，与过宫左肋变化不同，因可伸兵林。但如马九进八，车 4 进 3，马八进九，车 4 平 2，则又与左肋车相同。

全国个人赛于幼华对李智屏局例。接图 59，红走。

6. 马九进八 车 4 进 5

7. 马八进九 车 4 平 2

黑车伸兵林，仍牵制红炮，但红不存在冲边兵捉车的棋了。

8. 车一进二 士 6 进 5

9. 炮五退一 马 8 进 9

10. 车一平六 炮 3 退 1

11. 马二进三 车 9 平 6

图 59

红升右车保炮，预防炮 3 平 2 捉炮，红进攻重点在左翼。

12. 炮五平八　车 2 平 3　　**13. 相七进五　车 6 进 6**

14. 马九退八　车 6 退 2

如车 6 平 7，车六进三，红方伏车六平二捉炮及后炮平三打车等手段。

15. 马八退七　卒 3 进 1　　**16. 后炮平七　卒 3 进 1**

可车 3 平 2，马七进六，车 6 平 7，兵七进一，车 2 退 1，黑亦可抗衡。现冲卒过河，车换马炮亦不亏。

17. 炮七进二　卒 3 进 1　　**18. 炮八进五　炮 8 平 2**

19. 车八进七　炮 3 进 6　　**20. 兵三进一　车 6 进 3**

21. 马三进二　车 6 平 8　　**22. 马二退一**

后来黑应着失误，结果红胜。

银荔杯徐天红对陶汉明局例。接图 59，红走。

6. 马二进三　马 8 进 6　　**7. 车一平二　车 4 进 4**

黑跳拐脚马保中卒，再伸骑河车捉兵，应法与上局不同。

8. 马九进八　车 4 平 3　　**9. 马八进九　车 9 平 8**

10. 炮八进六　炮 3 平 4

避一手炮，防马九进七，炮 8 平 3，车二进九，马 6 退 8，车八进七捉双得子。

11. 炮五平九　炮 8 进 4（图 60）

图 60，红感到中炮作用不大，卸炮便于联相调整阵型，黑伸左炮封车，积极谋求反击。

12. 相三进五　车 3 平 1

13. 兵三进一　……

挺兵弃马，先弃后取，胸有成竹。

13. ……　车 1 退 2

14. 炮八平九　马 1 退 3

15. 前炮平四　车 1 平 2

16. 车八进六　马 3 进 2

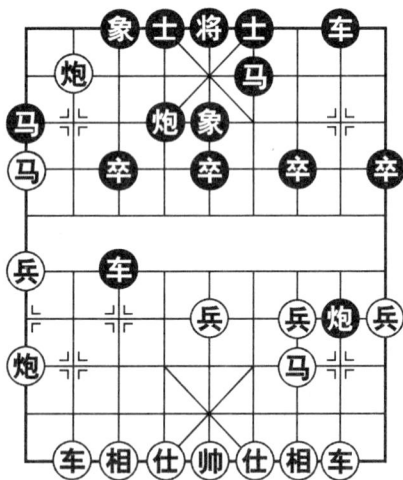

图 60

兑子后局势平稳。后来黑急于反击，反而失误致败。

全国团体赛许波对万跃明局例。

1. 兵七进一　炮 2 平 3　　**2. 炮二平五　象 7 进 5**

3. 马八进九　马 2 进 1　　　4. 车九平八　车 1 进 1

5. 马二进三　车 1 平 4　　　6. 车一平二　……

红没有挺边兵跳边马，而抓紧开动右翼子力，对黑担子炮有牵制作用。

6. ……　　　车 4 进 3　　　7. 兵九进一　士 6 进 5

8. 马九进八　马 8 进 6　　　9. 马八进九　炮 3 退 1

10. 炮八平九（图 61）　……

图 61，红平边炮亮车，也可炮八进
六，车 9 平 8，车二进四，炮 8 平 7，车二
进五，马 6 退 8，炮五平九，卒 7 进 1，相
三进五，马 8 进 9，车八进一，红仍持
先手。

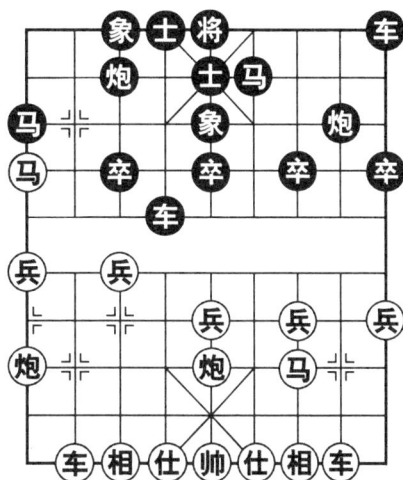

图 61

10. ……　　　车 9 平 8

11. 仕六进五　卒 7 进 1

12. 炮五平六　炮 8 平 7

如炮 8 进 4，相七进五，黑缺乏后续
手段，成僵持局面，现平炮兑车虽然损
失步数，但左翼马炮有发展前途。

13. 车二进九　马 6 退 8

14. 相七进五　卒 9 进 1　　　15. 车八进四　马 8 进 6

16. 车八进四　马 6 进 8

黑车把守要道，红车无好位可占，便进车塞象眼，伺机用边炮攻击黑
边马。

17. 炮六平八　炮 7 退 1　　　18. 马九退八　士 5 退 6

19. 车八退一　炮 3 平 6　　　20. 炮九进五　炮 6 进 1

21. 车八退二　车 4 平 2　　　22. 炮八进三　炮 6 平 1

兑子后双方大体均势，结果红超时作负。

九、黑冲边卒骑河车

红挺边兵跃马的攻法能取得有利形势，黑便针对性地采取对挺边卒破坏红的跃马计划展开对抗。究竟优劣如何？

1. 兵七进一　炮 2 平 3　　　　　**2.** 炮二平五　象 7 进 5

3. 马八进九　卒 1 进 1

挺卒制马，是黑方试用着法，至此红有出左车及跳右马两类攻法。

红出左车攻法。

4. 车九平八　卒 1 进 1

黑冲卒过河兑兵亮出边车。也有跳边马的弈法。吕钦对张录之局，马 2 进 1，马二进三，车 1 进 1，车一平二，车 1 平 6，炮八进六，车 6 平 4，兵三进一，炮 3 平 2，马三进四，车 4 平 2，车二进七，车 2 平 6，车八进七，车 6 进 4，车二退二，马 8 进 7，车二平九，红较优。

5. 兵九进一　车 1 进 5（图 62）

图 62，黑撇开以往起横车移左肋的弈法，边车留在右翼起到抑制红边马的作用。

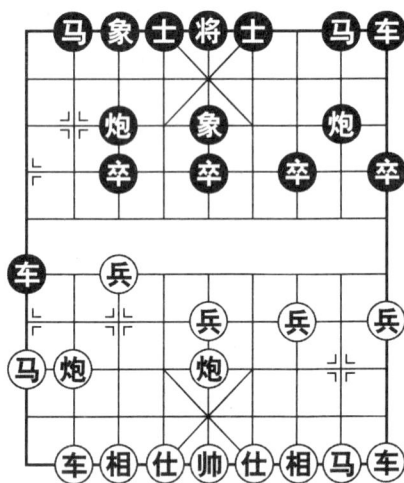

图 62

廖二平对陈信安局例。接图 62，红先。

6. 炮五进四　士 6 进 5　　　　　**7.** 相三进五　马 2 进 1

红飞炮击卒照将，以便联相保兵。黑及时跳马，防止红伸左炮压制。

8. 马二进三　马 8 进 6　　　　　**9.** 炮五退二　车 1 进 1

黑车进兵林线较有力。以后如能跳出左马过河，则对中兵潜伏威胁。

10. 炮八进六　马 6 进 5　　　　　**11.** 炮八平九　车 1 平 4

如马 1 进 2，车八进五，车 1 退 5，兵三进一，车 9 平 6，车八平五，红优。

12. 兵三进一　车9平6　　　**13.** 炮九进一　马5进6

红伸炮平边再沉底，黑跃马过河邀兑，双方都按自己的计划行事，各有各的打法。

14. 车八进八　炮3退1　　　**15.** 马九退七　……

黑退炮拦车解杀。红如车八进一再叫杀，黑有炮3进4打兵保象的棋，所以先退马咬车，看黑如何应付。

15. ……　　　车4退1

如车4平3，车八进一，马6退5，炮五进三，象3进5，车八退六抽车。

16. 马三进四　车6进5　　　**17.** 车一平二　将5平6

可炮8退1暂时固守较稳。

18. 仕四进五　炮8平9

劣着。应车6退3保炮，尚可支撑一阵。

19. 车二进九　将6进1　　　**20.** 车二退一　将6退1

21. 车二平五

红得士占优，结果胜。

杨剑对孙育锋。接图62，红先。

6. 炮八进六　炮3平2

红趁势伸炮压马，黑平炮困炮，针锋相对。

7. 炮五进四　士6进5　　　**8.** 马二进三　车1退4

9. 车一平二　炮8平7

黑不急于车1平2吃炮，因车二进七，马8进6，车二平四，炮2平6，车八进八，黑马被压必死。

10. 炮五退二　车1平2

11. 车二进八　卒9进1

防炮五平一打车。

12. 车八进五（图63）　……

图63，红在前一段着法中一直没有逃左炮，故意让黑车捉吃炮，贯彻了弃子取势的方针。现在果然实现计划，造成黑右车压己马，红左车牵制黑炮，当头炮又镇住中路，形势甚佳，并随时有

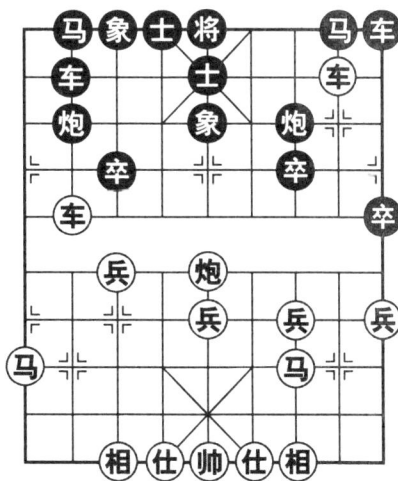

图63

炮五平二打马的伏着。

12. ……　　　卒 7 进 1　　　　　**13.** 车八平三　马 8 进 6

14. 车二平四　……

黑全盘子力受制，无奈送回一子希望缓解困境。

14. ……　　　车 2 平 4　　　　　**15.** 相三进五　车 4 进 2

红控制局面，又多双兵，明显占优，结果胜。

红跳右马攻法。

4. 马二进三　卒 1 进 1　　　　　**5.** 兵九进一　……

吃卒属正常着法，但也出现过弃兵的变化。如 1984 年全国个人赛孟昭忠对张元启之局，炮八进四，士 6 进 5，炮八平五，卒 1 进 1，马九进七，车 1 进 4，车一平二，马 2 进 1，车九平八，车 1 平 6，马七进五，仍红先。

5. ……　　　车 1 进 5　　　　　**6.** 炮五进四　……

红炮击卒便于联相保兵。如车九平八，马 2 进 1，车一平二，车 1 平 3，炮五进四，士 6 进 5，相三进五，车 3 退 1，炮五退二，马 8 进 6，双方平稳。

6. ……　　　士 6 进 5

7. 相三进五（图 64）　……

图 64，黑有进边马、进拐脚马、进正马等几种应法。以下是傅光明对赵国荣的实战局例。

黑进边马变化。

7. ……　　　马 2 进 1

8. 车一平二　车 1 退 1

9. 兵五进一　……

防车 1 平 5，炮五平六，马 1 进 2，咬炮抢先。

9. ……　　　车 1 平 6

10. 车九进一　卒 9 进 1

11. 车九平六　马 8 进 9

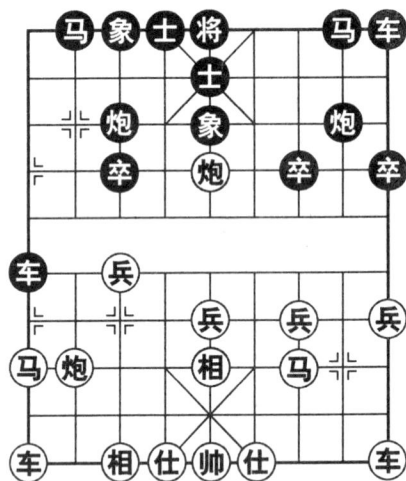

图 64

黑巡河车移左肋，是防止红炮五退一切断车的通路；黑不跳拐脚马咬炮，而左马缓出，目的是寻求从边线跃出打车抢先。

12. 车二进六　车 9 平 6　　　　　**13.** 仕六进五　……

红伏车二进一弃车攻杀。如炮 3 平 8，帅五平六，炮 8 进 7，相五退三，黑难应付。

13. ……	后车进3	14. 炮五退一	卒7进1
15. 车六进五	后车平4	16. 车二平六	马9进8
17. 车六平三	将5平6	18. 兵三进一	马8进7
19. 兵三进一	车6平7	20. 车三退一	象5进7

双方局势平稳，红暂多一兵，但黑子力活跃足可抗衡。

黑进拐角马变化。

梁文斌对郑兴年局例。接图64，黑先。

7. ……	马8进6	8. 炮五退二	车1进1
9. 车九平八	马6进5		

准备马5进6再兑红马，以谋取中兵。

10. 炮五进一	马2进1

及时跳边马，避免炮八进六。另外，跳边马后随时可车1退2捉炮，否则有炮八进三打车的棋。

11. 兵三进一	车9平6	12. 仕四进五	车6进4
13. 炮五退一	……		

只能退炮。如兵五进一，卒3进1，车一平四，车6进5，仕五退四，卒3进1，相五进七，马5进3，红要保相则丢中兵。

13. ……	卒3进1	14. 车一平四	车6进5
15. 仕五退四	卒3进1		
16. 相五进七	卒7进1		
17. 兵三进一	马5进7		
18. 炮五平三	……		

稳健之着，平炮顶马，防马7进8再跳卧槽攻杀。

18. ……	马1进3
19. 相七退五	马3进4（图65）

图65，黑子全部活跃，已呈反先之势。

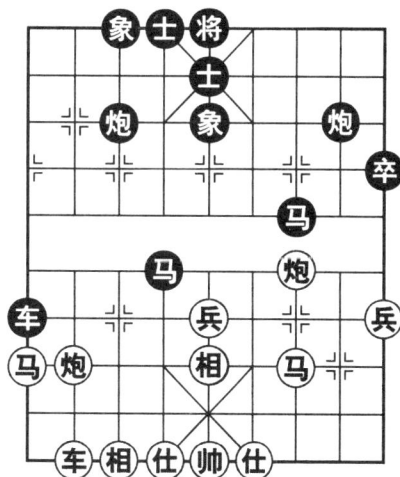

图65

20. 炮八平六	马4进5
21. 相七进五	车1进1
22. 仕四进五	

黑得机会破相，虽然双方大子相等，但红缺相终难固守，结果黑胜。

周群对刘毅局例。接图64，黑先。

黑进正马变化。

7. ……　　马 8 进 7　　　　**8.** 炮五退一　车 1 退 1

9. 兵五进一　……

红退一步炮及挺兵保炮，都是为了切断黑边车移左的通路，但也暴露出中兵无根的弱点。

9. ……　　卒 7 进 1　　　　**10.** 车一平二　马 7 进 6

11. 兵七进一　车 1 平 3　　　**12.** 马九进八　马 2 进 1

13. 车九进三　……

红弃兵跃马，都是为了升车防止黑马踏兵咬中兵的棋。

13. ……　　车 9 平 6

14. 仕六进五　炮 8 平 7

15. 车九平六　……

红车占肋，伏马八进九，车 3 平 2，马九进七，炮 7 平 3，帅五平六叫杀。

15. ……　　炮 3 平 4

16. 炮八平六　车 3 进 1（图 66）

图66，黑进车不仅捉马，更重要的是为了扫兵赶走中炮，以解除威胁。如炮 4 进 5，车六退一，仍有帅五平六叫杀的棋，黑难应付。

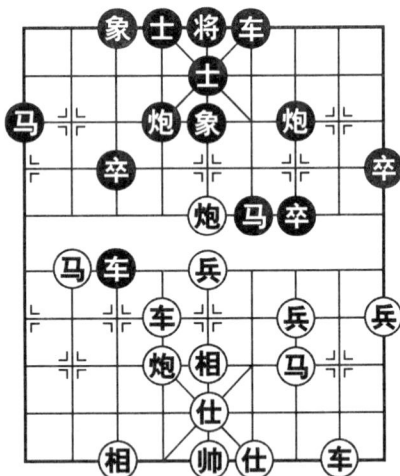

图 66

17. 车六进四　车 3 平 2　　　**18.** 车六退二　车 2 平 5

19. 炮六平七　车 5 退 1　　　**20.** 车六平五

黑无奈，只好舍车换炮解杀，至此红得子优，结果胜。

十、黑飞右象多变化

黑飞左象应法，无论横车移左肋或冲边卒进骑河车，都不尽如人意，故近几年来大量出现黑飞右象的应法，变化甚多，成为当前热门布局，以下陆续介绍主要战术的演变。

1. 兵七进一　炮2平3　　　　**2. 炮二平五　象3进5**

3. 马八进九　……

为防止黑挺3卒而红跳边马，这在黑飞左象的情况是合理的，但黑现在飞右象有区别，红也可让黑冲卒过河。

3. ……　　马8进7　　　　**4. 马二进三　车9平8**

由于红跳边马致使右车缓开一步，被黑抢先开出左车。

5. 兵三进一　炮8平9　　　　**6. 车九平八　士4进5**

7. 车一平二　……

红故意挺三兵让黑平炮亮车，此着出车邀兑深谋远虑。虽然损失了步数，却能控制局面。

7. ……　　车8进9

8. 马三退二　马2进4

9. 炮五平三　车1平2

10. 炮八进四　炮9进4

11. 炮三进四（图67）　……

图67，红实现了布局的初步计划：卸中炮压黑马，伸左炮封黑右车路。黑主力暂难施展，便飞炮取兵。至此有平炮打兵与飞象防兵两种弈法。

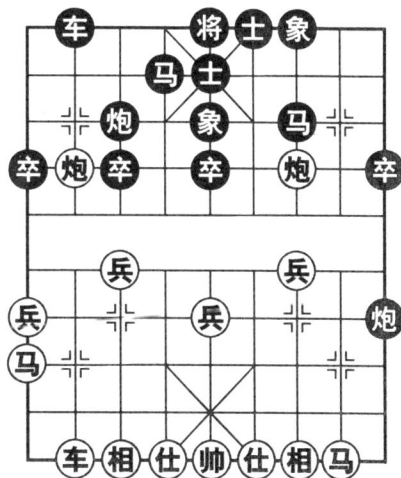

图67

李来群对柳大华局例。

11. ……　　炮9平1　　　　**12. 兵三进一　炮1退2**

13. 炮三平四 ……

炮塞象眼为冲兵开路，红方优势就在于此。

13. …… 车2平4	**14. 相七进五** 炮3平2
15. 车八平七 卒9进1	**16. 兵三进一** 马7退8
17. 炮八退五 炮1平7	**18. 马九进七** 卒5进1

19. 车七进一

黑肋车拐脚马闭塞，处于守势。红车准备移至右翼施展攻击，各子较活跃，又有过河兵助战，形势已占优，结果红胜。

胡荣华对杨官璘局例。接图67，黑先。

11. …… 象7进9	**12. 马二进三** 炮9退1

13. 相七进五 炮3平1

黑平边炮似乎作用不大。可卒3进1，兵七进一，象5进3，伺机开通3线。

14. 马三进二 炮9进1	**15. 炮三平二** 象9退7
16. 炮二进二 士5退4	**17. 炮二退一** 炮9平1
18. 马九退七 卒3进1	**19. 兵七进一** 马7进6

如车2平3，马七进六，前炮平5，仕六进五，仍红优。

20. 兵三进一 马6进5	**21. 炮二退一** 车2平3
22. 马七进六 象5进3	**23. 车八平七**

黑象难逃。红有兵渡河助攻，结果红胜。

上两局黑跳拐脚马，右车被封无出路，故考虑改进拐角马为边马，腾出开贴身车的位置，见王嘉良对臧如意的实战局例。

1. 兵七进一 炮2平3
2. 炮二平五 象3进5
3. 马八进九 马8进7
4. 马二进三 车9平8
5. 兵三进一 炮8平9
6. 车九平八 士4进5
7. 车一平二 车8进9
8. 马三退二 卒1进1
9. 炮五平三 马2进1
10. 炮三进四 马1进2（图68）

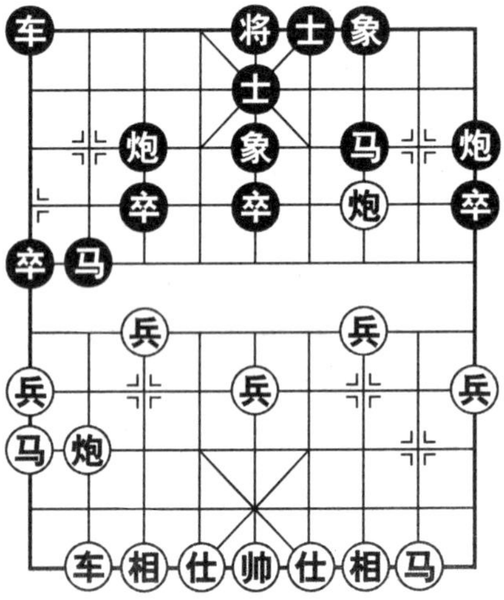

图68

图68，红仍按原定计划走棋，但黑已做了改进，挺边卒出右马，又随时开贴身车，右翼子力较活跃。

11. 炮八平四　马2进4　　　**12.** 马二进三　车1平4

13. 相七进五　卒5进1　　　**14.** 仕六进五　马7退9

如车4进3，车八平六，兑子后仍红略先。

15. 炮四进四　卒9进1　　　**16.** 车八平六　炮9平7

17. 兵五进一

红车牵制黑马，双炮监视卒林线，现弃中兵巧着。黑如卒5进1吃马，马九进七捉死卒，顺便跃出边马。至此红优，结果胜。

以上局例表明，红开直车邀兑再卸中炮的战术成功。其关键是第5回合挺起了三兵，黑方通过总结第4回合改为先挺7卒，例如全国团体赛胡荣华对邹立武一局。

1. 兵七进一　炮2平3　　　**2.** 炮二平五　象3进5

3. 马八进九　马8进7　　　**4.** 马二进三　卒7进1

5. 车一平二　车9平8　　　**6.** 车二进四　……

由于黑挺卒缓开一步左车，红车及时亮出并升河口，以免被伸炮封住。

6. ……　　炮8平9　　　**7.** 车二进五　马7退8

8. 炮五进四　士4进5

兑车后，红如卸中炮已无意义，但可乘机取中卒。

9. 炮八平五　马2进4　　　**10.** 前炮平四　马8进7

11. 兵五进一（图69）　……

图69，红肋炮随时进二塞象眼打马，又可冲兵发展中路攻势，目前仍持先手。

赵国荣对何永祥一局弈至此局面，卒3进1，兵七进一，象5进3，炮四平三，象7进5，车九平八，卒1进1，炮三平二，炮9平8，兵五进一，车1进3，炮二退五，车1平4，马三进五，车4进3，黑车从卒林线开出，有反先之势。

11. ……　　马7进6

失算，被红伸炮捉马再轰象。

12. 炮四进二　车1平4

13. 兵五进一　马6进7

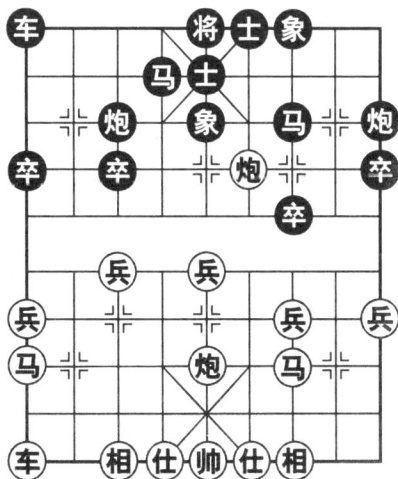

图69

14. 车九平八　炮3进3

弃象对攻，如马7进5，相三进五，黑子力受制。

15. 炮五进五　士5进6　　**16.** 炮五平一　象7进9

17. 车八进四　卒3进1　　**18.** 相三进五　炮3平5

19. 仕四进五　车4平3　　**20.** 车八平六　马4进2

21. 炮四平三　……

红车牵制黑炮，再移炮攻马，由此得势。

21. ……　　卒7进1　　**22.** 炮三退五　卒7进1

23. 马三进五　卒7平6　　**24.** 马五退七　炮5进1

25. 车六进三　车3平2　　**26.** 车六平四　炮5平9

27. 车四退四

破士象，吃回过河卒，红大优，结果胜。

全国个人赛柳大华对曾东平的实战局例。

1. 兵七进一　炮2平3　　**2.** 炮二平五　象3进5

3. 马八进九　车9进1　　**4.** 炮五进四　士4进5

5. 马二进三　马2进4

红炮打卒阻黑车过宫，黑跳拐脚马咬炮抢先，各有所得。

6. 炮五退二　车1平2

7. 车九平八　车9平6

黑横车从左肋亮出，与右肋变化大同小异。

8. 相三进五　车6进5（图70）

图70，黑伸车过河企图吃兵压马，似嫌急躁。可卒3进1，兵七进一，车6进3，车一平二，车6平3，车二进六，马8进9，黑满意。

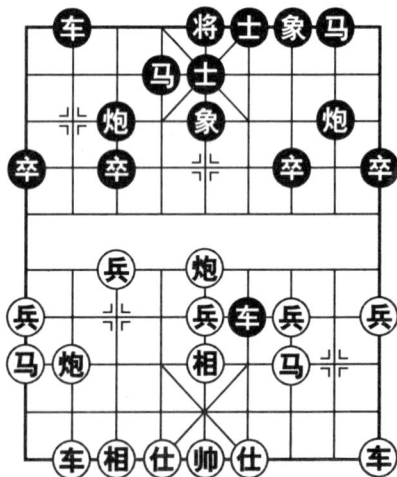

图70

9. 炮八进一　车6进1

10. 车一平三　炮8进4　　**11.** 仕四进五　炮8平5

12. 马九进七　……

跃马欺炮，是一步扩先的巧着。

12. ……　　车6退1　　**13.** 马三进五　车6平5

14. 炮八平五　车2进9　　**15.** 车三平四　车2退5

16. 车四进八　马 8 进 7　　　　**17.** 后炮进四　将 5 平 4

18. 后炮平六

红展开攻杀，后来黑应付失误致败。从布局来看，黑方第 8 着如卒 3 进 1
形势不错，所以黑横车应法是可行的。

十一、黑冲卒过河对攻

在黑飞右象的条件下，红可急开右车，让黑冲卒过河对攻，这是攻击型棋手比较喜欢的变化。

柳大华对胡荣华局例。

1. 兵七进一　炮 2 平 3　　　　**2.** 炮二平五　象 3 进 5

3. 马二进三　卒 3 进 1　　　　**4.** 车一平二　卒 3 进 1

红为了快出右车而牺牲七兵，给黑冲卒过河对攻的机会。

5. 马八进九　马 2 进 4　　　　**6.** 车九平八　士 4 进 5

补士固中防，准备跳出拐脚马，赵国荣对刘殿中，车 1 平 2，车二进四，马 4 进 3，炮五进四，士 4 进 5，炮八平四，车 2 进 9，马九退八，车 9 进 1，炮五平四，卒 7 进 1，相七进五，车 9 平 7，车二进二，黑车路受抑制。

7. 车二进四　马 4 进 3

8. 炮八平七（图 71）　……

图 71，红平炮打马，导致兑子简化局面。通常炮五进四打卒，可保留较多变化。

8. ……　　　　马 3 进 4

9. 炮七进五　炮 8 平 3

10. 炮五平六　……

红卸炮避兑，准备飞相谋卒，困捉黑马。

10. ……　　　　马 8 进 7

11. 相七进五　车 9 平 8

12. 车二平四　卒 5 进 1

图 71

黑挺中卒留出过河马退路。如卒 7 进 1，相五进七，马 4 退 6，炮六平四，仍红先。

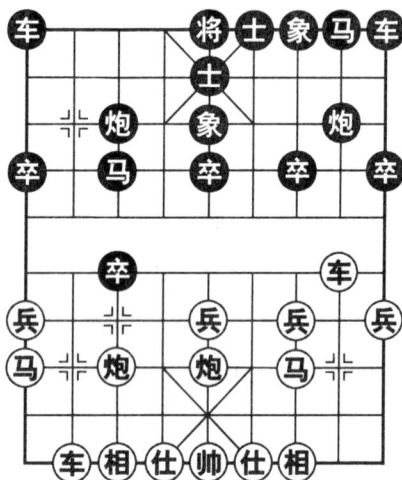

13. 相五进七　马4退5　　　　**14.** 相七退五　车8进6

15. 兵三进一　车8平7

黑退中马位置较好，伺机从高象位跃出，再伸车过河压马，红已难掌握先手。

16. 车四进一　卒5进1　　　　**17.** 马九进七　……

如兵五进一去卒，马5进3，兵五进一，马3进2，红难应付，所以决心跃出边马抢先。

17. ……　　　　卒5平4　　　　**18.** 马七进六　卒4进1

19. 炮六平九　卒7进1　　　　**20.** 车四平五　炮3进2

21. 车五退一　卒4进1

黑反先，结果胜。

这盘棋红过早兑子简化局面，未能保持先手，需要改进。下面介绍殷广顺对孙文勇局例。

1. 兵七进一　炮2平3　　　　**2.** 炮二平五　象3进5

3. 马二进三　卒3进1　　　　**4.** 车一平二　卒3进1

5. 马八进九　马2进4　　　　**6.** 车九平八　士4进5

7. 炮八平六　……

平仕角炮亮出左车，并使过河卒无进路。

7. ……　　　　马8进9　　　　**8.** 车二进四　马4进3

9. 炮五进四　……

红炮打中卒是对上局的改进，伺机扫边卒可得实惠，而且便于补相调整阵型。

9. ……　　　　车9平8

10. 相七进五　车1平4

11. 仕六进五　卒3平2（图72）

图72，红炮镇中路，又补仕相固防。黑保留过河卒且封住红左车进路，双方对峙。

12. 兵九进一　炮8进2

如炮3平2，车八平七，黑马被捉无进路。

13. 马九进八　炮8平2

企图通过兑车抢先，如直接兑马则红仍控制局面。

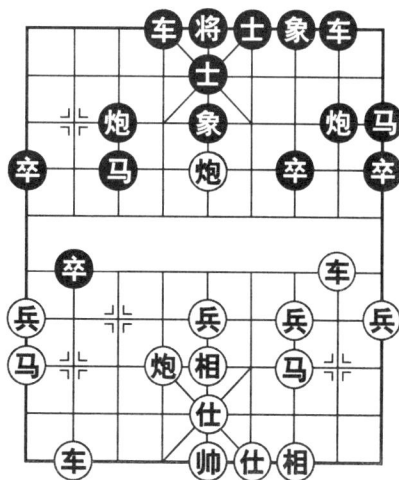

图72

14. 马八退六　车8进5　　15. 炮六进七　将5平4
16. 车八进五　车8平4　　17. 车八进一　马3进5
18. 兵五进一　马5进3　　19. 车八平七　炮3平2
20. 马六进八　马3进4　　21. 仕五进六　车4平2
22. 兵五进一

经过一番子力交换，局势暂时缓和。红方中兵过河，右马随时从盘头跃出配合车炮攻势，结果红胜。

这局棋黑左马屯边显得呆滞，所以阎文清对卜凤波时，黑改跳正马。

1. 兵七进一　炮2平3　　2. 炮二平五　象3进5
3. 马二进三　卒3进1　　4. 车一平二　卒3进1
5. 马八进九　马2进4　　6. 车九平八　士4进5
7. 炮八平六　马4进3　　8. 炮五进四　卒3平2
9. 相七进五　……

飞相留出车位，待炮3平2，车八平七捉马。

9. ……　　　　马8进7（图73）

图73，待炮打中卒之际，黑跳正马咬炮，是一步改进着法。

10. 炮五退二　车9平8
11. 车二进五　车1平4
12. 仕六进五　炮8进1

黑升右炮别出心裁，解决右马无根的问题。

13. 兵三进一　卒7进1
14. 车二平三　炮8平5
15. 车三平八　车8进4

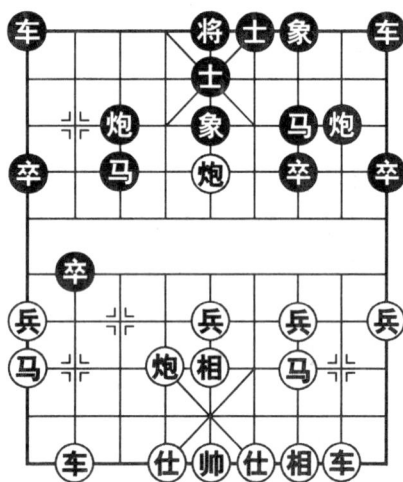

图73

黑弃卒换取左车亮出，至此红方多兵而黑子力活跃，各有所得。

16. 前车进二　车4进2　　17. 兵九进一　卒2平1
18. 炮六退二　前卒进1　　19. 仕五进六　马3进4
20. 马九进七　前卒平2　　21. 后车进三　马4进2
22. 炮六进七　马2进3　　23. 马七退六　车8平3

兑子后双方仍处于对攻状态，后来红失误，结果黑胜。

通常认为，这种布局的焦点在争夺过河卒上，所以红仍应用巡河车牵制黑卒为宜。见邹立武对刘星之局。

1. 兵七进一　炮2平3　　　2. 炮二平五　象3进5
3. 马二进三　卒3进1　　　4. 车一平二　卒3进1
5. 马八进九　马2进4　　　6. 车二进四　马4进3
7. 炮五进四　士4进5　　　8. 相七进五　卒3平2
9. 兵九进一（图74）……

图74，红估计到黑卒平2，故缓开左车而改飞相，这样变化已经与上几局有较大区别。因左炮未动，如卒2进1，则马九进八兑马，以后可开出相位车等，红能掌握先手。

9. ……　　　卒2平1
10. 车二平九　卒1进1

防止车九进二逼兑车，造成黑右翼底线空虚。

11. 前车平二　马8进7
12. 炮五平四　车9平8
13. 马九进八　马3进2
14. 车二平八　……

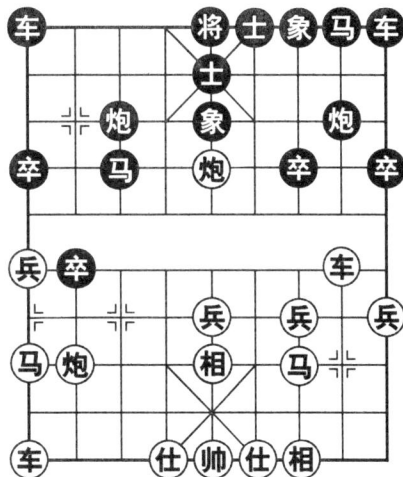

图74

红消灭了黑过河卒，免除后患，兑马后利于左边车开出。

14. ……　　　马7进5　　15. 仕六进五　马5进3
16. 车九平六　炮8平7　　17. 车六进五　卒1进1
18. 车八进二　车1平4　　19. 炮四平六　……

黑出肋车软，应卒1平2，至此被红炮塞象眼马被捉。

19. ……　　　卒7进1　　20. 车六平七　炮7进1
21. 车八进一　车4进3　　22. 车七进二

红得子优，结果胜。

红方除了以上几个变化外，还有及早挺起边兵防卒平2封车的变化，如阎文清对金波一局。

1. 兵七进一　炮2平3　　　2. 炮二平五　象3进5
3. 马二进三　卒3进1　　　4. 车一平二　卒3进1
5. 马八进九　马2进4　　　6. 车九平八　士4进5

7. 炮八平六　马4进3

8. 兵九进一　马3进4（图75）

图75，由于红挺边兵，黑方改变战术，跃马过河保护中卒，由此引起另一番变化。

9. 兵三进一　马8进9

10. 马三进四　车9平8

11. 马四进六　马4进5

兑子避免红炮打中卒，反正此马也缺乏攻击手段。

12. 相七进五　卒3平4

13. 仕六进五　炮3进2

14. 车二进六　炮8平6

15. 车二进三　马9退8　　　16. 车八进六　……

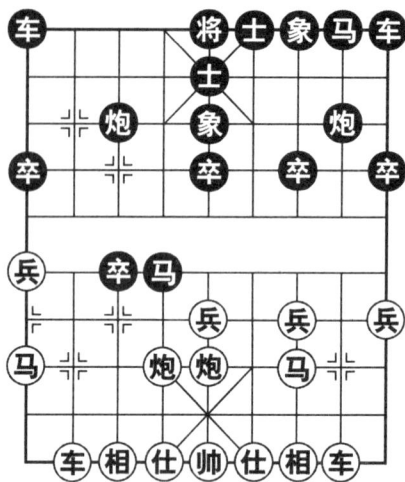

图75

黑方唯一的优点是小卒过河，但子力缺乏联络且车晚出，红控制局面较优。

16. ……　　　卒4进1　　　17. 炮六退二　卒5进1

18. 马九进八　卒4平5　　　19. 马六退五　卒5进1

20. 马五退七　马8进9　　　21. 炮六进五　……

佳着，为以后摆中炮取势奠定基础。

21. ……　　　炮3进2　　　22. 炮六平五

红优，结果胜。

黑方针对红飞左相后边马无根的弱点，可采取冲边卒的攻法，如田长兴对于幼华一局。

1. 兵七进一　炮2平3　　　2. 炮二平五　象3进5

3. 马二进三　卒3进1　　　4. 马八进九　卒3进1

5. 车一平二　马2进4　　　6. 车九平八　士4进5

7. 炮八平六　马8进9　　　8. 车二进四　马4进3

9. 炮五进四　车9平8　　　10. 炮五平一　马3进4

红炮取边卒兼捉马，逼使黑跃马过河消除卒3平2封车的手段。

11. 相七进五　炮8平7（图76）

图76，如车二平四避兑，车8进3，炮一退二，马4退5，车四平七，车1平4，仕六进五，马5进3，车七平八，卒7进1，黑少卒但子力位置较好。

12. 车二进五　马9退8

13. 兵五进一　卒1进1

14. 马三进五　卒1进1

15. 兵九进一　车1进5

黑冲卒兑兵通车，捉住红无根边马。

16. 车八进二　卒3进1

17. 车八进七　……

误以为沉车叫将抽吃黑卒，其实不成立，应炮一退二牵制黑车马为宜。

17. ……　　　炮3退2

18. 马九进七　车1进1

19. 马七进六　车1平5

黑得子优，结果胜。

综观这种布局，黑跳拐脚马补士应法，红胜率较高。

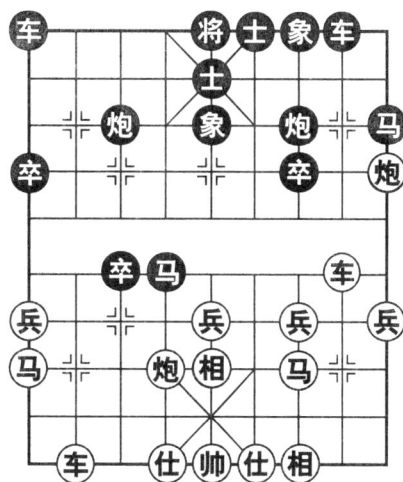

图76

十二、黑横车过宫反击

1. 兵七进一　炮2平3　　　　**2.** 炮二平五　象3进5
3. 马二进三　卒3进1　　　　**4.** 车一平二　卒3进1
5. 马八进九　车9进1

在飞右象的条件下，红急开右车，让黑卒过河，是行得通的，因为以后有机会随时消灭黑过河卒。

黑起横车是积极的应法，准备过宫平右肋，以便集中优厚子力加强反击。此时不怕炮五进四打卒，士4进5，车二进四，马2进4，炮八平五，车9平6，仕六进五，车6进5，红右马受攻。

6. 车九平八　车9平4　　　　**7.** 仕六进五　士4进5

许银川对陈富杰之局，车4进2保卒，以下兵三进一，马8进9，炮八平六，马2进1，车二进五，车4进2，炮五进四，士4进5，相七进五，红略先。

8. 车二进四　卒7进1

黑决定送回一卒以开展左翼子力。另有两种着法：①车4进4，炮八进二，车4平8，炮八平二，马8进9，兵三进一，马2进4，炮二平七，仍红先。②卒3进1，炮八平六，车4进5，车二平七，卒3平2，车七平八，马2进1，后车进三，黑卒还是保不住。

9. 车二平七　马8进7（图77）

图77，红吃回黑卒，并实现双车集结左翼的计划，布局满意。黑跳左马是自然的，在宋国强对陈建民之局，车4进2，兵三进一，卒7进1，车七平三，马8进7，炮八平六，马2进1，马九进七，炮8退1，车八进七，红较易走。

至图77形势，红有挺边兵、挺三兵及仕角炮等攻法，分述如下。

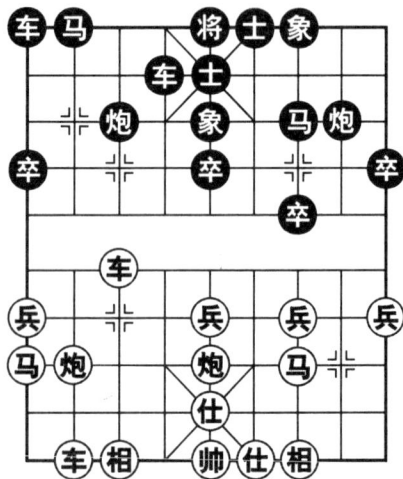

图77

红挺边兵。甘小晋对宋国强局例。

10. 兵九进一　炮 3 进 2

黑升炮留出跳正马的位置，准备转为屏风马阵型加强防御。

11. 兵三进一　卒 7 进 1　　　　**12.** 车七平三　炮 3 平 7

13. 马三进二　炮 8 退 1

红挺兵兑卒，移右车攻马，黑及时用巡河炮拦住，再退 8 路炮准备平 7，暗藏反击手段。

14. 炮五平三　车 4 进 4　　　　**15.** 相七进五　车 4 平 7

16. 相五进三　炮 7 进 3　　　　**17.** 马二退三　马 2 进 3

黑伸骑河车欺车，强迫兑子以后，局势趋于平淡，红方先手不大。

18. 马九进八　车 1 平 4　　　　**19.** 相三退五　马 7 进 6

20. 车八平七　炮 8 进 1　　　　**21.** 车七进四　炮 8 平 6

双方实力相等，大体均势。实战中红勉强对攻，未顾后防，被黑突出奇兵，破仕占优而胜。

红挺三兵。接图77，红先。

10. 兵三进一　卒 7 进 1

11. 车七平三　卒 1 进 1（图 78）

黑挺边卒是较新的应法，以往曾走卒林车。例如李艾东对徐天红之局，车 4 进 2，炮八平六，马 2 进 1，车三平二，炮 8 平 9，炮五平四，车 4 平 3，相七进五，车 3 进 1，双方局势平稳，结果和。

图 78，红有平角炮及卸中炮两种攻法。

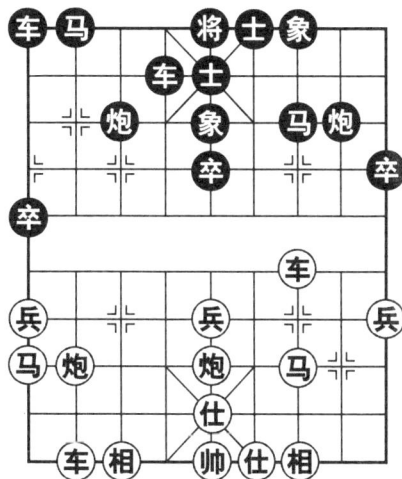

图 78

平角炮变化。张强对胡荣华局例。

12. 炮八平六　马 2 进 1

13. 车八进七　马 7 进 6

14. 车八退一　……

红左车进而复退，损失了步数，但得到黑无根中卒的补偿。

14. ……　　　车 4 进 4　　　　**15.** 车三平四　炮 8 平 7

16. 相三进一　车 4 退 1　　　　**17.** 炮五进四　……

黑子活跃，红谋卒实利，各得其所。

17. ……　　　车 4 平 3　　　　**18.** 相七进五　车 1 平 2

19. 车八进三　马1退2　　　**20.** 马三进二　马6进8

21. 车四平二　……

双方子力对峙，均难进取。兑子后局势平淡，红多中兵略优。

21. ……　炮3退2　　　**22.** 车二平三　炮3进2

既然退右炮就不必再进，可马2进3，炮五退二，炮7进2，黑势不弱。

23. 兵九进一　马2进4　　　**24.** 炮五平四　车3平6

25. 炮四平二　马4进5　　　**26.** 车三平八　卒1进1

27. 车八平九

双方平稳，结果和。

卸中炮变化。李艾东对林宏敏局例。

12. 炮五平四　马2进1　　　**13.** 炮八进五　……

红卸炮便于联相巩固阵式，然后伸左炮发起进攻。

13. ……　马7进6　　　**14.** 车三平四　马6退4

15. 炮八退一　……

如车四平六，车1平4，炮四平六，马4进2，车六进四，车4进1，相七进五，车4进5，红失先。

15. ……　马4进2　　　**16.** 炮八平一　……

防车4进2，红炮受困。

16. ……　炮3平2　　　**17.** 车八平九　车1平3

18. 相七进五　炮8平6

黑平炮邀兑，希望造成红边马无根的弱点。

19. 炮四进五　炮2平6　　　**20.** 车四进二　卒5进1

21. 车九平七　车4平3

红企图兑车，顺便落相使边马生根，而黑双车同线，则使红边马弱点未能消除。

22. 车七平九　马2进4　　　**23.** 马三进二　前车进6

24. 炮一平三　前车平2　　　**25.** 车四退二　马1进2

26. 炮三退四　……

黑伸车深入红薄弱左翼，又跃马连环出击，有反先之势。红急忙运炮回防打车保马，局势有所缓解。

26. ……　车2退1　　　**27.** 兵五进一　车2平5

这种兑兵方式稳健。如卒5进1，车四平五，车2平1，马二进四，马4进2，车九平六，红有马四进二或车五平八等手段，双方对攻。

28. 兵五进一　车5退2　　**29.** 车九平七　车3进9

30. 相五退七　车5进2

黑车控制兵林线，以后再吃边兵，红边马仍然受制，黑略优，结果胜。

红仕角炮。接图77，红先。

10. 炮八平六　炮3进2（图79）

图79，黑升炮可把卒底炮转为屏风马阵式，为右马准备出路。至此红有挺三兵或进左马两种走法。

挺三兵变化。李家华对邬正伟局例。

11. 兵三进一　卒7进1

12. 车七平三　炮3平7

13. 马三进二　炮8退1

14. 车三平七　……

为防止炮8平7伏炮打相闷杀，红车先避一手，并控制黑跳右正马出路。

14. ……　　　车4进5

15. 车七平五　……

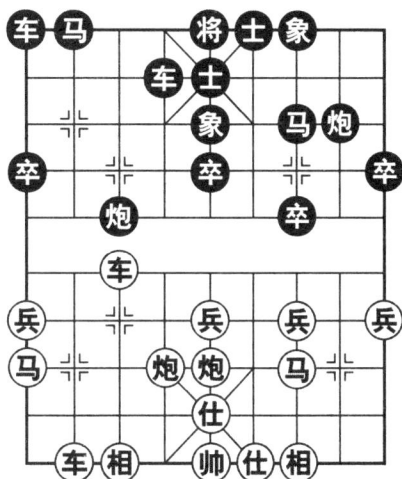

图79

红被迫平车保兵，失先，如车七退一，车4退1，马二退四，车4平7，马四进三，车7退1，兵五进一，车7进5得相，黑优。

15. ……　　　炮8平7　　**16.** 炮五平四　卒5进1

17. 车五平八　……

不能车五进一吃卒，黑有马7进6叫闷打车得子的棋。

17. ……　　　马2进3　　**18.** 后车进三　车4平2

19. 车八退一　车1平4　　**20.** 相七进五　车4进5

红费力保住了中兵，而黑子力已活跃，再伸骑河车捉马，红难掌握先手。

21. 马二退四　前炮进2　　**22.** 车八进四　前炮平5

23. 帅五平六　马3进5　　**24.** 马四进五　……

黑方未能得兵，但子力位置稍好。

24. ……　　　车4退1　　**25.** 马五退四　马5进3

26. 车八退一　士5退4　　**27.** 炮六退一　炮7平4

28. 仕五进六　炮5平4

黑展开反击，红全力抗衡。至此黑伏前炮进2，帅六进一，车4平6，车八平六，车6进2，车六进二，车6进2得子。

29. 马九进七　车4退2　**30.** 马四进五　马7进5

31. 马五退六　炮4进5　**32.** 马七进九　炮4进2

33. 帅六进一　车4进4　**34.** 马九进七　马5进3

红跃出双马，主动兑子，结果成和。

进左马变化。庄玉腾对张强局例。

11. 马九进七　炮3进2

红边马跳出是广东棋手擅长的弈法。黑如按原计划马2进3，马七进五，炮8进2，马五进四，士5进6，兵五进一，红先手扩大。

12. 车七退一　车4进4

13. 兵五进一（图80）……

黑车骑河，防红升巡河车再挺三兵兑卒。

图80，红挺中兵争取马跳盘头的出路。

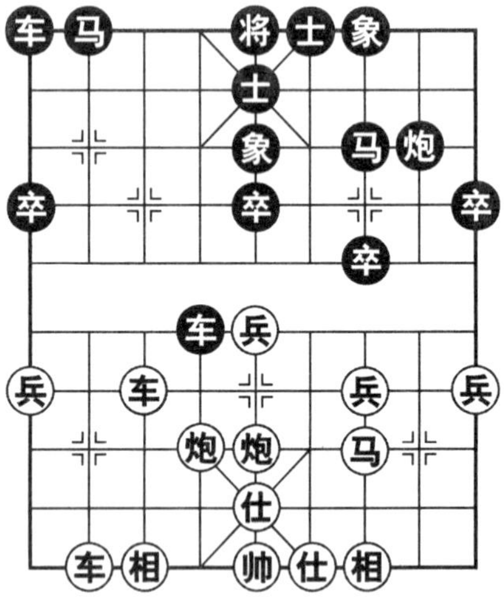

13. ……　马2进1

14. 车七平四　车1平2

15. 车八进九　马1退2　**16.** 车四进三……

黑主动兑车以减轻压力，但红车已运到右肋准备威胁黑无根马。

16. ……　炮8进6　**17.** 车四平三　炮8平7

18. 马三退一……

防炮7退2吃兵，叫闷抽车。

18. ……　马7退8　**19.** 马一进二　炮7平8

20. 兵三进一　马2进3

未细算，后来红有困炮手段，此着可马8进9，车三平五，卒7进1，马二退四，炮8退4，马四进三，炮8平7，不致失子。

21. 马二退四　炮8平7　**22.** 车三平二　马8进7

23. 兵三进一　象5进7　**24.** 车二退三　象7进5

如马7进6，兵五进一，卒5进1，车二平四，马6退5，车四平三，炮7平9，车三进二得象。

25. 车二平三　炮7平9　**26.** 车三退二　炮9进1

27. 车三平一　炮9平8　**28.** 车一平二　炮8平9

29. 车二退一　炮9退1　**30.** 马四退二　车4平3

图80

31. 相七进九　车3平5　　　　**32.** 车二平一　炮9平5

33. 仕四进五

红得子优，结果胜。

下面继续评价本布局近些年的发展。

1. 兵七进一　炮2平3　　　　**2.** 炮二平五　象3进5

3. 马二进三　卒3进1　　　　**4.** 马八进九　卒3进1

5. 车一平二　车9进1　　　　**6.** 车九平八　车9平4

7. 仕六进五　士4进5　　　　**8.** 车二进四　卒7进1

9. 车二平七　马8进7

10. 炮八平六（图81）　……

图81，是本布局的基本阵式，庄玉腾对陈鱼弈至此时，黑接走：

10. ……　　　　卒1进1

黑送回过河卒以换取出子速度，但右炮被牵，挺边卒无济于事。

11. 车八进三　炮3进2

12. 兵五进一　马2进1

13. 兵三进一　……

弃兵出人意料。上着升兵林车早有准备，不怕卒7进1，则兵五进一，卒5进1，马三进五，有打卒的攻势。

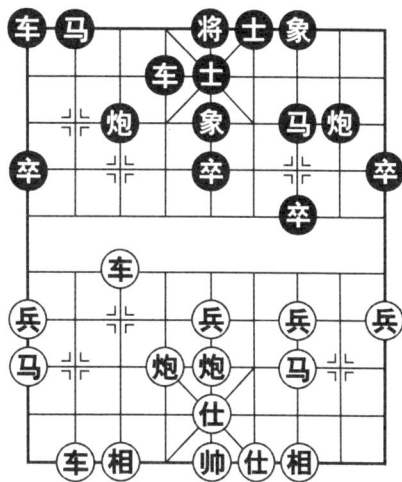

图81

13. ……　　　　车4进3　　　　**14.** 车八平二　炮8进2

15. 马三进五　……

跳马盘头，企图冲中兵抢先，如车4进2牵制，兵三进一，象5进7，车七退一兑车。

15. ……　　　　马7进6　　　　**16.** 马五退七　炮3进3

17. 车七退二　马6退7　　　　**18.** 炮五平三　……

针对黑左翼弱点，卸炮瞄马，佳着，伏兵三进一，车4平7，炮三进五，车7退2，车二进二得子。

18. ……　　　　车4平3　　　　**19.** 车七进三　炮8平3

20. 兵三进一　马7退9　　　　**21.** 炮六平五

红优，结果胜。

赵国荣对袁洪梁局例。接图81，黑先。

10. ……　　　炮3进2（图82）

图82，升炮顶车，为跳正马让出位置，是黑方的改进着法，但左马失根是一个弱点，值得注意。

11. 兵三进一　卒7进1

如车4进3，马三进四，车4平6，炮五平四，车6平5，炮六平五，车5进2，兵三进一，红优。

12. 车七平三　炮3平7

13. 马三进二　炮8退1

14. 炮五平四　……

卸炮便于联相，应付炮8平7叫杀。

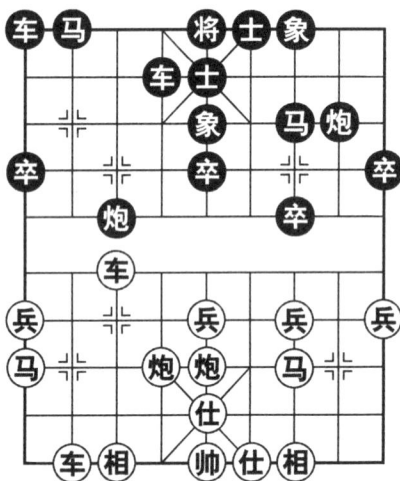
图82

14. ……　　马2进1　　　15. 相七进五　马1进3

16. 炮四进四　炮8平7　　　17. 炮四平七　前炮进5

18. 车三退四　炮7进8　　　19. 相五退三

双方子力交换，红多一子占优。可见黑跳出边马失策，结果红胜。

许银川对陈鱼局例。接图82，红先。

11. 马九进七　……

跳边马是目前流行的攻法，伺机再马七进五咬炮。

11. ……　　　炮3进2

12. 车七退一（图83）　……

图83，兑子后红车占兵林，潜伏挺中兵再移右肋车的手段。

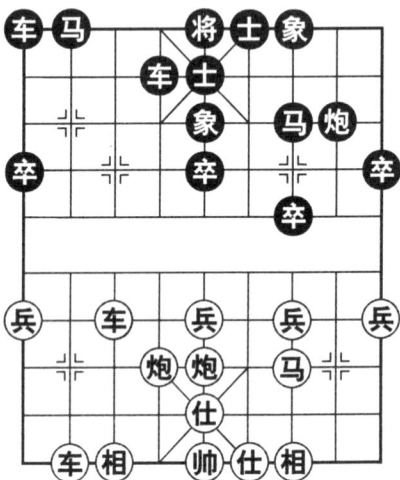
图83

12. ……　　　马2进1

13. 车八进四　车4进3

14. 车八平二　炮8进2

如炮8平9，车二进二，马7进6，车二平五，亦红先。

15. 兵三进一　卒7进1　　　16. 车二平三　炮8平7

17. 兵五进一　卒1进1　　　18. 马三进五　马1进2

19. 车七平八　车1平3

放中兵过河会引起后患。可车4平3，兵五进一，卒5进1，炮五平三，马7进5，黑可抗衡。

20. 兵五进一　车4进1　　**21.** 车三进一　象5进7

22. 车八进二　象7退5　　**23.** 相七进九　……

可兵五进一，车3进6，马五进六，马7进5，马六进四，红有攻势。

23. ……　　　　车3进4　　**24.** 车八进四　车3退4

25. 车八退三　卒5进1　　**26.** 炮五进三　车4平5

27. 马五进七

红子力位置与配合俱佳，结果胜。

　　柳大华对李来群局例。接图83，黑先。

12. ……　　　　车4进4（图84）

图84，黑车骑河，防车八进四再平二，或挺三兵兑卒。

13. 炮六退二　马2进1

14. 炮五平六　车4平6

15. 相七进五　……

红卸炮打车，联相固防，伏兵三进一逐车。

15. ……　　　　车6退1

16. 车八进四　车1平3

17. 车七进六　象5退3

18. 车八平二　炮8平9

图84

平炮暴露左马弱点。应炮8进2，兵三进一，卒7进1，车二平三，炮8平7，马三进二，象7进5，黑可抗衡。

19. 兵三进一　象3进5　　**20.** 车二进三　车6退2

21. 兵三进一　象5进7　　**22.** 马三进二　炮9进4

23. 马二进一　马7进6　　**24.** 车二退四　炮9平5

25. 马一退三

红破象略优，结果胜。

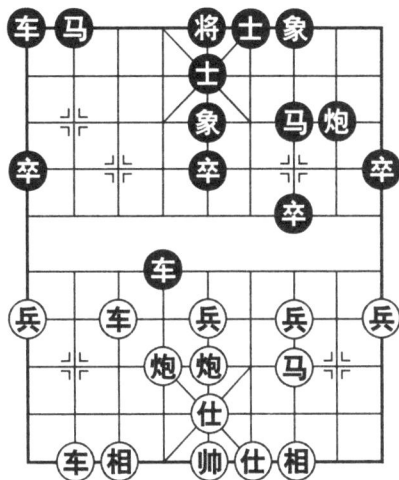

　　庄玉腾对金波局例。接图84，红先。

13. 兵五进一　马2进1

红挺中兵是较积极的攻法，黑不宜车4平5，因马三进五，车5平4，马五进七，象5进3，相七进九，象7进5，车七平四，红强子全部投入战斗。

14. 车七平四　马7进8

如车1平3，车四进三，炮8进6，车八进七，车3进9，炮六退二，车4退3，车八平六，士5进4，兵五进一，卒5进1，马三进五，红有攻势。

15. 兵五进一　卒5进1

16. 车四进五　马8退7（图85）

图85，黑退马用炮保象，如车4退3，车四平二，象5退3，车八进三，车1平2，车八平五，炮8平5，炮五进三，马8退7，车二退二，仍红先。

17. 车八进七　车4平5

如车4退3，车八平六，士5进4，马三进五，仍红先。

18. 炮六进四　马7进6

19. 车八退四　车1平3

准备先弃后取，诱车四退三，车5平4，相七进九，车4退2，吃回一子。

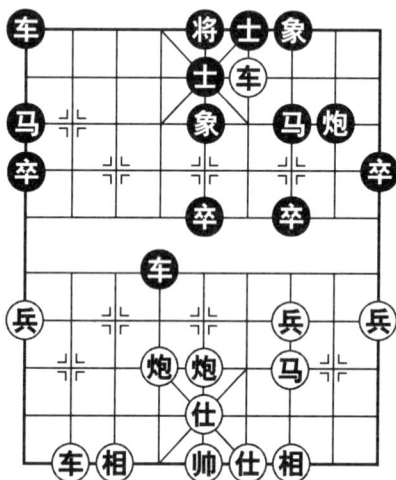

图85

20. 炮六平五　车3进9　**21.** 仕五退六　车5平6

22. 兵三进一　车6平7　**23.** 车四退三　车7进2

24. 车八平四　炮8退2

只能退炮保士解杀，如将5平4，前车进四，将4进1，后车平六，士5进4，车四退一，将4退1，车四退一，捉炮叫杀。

25. 后车平二　将5平4　**26.** 前炮平三

巧运炮打死车。红必得子优，结果胜。

十三、红卸中炮攻拐马

五九炮七路马对横车移右局型，由于黑跳出拐脚马，红自然想到卸中炮攻马，又便于联相巩固阵式。

黑车巡河再拦炮。

1. 兵七进一	炮 2 平 3	**2.** 炮二平五	象 3 进 5
3. 马二进三	车 9 进 1	**4.** 车一平二	车 9 平 2
5. 马八进七	马 2 进 4	**6.** 炮八平九	马 8 进 9
7. 马七进六	卒 9 进 1		

挺边卒防红车骑河，并与下面升巡河车之着相呼应。

8. 炮五平六　车 1 进 1

红卸中炮攻马，黑升边车保马，便于 2 路车自由活动。

9. 仕六进五　车 2 进 3

10. 车二进六（图 86）……

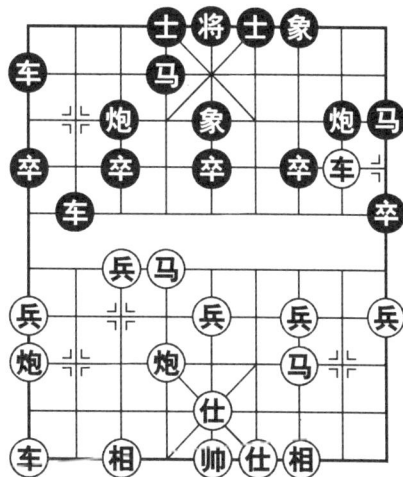

图 86

图 86，红车过河，避免黑跳出边马打车。至此黑弈出开右车、平角炮、补右士等三种变化。

许银川对廖二平局例。接图 86，黑先。

10. ……　　　车 1 平 2

11. 相七进五	炮 8 平 6	**12.** 炮六退二	前车进 3

红企图炮九平六攻马，黑伸车拦炮，此时红双车位置欠佳，但马路较活跃，边炮伺机击卒，而黑则处于守势，缺乏反击手段。

13. 兵三进一	士 4 进 5	**14.** 马三进四	炮 6 进 1
15. 车二退二	卒 5 进 1	**16.** 兵三进一	卒 7 进 1
17. 车二进二	……		

黑防守严密，红只有弃兵打通卒林线，再伸车捉炮抢先。

17. ……	炮 6 退 1	18. 车二平六（图87）	卒 7 进 1
19. 马四退六	前车退 1	20. 前马进四	……

红不吃过河卒，巧跳双马，发展攻势。

20. ……	马 4 进 5	
21. 马六退七	前车进 2	
22. 车六平五	前车平 3	
23. 车五平七	卒 7 平 6	
24. 炮六进六	……	

兑马后，红车控制要道，并牵制住黑炮。现伸炮准备再摆中形成攻势。

24. ……	车 3 退 2
25. 炮六平五	车 3 平 1
26. 马四进二	……

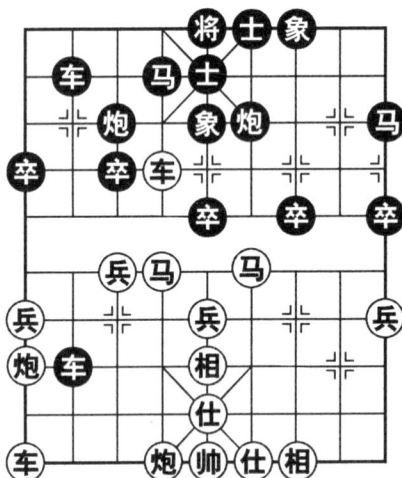

图 87

伏马二进四，炮 3 平 6，车七进三杀。

26. ……	车 2 退 1		
27. 兵七进一	车 1 退 2	28. 相五进七	炮 6 平 8
29. 车九平六	车 1 进 1	30. 炮九平三	……

红巧飞高相，使车炮获得自由并投入战斗。至此伏车七进一，炮 8 平 3，马二进三，马 9 退 7，炮三进七的杀着，黑难应付，红胜。

许银川对赵国荣局例。前 17 个半回合同上局，形成图 87 局面，黑先。

18. ……	炮 3 平 4

黑平炮拦车，比上局冲 7 卒好些。

19. 马四退六	前车进 2	20. 车九平八	车 2 进 8
21. 前马退四	……		

红采取退双马的下法，企图谋取中卒，但效果与上局不同。

21. ……	马 4 进 2	22. 车六平七	炮 4 进 7
23. 仕五退六	卒 5 进 1		

黑妙手弃卒，由此取得中局优势。红如兵五进一，车 2 退 3 捉马得子。

24. 马六进五	卒 5 进 1	25. 马五进四	士 5 进 6
26. 马四进五	士 6 退 5	27. 车七进二	车 2 退 5
28. 马五进七	车 2 退 1	29. 马七进八	马 9 进 7

红马跳得勉强，子力位置较差，结果黑胜。

童本平对庄玉腾局例。接图86，黑先。

10. ……　　　　炮 8 平 6　　　11. 炮六退二　车 2 进 3

黑及时伸车拦炮，避免炮九平六攻马。

12. 相七进五　士 4 进 5

13. 兵三进一　炮 3 退 2

14. 车二进一（图 88）　……

图 88，趁黑右炮退底之机，红进车逼马，便于右马过河咬卒，或运马踏中象。

14. ……　　　　炮 3 平 4

15. 马六进四　马 4 进 2

16. 马四进五　……

红冒险用马踏象谋求突破，黑应炮 4 进 2 困马成互缠局面。如马三进四，马 2 退 1，马四进三，马 1 进 3，马三进二，马 3 进 5，车二平一，炮 6 进 5，车一退二，车 2 平 1 得子。

16. ……　　　卒 3 进 1　　　17. 马三进四　卒 3 进 1

18. 相五进七　象 7 进 5　　　19. 车二平一

红破象较优，结果胜。

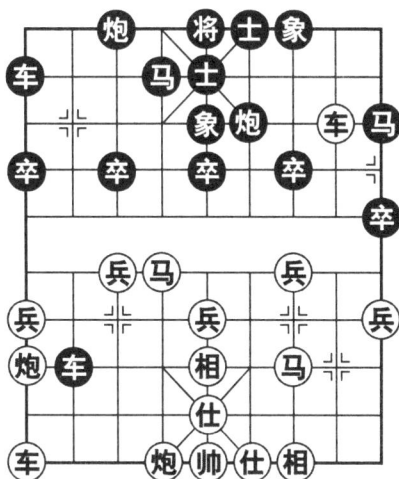

图 88

徐天红对苗永鹏局例。接图86，黑先。

10. ……　　　　士 4 进 5

11. 相七进五　炮 8 平 6

12. 炮六退二　车 2 进 3

13. 车二退二　车 1 平 2

14. 炮九进四（图 89）　……

图 89，双方成相持局势，红暂难进取，飞炮取卒。

14. ……　　　前车退 4

15. 炮九退二　前车进 1

16. 车九平七　……

防马 9 进 8，兵七进一，卒 3 进 1，马六进八，炮 3 进 7，相五退七，车 2 进 3，车二进一得子。

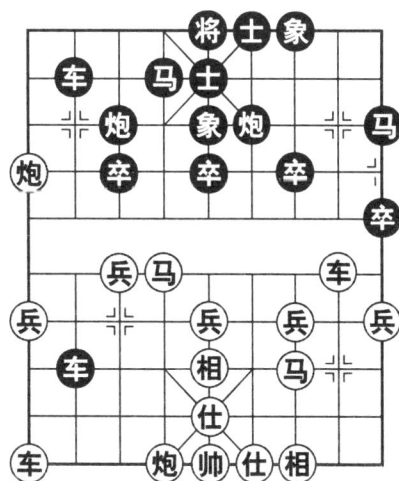

图 89

16. ……　　前车进2　　　　**17.** 炮九进一　前车平1

18. 炮九平四　车1退2　　　　**19.** 兵一进一　卒9进1

20. 车二平一　……

红挺兵兑卒，希望给右马找到出路。

20. ……　　炮3退2　　　　**21.** 炮四平六　车2进7

22. 车一平五　炮3平2　　　　**23.** 兵三进一　马9退7

24. 车五平四　马7进9

双方均难进取。后来红中局失算，结果黑胜。

黑车直伸拦炮。

1. 兵七进一　炮2平3　　　　**2.** 炮二平五　象3进5

3. 马二进三　车9进1　　　　**4.** 车一平二　车9平2

5. 马八进七　马2进4

6. 炮八平九　马8进9

7. 马七进六　卒9进1

8. 炮五平六　车1进1

9. 仕六进五　车2进6

既然红补左仕，有退底炮再移边炮到仕角的意图，黑升巡河车的效果不明显，就直接伸车拦炮。

10. 相三进五　士4进5

11. 兵三进一　炮8平6

12. 车二进三（图90）　……

图90，双方部署阵型各有所长。红双马活跃但左车晚出；黑车占领通道但拐马被牵。至此黑有两种变化。

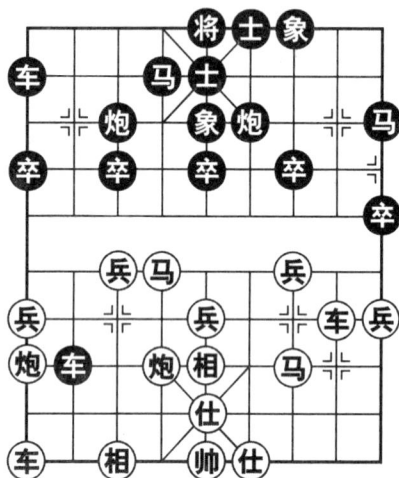

图90

退炮变化。孙勇征对李来群局例。

12. ……　　炮3退2　　　　**13.** 马三进四　卒5进1

14. 马四退三　……

马进而复退不见得失先。因诱卒5进1后，如炮3平4，有马六退四咬卒的手段。

14. ……　　车1平2　　　　**15.** 兵九进一　前车退1

伏卒5进1渡河捉马，希望打开局面。

16. 兵七进一　前车平 4　　　　**17.** 马六进七　马 4 进 3

18. 兵七进一　车 4 平 3　　　　**19.** 炮九进四　……

如兵七平六，车 2 进 2，亦捉死兵。

19. ……　　　炮 3 平 1　　　　**20.** 炮六退二　车 3 退 3

21. 炮九退一　车 2 进 5　　　　**22.** 车二退二　车 2 退 2

双方大体均势，实战中黑方贪胜勉强对攻失误，结果红胜。

开车变化。陈信安对张影富局例。接图 90，黑先。

12. ……　　　车 1 平 2　　　　**13.** 炮九进四　炮 3 平 1

14. 车九进二　前车退 1　　　　**15.** 炮六退二　卒 5 进 1

16. 车九平六　……

黑伏冲中卒过河捉马，如兵七进一，前车退 3，炮九退二，卒 3 进 1，红无便宜。

16. ……　　　前车平 1

如按原定计划卒 5 进 1，马六退七，马 4 进 2，炮九退二，红反而易走。

17. 车六平九　车 1 进 1　　　　**18.** 相七进九　炮 1 进 5

19. 相五退七　炮 1 退 2　　　　**20.** 马六进四　……

黑得相而局面保持平稳，已潜伏优势。

20. ……　　　车 2 进 2　　　　**21.** 炮九退一　车 2 进 4

22. 马三进二　车 2 平 3　　　　**23.** 相七进九　炮 1 平 2

黑运车捉死红相，并有沉炮手段。

24. 炮九平六　马 4 进 2　　　　**25.** 后炮平八　马 2 进 4

26. 马四进二　炮 6 平 8

黑炮牵制红车双马，优势扩大。

27. 炮六平一　车 3 平 1　　　　**28.** 兵三进一　车 1 平 3

29. 炮八平六　马 4 进 3　　　　**30.** 炮一退一　炮 2 进 4

31. 炮六进一　车 3 进 2　　　　**32.** 仕五退六　马 3 进 2

33. 炮六平三　车 3 退 1

红认输。因仕六进五，马 2 进 3，仕五退六，车 3 平 7，兵三进一，马 3 退 4 杀。

李雪松对许银川局例。

1. 兵七进一　炮 2 平 3　　　　**2.** 炮二平五　象 3 进 5

3. 马二进三　车 9 进 1　　　　**4.** 马八进七　车 9 平 2

5. 车一平二　马 2 进 4　　　　　**6.** 炮八平九　马 8 进 9

7. 马七进六　卒 9 进 1　　　　　**8.** 炮五平六　车 1 进 1

9. 仕六进五　士 4 进 5

10. 炮六退二　车 2 进 6

11. 相三进五　炮 8 平 6（图 91）

图 91，双方子力对峙，红存在通车与
活马两种变化。陆峥嵘对屠国梁局例，兵
三进一，炮 3 退 2，车二进七，炮 3 平 4，
马六进四，炮 4 进 9，仕五退六，马 4 进
2，车九进一，车 1 平 4，结果和棋。

12. 车二进四　炮 3 平 2

13. 马六进四　……

跃马过河，避免炮 2 进 3 牵制。

13. ……　　　　车 2 退 3

14. 马四退六　车 2 进 3

15. 马六进四　炮 2 进 3　　　　**16.** 车二进三　炮 6 进 1

进炮顶马，亦防红马伺机踏象。

17. 车九进一　炮 2 退 5　　　　**18.** 兵九进一　马 4 进 2

19. 车二退三　卒 5 进 1　　　　**20.** 车二平六　车 2 退 3

21. 马四退二　马 9 进 8　　　　**22.** 兵三进一

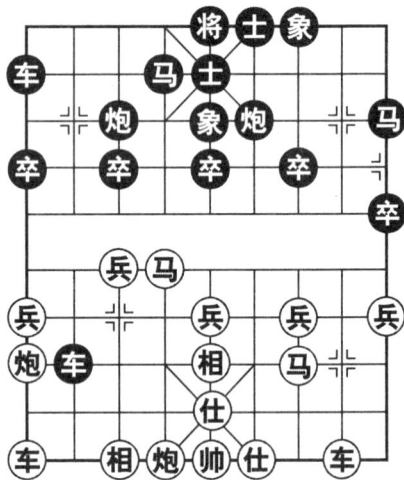

图 91

红退马河口，防黑冲中卒捉双，至此红阵式巩固，但难以扩大先手。实战
变化是后来黑急于反击，走出软着，被红多兵取胜。

黑车拦炮再跳马。

1. 兵七进一　炮 2 平 3　　　　　**2.** 炮二平五　象 3 进 5

3. 马二进三　车 9 进 1　　　　　**4.** 车一平二　车 9 平 2

5. 马八进七　马 2 进 4　　　　　**6.** 炮八平九　马 8 进 9

7. 马七进六　士 4 进 5　　　　　**8.** 炮五平六　车 2 进 6

9. 仕六进五　……

如炮六进六，车 1 平 4，相七进五，车 4 进 1，马六进五，车 4 进 2，马五
退四，卒 7 进 1，黑子活跃，足可抗衡。

9. ……　　　　马 4 进 2（图 92）

图 92，黑马跳炮位，避开了红炮的攻击，但双卒失根，如红马吃卒，则
黑开贴身车。至此红弈出马踏中卒及马踏 7 卒两路变化。

马踏中卒变化。胡荣华对许银川局例。

10. 马六进五　车1平4

11. 车二进四　卒9进1

12. 马五退六　马9进8

红以为退马打车，不料黑跃出边马对打反先。如车二进一，车4进5，相三进五，卒3进1，黑易走。

13. 车二平三　卒7进1

14. 车三平四　炮3进3

15. 马六进四　炮3进1

16. 兵三进一　卒7进1

17. 车四平三　车4进4

红不愿兑车，黑子力更趋活跃。

18. 马四退二　马2进3

19. 车三平七　炮8进3

20. 马三进二　炮3平9

21. 相七进五　炮9平8

黑有冲边卒捉马的续着，展开反攻，结果胜。

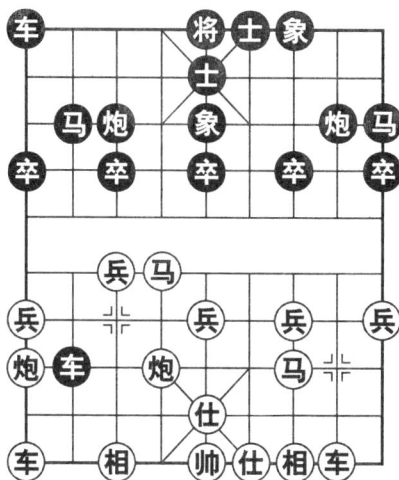

图92

马踏7卒变化。李来群对林宏敏局例。接图92，红先。

10. 马六进七　车1平4

11. 车二进四　车4进6（图93）

图93，黑伸车过河，避免红退马打车，并有扫边兵的手段。

12. 车二平六　车4平1

13. 炮六平四　马2进1

14. 马七退九　车1退2

15. 兵三进一　卒9进1

兑马后局势平稳，红弱点仍是左晚车。

16. 相三进五　车2退4

17. 炮四进四　车2进4

18. 炮四退四　车2退1

19. 炮四进一　车2进1

20. 炮四退一　车2退1

21. 车六进二　炮8进1

黑防守严密，无懈可击，结果和棋。

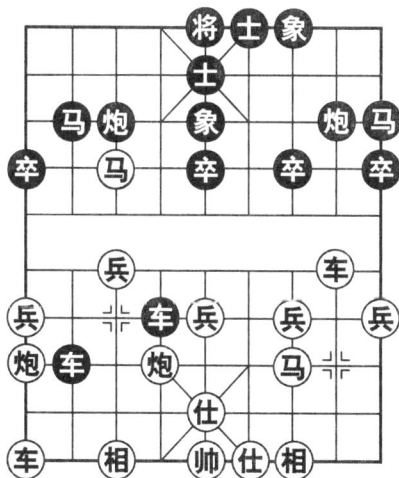

图93

103

曾东平对邬正伟局例。接图93，红先。

12. 炮六平四　　车2退3

13. 相七进五　　卒9进1（图94）

图94，红炮移右再飞相逐车，有利于左车亮出。黑退车再挺边卒，准备跃出边马打车。

14. 车二平六　……

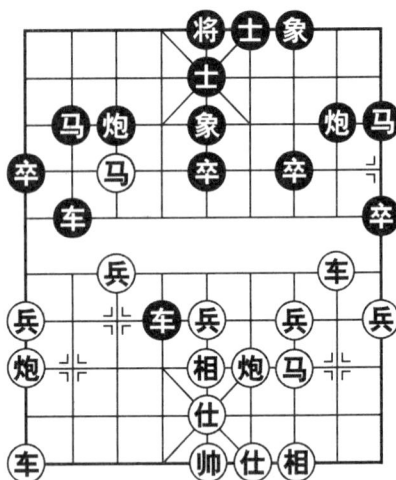

图94

洪智对赵国荣局例，车九平六，车4进3，仕五退六，马9进8，车二平三，炮3平4，炮九平六，双方平稳，结果和。

14. ……　　车4退1

15. 马七退六　　卒7进1

16. 马六进五　　炮3退1　　　　**17. 炮九平七　　炮3平1**

18. 马五进七　　……

兑子后炮位欠佳。如马五退四，炮8平7，兵三进一，卒7进1，相五进三，红连环马结构坚固。

18. ……　　炮8平3　　　　　**19. 炮七进五　　马9进8**

20. 兵三进一　　卒7进1　　　　**21. 相五进三　　马8退6**

22. 相三退五　　马6进4

黑子力活跃，结果胜。

李艾东对刘殿中局例。接图94，红先。

14. 车二平六　　车4平2　　　　**15. 兵三进一　　炮8平6**

16. 车六平五　　卒7进1　　　　**17. 兵三进一　　象5进7**

18. 车五进二　　……

黑避兑车，但双车在同一纵线上，未能充分发挥作用。红乘机运车吃卒，形势略优。

18. ……　　炮6平7　　　　　**19. 炮九平八　　前车平3**

20. 炮八进五　　车2退2　　　　**21. 马三进二　　……**

红子力位置较佳，又多双兵，已呈优势。

21. ……　　车3退1　　　　　**22. 马二进一　　车2进1**

23. 马七退六　　……

如马一进三，车3退2，车五平七，车2平3，马三退四，红多一兵略优。

23. …… 车 2 平 5 **24.** 马六进五 炮 7 进 1

25. 马五进七 车 3 退 3 **26.** 马一退三

红破象并多中兵略优。后来红走软，被黑兑子简化局势成和。

十四、角炮退底攻拐马

1. 兵七进一　炮 2 平 3　　　　**2.** 炮二平五　象 3 进 5
3. 马二进三　车 9 进 1　　　　**4.** 马八进七　车 9 平 2

黑车过宫牵炮正着。如卒 3 进 1，兵七进一，炮 3 进 5，车一平二，炮 3 平 7，炮八平三，车 9 进 1，车九平八，马 2 进 1，炮五进四，士 4 进 5，炮五退二，卒 9 进 1，车八进六，红弃子得势易走。

5. 车一平二　马 2 进 4

跳马保卒稳健。如车 2 进 5，炮八平九，车 2 平 3，马三退五，马 2 进 4，车九平八，车 1 进 1，炮九退一，接有平炮打车的手段，黑被动。

6. 炮八平九　马 8 进 9
7. 马七进六　士 4 进 5
8. 炮九平六　……

红炮平边返角，损失步数，但可牵制黑马得到补偿，这样便于以后沉底炮再卸中炮攻马。如炮五平六，黑以后有车 2 进 6 拦炮的手段。

8. ……　　　　卒 9 进 1
9. 仕六进五　车 1 进 1
10. 炮六退二（图 95）　……

图 95，是本布局的基本阵式。红补仕退底炮是红方特征着法，企图卸中炮到仕角攻马，但左车晚出是不足之处。至此，黑有巡河车或骑河车两种应法。

巡河车应法。

10. ……　　　　车 2 进 3　　**11.** 车二进六　车 1 平 2
12. 炮五平六（图 96）　……

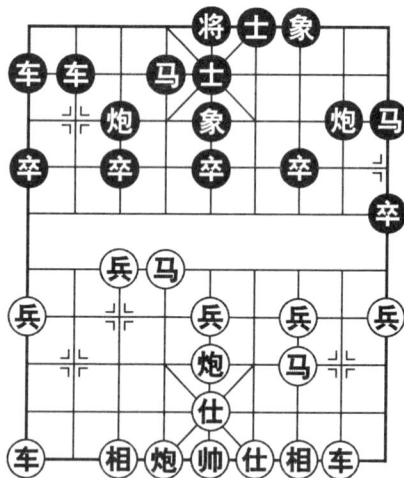

图 95

图96，黑车巡河伏跳边马打车，为了保留平车邀兑的机会，又开出边车占领通道。红按原计划卸炮攻马。

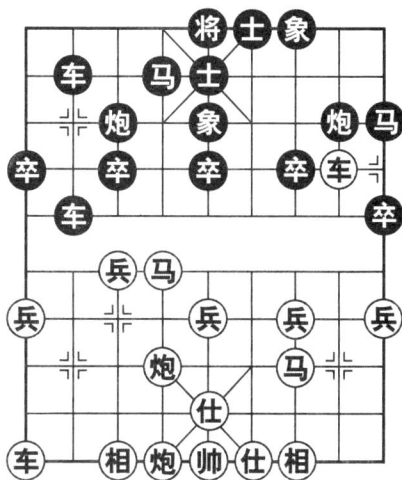

图 96

许银川对徐天红局例。图96，黑接走：

12. ……　　卒 3 进 1

13. 相七进五　　……

如直接兑卒黑车则可占领3线，故宁可飞相，以后伺机开出相位车，老练。

13. ……　　卒 3 进 1

14. 相五进七　　炮 3 平 4

15. 相七退五　　前车退 1

16. 车九平七　　……

黑子力仍处于退守之势，红解决了左晚车的难题，局势渐见明朗，先手逐步扩大。

16. ……	马 4 进 2	**17. 兵三进一**	炮 4 进 5
18. 仕五进六	炮 8 平 6	**19. 仕四进五**	后车退 1
20. 车二平一	前车进 5	**21. 车一退一**	马 2 进 3
22. 车一平四	……		

红马以底炮为后盾，雄踞盘河要点，右车巧吃黑卒，为边兵渡河攻马创造条件。以后红多兵势优，结果胜。

许银川对张亚明局例。前11个半回合同上，图96，黑接走：

12. ……	炮 3 平 4	**13. 相七进五**	炮 4 进 5
14. 仕五进六	炮 8 平 7	**15. 仕六退五**	前车平 8
16. 车二退	马 9 进 8	**17. 兵二进一**	……

黑兑车企图简化局势，但拐脚马受牵制仍是弱点。红子力结构有较大的潜力，左车出动是今后考虑的重点。

17. ……　　炮 7 退 1

18. 车九进一　　……

着法细致。如车九进二，卒7进1，红不能吃卒，给黑以可乘之机。

18. ……	车 2 进 3	**19. 仕五进六**	卒 7 进 1
20. 兵三进一	车 2 平 7	**21. 马三进二**	马 8 退 7
22. 车九平四	炮 7 平 9	**23. 车四进七**	……

红车一出即发挥威力：车塞象眼拦炮，伏马六退四咬车得马。

23. ……　　　　马4进2　　　24. 马六进七　象5退3
25. 马二进一　马7进9　　　26. 车四平一　……

红巧兑子，兵种齐全，又有多兵势优，结果胜。

以上局例黑第11回合出右车，仍未摆脱担子炮受到一定牵制，有些棋手改为平角炮躲一手。接图95，黑先。

10. ……　　　　车2进3

11. 车二进六　炮8平6

12. 炮五平六　炮3平4

13. 相七进五　……

红按预定计划卸中炮攻马，黑平炮邀兑化解，红补左相正着，必要时亮出相位车。

13. ……　　　　炮4进5

14. 仕五进六　车1平2（图97）

图97，双方子力相等。红虽存在九路晚车的不足，但底炮支援盘河马控制中心区域占有一定的空间优势；黑双车亮出却缺乏攻击目标，拐脚马位置欠佳总是一个隐患。

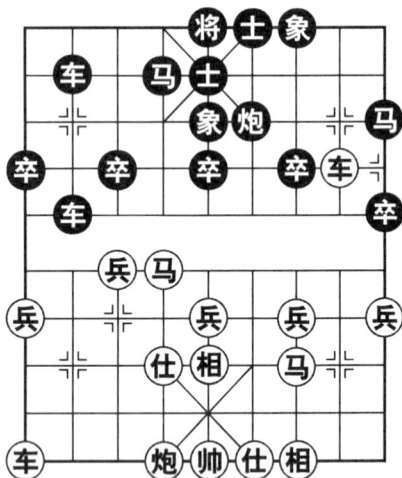
图 97

金波对董旭彬局例。接图97，红先。

15. 兵九进一　卒3进1　　　16. 车九平七　卒3进1
17. 车七进四　前车平3　　　18. 车七进一　象5进3
19. 车二平一　炮6平2　　　20. 车一退一　……

兑车后红仍持略先，现急于吃卒求攻，对左翼空虚的弱点估计不足，给黑以对攻机会，如相五退七补一手为稳，但胜率降低。

20. ……　　　　炮2进7

21. 炮六进一　……

仍可相五退七，但红怕兑炮易和。

21. ……　　　　车2进6　　　22. 炮六平一　象3退5
23. 车一平六　马4进2　　　24. 马六进四　马9退7

软着，应马2进3对攻，不能怕丢象。

25. 兵三进一　炮2平1　　　26. 马四进六　马2进4
27. 车六进一　……

兑马后黑车炮不成势，黑马在左翼难出，红较易走。但后来在对杀过程中，红失算被黑先成杀，黑胜。

何兆雄对谢卓森局例。接图97，红先。

15. 兵三进一　　前车平8

16. 车二退一　　马9进8

17. 仕四进五（图98）　……

图98，红补仕偏稳，影响了左车通路。可车九进一，车2进6，仕六退五，马4进2，马六进七，以后伺机车九平六亮出肋车。

17. ……　　　　车2进3

18. 兵七进一　　车2平3

19. 车九平八　　马4进2

20. 车八进六　　卒1进1

21. 马六退八　　车3平6

22. 马八进六　　……

也可车八平七，车6进2，车七平五，车6平7，马三退二，马8进9，马二进一，红不亏。

22. ……　　　　车6平3　　　　**23.** 马六进五　　车3平5

24. 车八平七　　炮6平9　　　　**25.** 马五进七　　……

防黑炮9进1打串，先跳马避一手。

25. ……　　　　马8进9　　　　**26.** 马三进一　　炮9进4

27. 车七平八　　马2退3　　　　**28.** 马七退六　　炮9平1

29. 车八退一　　……

伏马六进八叫杀得车。

29. ……　　　　马3进4　　　　**30.** 车八平九　　炮1平2

双方大体均势，结果和棋。

骑河车应法。

（甲）黑骑河车应法，红卸炮攻马。接图95，黑先。

10. ……　　　　车2进4　　　　**11.** 炮五平六　　车2平3（图99）

黑伸骑河车，伏挺3卒欺兵，红按预定计划卸中炮攻马，黑车吃兵牵制红马，如改逃马见许波对赵利琴局例，即马4进2，马六进五，炮8平6，相七进五，卒3进1，兵七进一，马2进3，马五退七，象5进3，兵三进一，车1

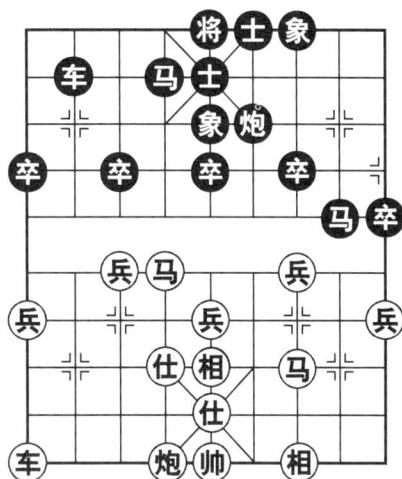

平2，前炮进三，前车平4，炮六平五，象3退5，车九平七，红较优，结果胜。

陶汉明对赵国荣局例，弈成图99局面，红接走：

12. 相七进五　车3平2

黑控制红左车出路，又牵制红马，布局已感满意。

13. 兵三进一　炮8平6

14. 马三进四　卒3进1

15. 车二进三　车1平2

16. 兵五进一　后车进2

红子未过河难以进取，黑升车保住中卒，同时伺机有冲3卒过河的手段。

图99

17. 车二平五　炮3退2　　　**18. 兵五进一　卒5进1**

19. 马四退六　前车进3　　　**20. 前马退四　马4进3**

21. 马六进五　马3进5　　　**22. 车五进二　前车退2**

23. 马四进六　前车平9

红通过兑马兵，虽然控制了中心区域，但左车晚出，并未形成攻势。而黑忙里偷闲，趁机掠兵，以多双卒为中残局奠定基础。至此黑优，结果胜。

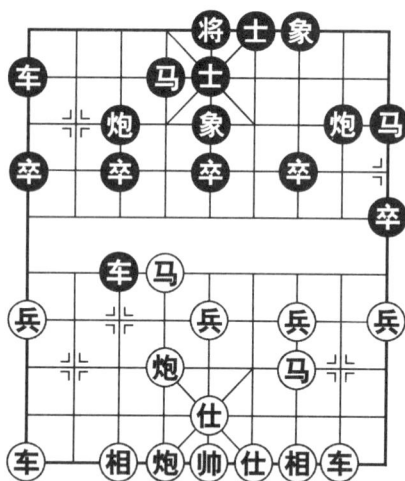

姚伟民对杨国斯局例。接图99，红先。

12. 相七进五　车3平2　　　**13. 兵三进一　卒3进1**

14. 马三进四　炮8平6　　　**15. 车二进三　车1平2**

16. 车九进二　炮3退2

黑应法与上局大体相似，红则升左车等待亮出机会。

17. 车二进四　炮3平4　　　**18. 马四进三　……**

由于红双车调度失误，至此盘河马受攻已难应付，只好马踏卒企图先弃后取。如改马四进五，马4进5，马六进五，炮4进9，仕五退六后车4进2捉死马。

18. ……　　炮4进5　　　**19. 后炮进四　……**

如前炮进六，炮4退3，马三进一，炮6进5打双车。

19. ……　　前车平4　　　**20. 马三进二　车2进8**

21. 炮六退二　……

如仕五退六，炮6进5，仕四进五，炮6平4，车九平六，车4进2，仕五进六，象5进7，兵三进一，车2退7，救活边马。

21. ……　　　炮 6 进 2　　　**22.** 车二平一　……

如仕五进六，炮 6 平 4，仕四进五，炮 4 退 2，逐车救马。

22. ……　　　炮 6 平 4　　　**23.** 炮六平七　……

如仕五进六，车 2 平 4，帅五平六，车 4 进 2，叫将抽车。

23. ……　　　车 4 进 3

红认输。因接走车九平七，炮 4 退 2，车一退二，炮 4 平 3 打串胜定。

从以上局例来看，红急于卸炮攻马的变化容易陷入被动，主要问题是左车晚出。改进的办法是升右车巡河保马，待黑车吃卒时即开左车，于是引出新的变化。

（乙）黑骑河车应法，红弃相对攻。接图95，黑先。

10. ……　　　车 2 进 4

11. 车二进四　车 2 平 3

12. 车九平八　车 3 进 4（图 100）

图 100，红主要改进是及时开出左车，不惜以弃相作为代价。

李雪松对苗永鹏局例。接图 100，红先。

13. 车八平七　炮 3 进 7

14. 炮六进八　车 1 平 4

15. 炮五平六　车 4 平 2

如炮 3 退 4，马六进七，车 4 进 2，车二平七，黑亦失子但无攻势。从黑车吃相起，就估计到会丢子，但右翼有攻势，可形成对攻局面。

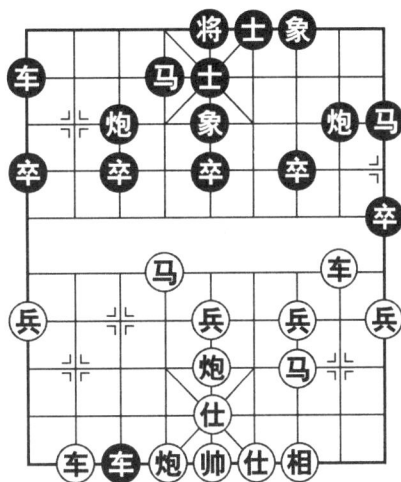

图 100

16. 车二进三　炮 3 平 1　　　**17.** 帅五平六　车 2 进 8

18. 帅六进一　车 2 退 4　　　**19.** 马六进七　车 2 退 2

20. 马七进五　象 7 进 5　　　**21.** 车二平一　炮 1 平 7

黑采取吃相叫杀的计划，但车炮的力量难以入局。红兑子简化局面，是一种简捷的办法，但需处理好车马位置欠佳的问题。

22. 炮六平五　炮 7 退 1

如车 2 进 4，炮五进四，车 2 平 7，车一退二，车 7 平 3，车一平六，车 3 退 7，兵一进一，红控制局面，黑坐以待毙。

23. 仕五进四　……

劣着，应仕五进六。

23. ⋯⋯　　　　车 2 进 5　　　24. 帅六退一　车 2 退 2

由于红支错仕而绊住马脚，中兵保不住，而且炮打中卒的计划也落空了。

25. 帅六进一　车 2 平 5　　　26. 炮五平六　⋯⋯

卸炮失算，以后被黑车捉吃仕逼马，陷入被动。不如帅六平五保留中炮，尚有许多对攻手段。

26. ⋯⋯　　　　车 5 进 1　　　27. 马三退一　车 5 平 6

28. 马一进二　车 6 进 1　　　29. 帅六退一　车 6 进 1

30. 帅六进一　车 6 退 1　　　31. 帅六退一　车 6 退 1

32. 帅六进一　将 5 平 4　　　33. 炮六进四　⋯⋯

正着。如炮六进二，车 6 进 1，帅六退一，车 6 退 3，炮六退二，车 6 进 2，马二退三，车 6 平 4，帅六平五，车 4 进 2，帅五进一，车 4 退 1，帅五退一，车 4 平 7，车一平五，车 7 退 2，黑胜势。

33. ⋯⋯　　　　车 6 平 8　　　34. 马二进一　车 8 退 3

35. 炮六退四　炮 7 平 9

平炮牵马，伏进车叫将，再退 1 捉死炮的手段，反属黑优，结果黑胜。

许银川对刘殿中局例，也弈成图 100 形势，轮到红方走。许银川考虑到对方敢于吃相不怕丢子，估计是有备而来，故避其计划，另走：

13. 车八进二　车 3 退 1　　　14. 马六进五　炮 3 平 1

显然不能兑马。例如马 4 进 5，车八进七，士 5 退 4，炮五进四，士 6 进 5，车二平六，将 5 平 6，炮五进二，红破士大优。

15. 车二平六　马 4 进 2

16. 车八进一　车 1 退 1

17. 兵五进一　马 2 进 3

黑子力受制，邀兑马更有利于红发动中路攻势。可炮 1 退 1，伺机平 2 逐车。

18. 马五退七　车 3 退 4

19. 兵五进一（图 101）　⋯⋯

图 101，红冲兵过河，黑不得不吃，红则跳盘头马打车，由此吹起进攻的号角。

19. ⋯⋯　　　　车 3 平 5

20. 马三进五　车 5 平 3

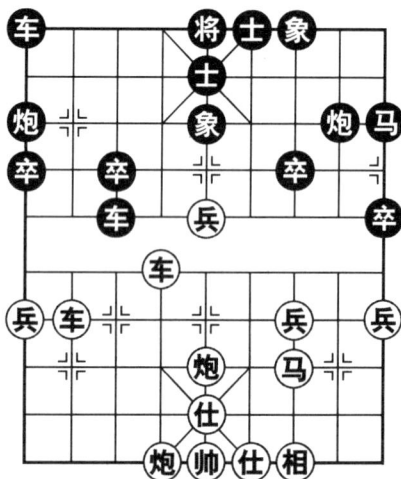

图 101

21. 马五进六　　炮 8 平 6

如车 1 平 4，马六进五，象 7 进 5，车六进五，将 5 平 4，车八进六，将 4 进 1，炮五平六杀。

22. 仕五进六　　炮 1 平 4　　23. 车六平八　　……

伏前车进五，车 1 平 2，车八进六，炮 4 退 2，马六进五，象 7 进 5，车八平六杀。

23. ……　　　　炮 4 平 2　　24. 前车平五　　……

接有马踏象的凶着，红攻势强烈，结果胜。本局例表明，黑第 11 回合吃卒，让出红开车的通道是不明智的。

（丙）黑骑河车应法，红巡河车保马。接图 95，黑先。

10. ……　　　　车 2 进 4　　11. 车二进四　　炮 8 平 6

不急于吃兵，平炮避免红车牵制，是黑布局的一个改进。

12. 炮五平六　　炮 3 进 3

13. 马六进四　　……

红跃马避炮打车，却又暗伏相七进五，炮 3 平 6，马四退六捉双的手段。此势黑曾弈出联车的应法。徐健秒对葛凤山局例，黑接走车 1 平 2，车九进二，前车退 1，马四进六，炮 3 进 3，前炮进六，炮 6 进 1，马六退五，卒 5 进 1，马五退七，前车平 3，马七退六得子。

13. ……　　　　马 4 进 2（图 102）

图 102，黑跳开拐脚马避一手，但无

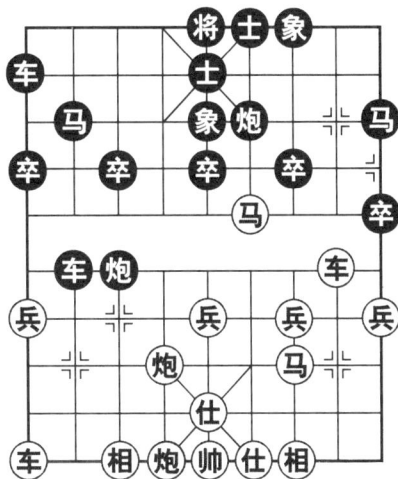

图 102

根车炮被牵的状态并未消除。至此红弈出飞相、平车、兑车等变化。

飞相变化。徐健秒对万春林局例。接图 102，红先。

14. 相三进五　　炮 3 平 6　　15. 车九平八　　车 2 进 4

16. 后炮平八　　马 2 进 3

兑车对红并无好处，黑马得以跳到象头佳位，并伺机开车捉炮抢先。

17. 炮八进四　　马 3 进 2　　18. 炮六平八　　车 1 平 4

19. 兵一进一　　……

如马四进五，前炮退 2，马五退七，前炮平 3，车二平七，炮 3 平 2，车七退一，车4进4，红先丢一子。

19.……　　　卒9进1　　20. 车二平一　后炮进1

21. 车一平三　……

虚着，被黑送卒再升车牵制，陷入被动。为摆脱过河马困境，如试走马四进六，前炮退1，马六退七，卒3进1，马七退六，马2进4，仕五进六，车4进6，后炮平九，马9进8，仕四进五，车4平2，伏马8进6捉双，亦黑优。

21.……　　　卒7进1　　22. 车三进一　车4进3

23. 兵三进一　前炮进1　　24. 前炮进二　……

如车三平一，后炮退2，伏平9打死车，红逃车则丢马。

24.……　　　将5平4　　25. 马四进六　前炮退2

26. 马六进七　后炮退1　　27. 车三平一　……

可车三进二暂不失子。以下前炮平9，车三平二，马9进8，车二退一，炮6进6，车二平一，马8进7，仍属黑优。

27.……　　　后炮退1　　28. 马七退五　后炮平9

29. 马三进四　车4平3

黑捉双必得子，结果胜。

平车变化。柳大华对赵国荣局例。接图102，红先。

14. 车二平六　车2退1　　15. 车六平七　……

兑子平稳，但如改马四进五，炮3进2，黑捉双必得子。

15.……　　　车2平6　　16. 车九平八　车1平3

不挺3卒捉车，是为了留出跳马的位置。

17. 相七进五　马2进3

18. 兵三进一　车3退1

19. 车八进八　卒7进1

20. 后炮平七　马9进7（图103）

图103，黑斜出边马，准备跳到中卒前咬车，增强反击手段。红虽无甚先手，但阵型巩固，无懈可击。

21. 车七平六　卒7进1

22. 车六平三　马7进6

23. 马三进二　车6退1

24. 车八退四　马6进4

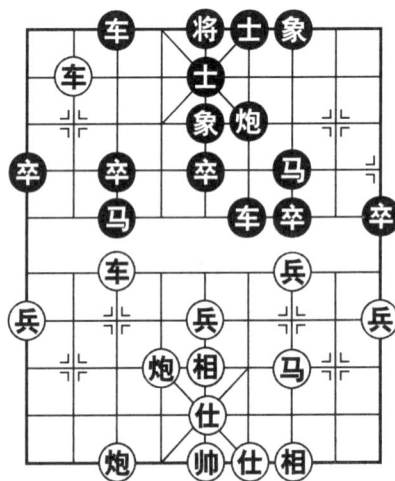

图103

25. 炮七进三　马4退5　　　　**26. 车三平六　马5进6**

黑马左冲右突，总想寻找机会。至此红如接走马二退四，炮6进4，炮七平四，车6进3，兵一进一，卒9进1，车六平一，车6平5，黑多卒稍优。

27. 炮六平七　车3平1

如跳卧槽马叫将，并无后续手段。现不跳马，保留兑子机会。

28. 马二退四　炮6进4　　　　**29. 后炮进三　炮6平3**

可卒3进1，炮七平四，车6进3，车六平五，车6平9，车五进二，卒1进1，立成和势。

30. 炮七平八　车1平2　　　　**31. 炮八进一　炮3平9**

32. 帅五平六　炮9退1　　　　**33. 车六进一　卒5进1**

防红炮八平五打卒。如车2平4，车六进四，士5退4，车八平五，也趋于和势。

34. 炮八平四　车2进5　　　　**35. 炮四平五　炮9平4**

双方大体均势，结果和棋。

兑车变化。于幼华对宗永生局例。接图102，红先。

14. 车九平八　……

此着与前局飞相后兑车似同实异，由于兑车后有捉炮的先手，以后可平车左翼控制通道，是红方布局的一个改进。

14. ……　　车2进4

15. 后炮平八　炮3进2

此时变化与前局不同。如炮3平6，马四退六，前炮退2，炮八进六，红控制局面。

16. 相七进五　马2进3

17. 车二平八（图104）　……

图104，红车控制了黑右车马的出路，并伏车八进五，士5退4，马四退六咬炮捉士，红优。

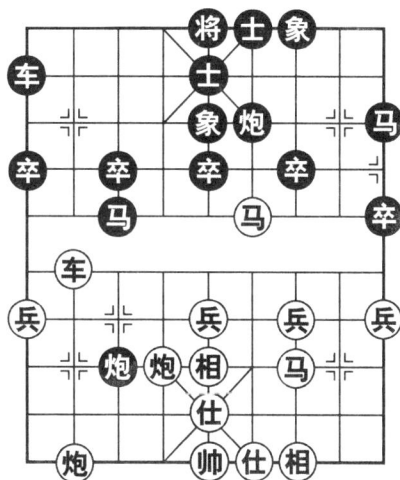

图104

17. ……　　卒5进1　　　　**18. 兵三进一　士5退4**

19. 车八退二　炮3退1　　　　**20. 相五进七　……**

巧飞相，明为顶马，实则让出摆中炮的位置打卒，找到从中路进攻的途径。

20. ·····　　　炮3平4　　　21. 炮六平五　炮4退3

22. 炮五进三　炮4平5　　　23. 车八平六　·····

伏炮八进六，士6进5，炮八平五，马3退5，车六进四捉死马。

23. ·····　　　车1平2　　　24. 炮八平六　马9退7

25. 炮五平一　卒7进1

如马7进6，车六进四，炮6进2，炮一平七，卒3进1，车六平五，马6退5，相七退五，仍属红易走。

26. 兵三进一　象5进7　　　27. 马四退六　车2进2

28. 马六进五　马3退5　　　29. 车六进四　马5退6

红优，结果胜。

以上局例黑不满意，又试行把士角炮改为巡河炮。接图95，黑先。

10. ·····　　　车2进4　　　11. 车二进四　炮8进2

12. 炮五平六　炮3进3　　　13. 马六进四　车1平2

14. 相三进五　炮3平6

此时不怕红马四退六提双，因黑炮6退4保马，这是巡河炮应法与士角炮不同之处。

15. 兵九进一　马4进2

黑马避开被牵状态，同时防红马四退六，炮6退4，兵九进一，卒1进1，车九进五亮出左车。

16. 兵五进一　炮6进3（图105）

不宜平车吃兵，因红车九平八牵制，黑陷被动。如图105，处于中局阶段的关键时刻，红如能亮出左车便有先手，黑只要跳到象头马则阵势稳固。

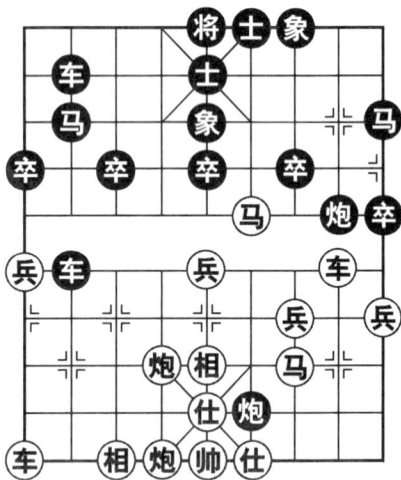

图 105

谢岿对徐健秒局例。接图105，红先。

17. 车九进三　马2进3

红升车缓着，黑及时跳马亮出联车。

18. 车二退三　炮6退3　　　19. 车九平四　马3进5

佳着！暗保黑炮，红如车四进一，则马5进4抽车。

20. 马三进五　前车进1　　　21. 车二进三　马5退3

又是一步巧着，黑炮可死里逃生。红如接走车二平四，炮8进5，相五退三，炮8退3，兵三进一，炮8平5，相三进五，炮5退2，黑多卒优。

22. 马四进二　士5进6

支士露车守卧槽，防红车四进一，车2平5，车二进一硬啃炮。

23. 车四进一　前车平5　　　　**24. 车四进三　车5退1**

黑缺士怕车，因此邀兑车以保持多卒之势，明智。

25. 车二退二　车2平8　　　　**26. 车四平一　车8进2**

27. 车一退二　炮8进2　　　　**28. 车一平六　士6进5**

29. 相五退三　车5进1

黑控制局面较优，结果胜。

谢岿对蒋凤山局例，同样弈至图105形势，谢岿执红总结了上局的教训，作出重大改进，把升边车改为先退车捉炮。

17. 车二退三　炮6退3

如炮6退2，车九进三，炮8进2，马三退一，马2进3，车九平五提死黑炮。

18. 车二平四　前车平5　　　　**19. 车九平八　……**

与上局变化不同的是，红及时开出左车牵制黑车马，从而控制局面，至此暗伏马四进六咬车，黑如逃车则有车八进七吃马的凶着。

19. ……　　　　卒5进1

20. 兵三进一　炮6平1

21. 车八进六　炮8退2

22. 前炮平八（图106）　……

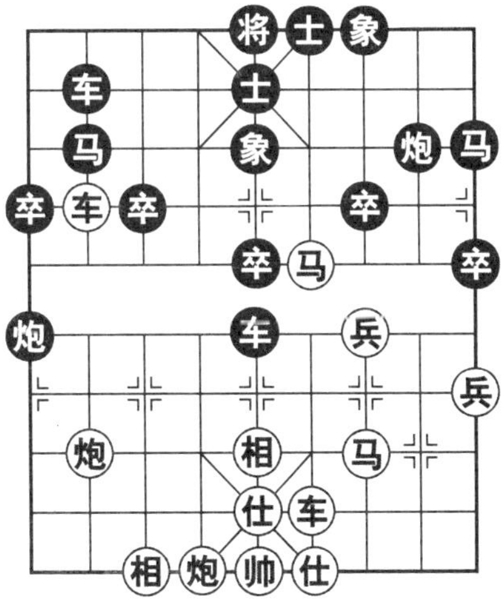

图106，红实现牵制战术取得主动，但少兵，以下的问题是如何扩大先手。

22. ……　　　　炮1平4

23. 车四进二　炮4退2

24. 车八退三　炮8平6

25. 马四退五　卒3进1

26. 车四进三　炮4退3

27. 车四平九　车2退1

28. 相五退三　……

巧落相让出摆中炮逐车的位置，找到了打开相持局面的进攻途径，红由此渐入佳境。

图106

28. ……	车 2 平 1	**29.** 车九进三	马 2 退 1
30. 炮八平五	车 5 平 1	**31.** 炮五进三	马 1 进 3
32. 炮六进二	车 1 平 5	**33.** 炮六平五	车 5 平 4
34. 马五进四			

伺机弃马踏象搏杀，红优，结果胜。

以上两局，黑第 12 回合挥炮打兵，造成被牵之势，效果不佳，于是又有棋手弈出平炮打边车的变化。接图 95，黑先。

10. ……	车 2 进 4
11. 车二进四	炮 8 进 2
12. 炮五平六	炮 8 平 1
13. 相七进九（图 107） ……	

图 107，黑改变应法，平炮打车逼红飞起边相，希望加强对攻，至此黑弈出跳马与进车两种变化。

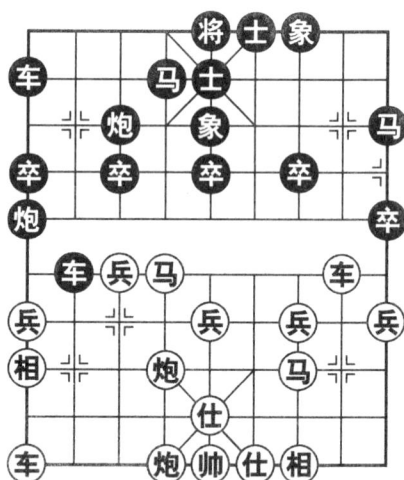

跳马变化。杨德琪对廖二平局例。接图 107，黑先。

13. ……	马 4 进 2
14. 马六进七	车 2 退 2
15. 马七退六	炮 1 平 7
16. 相三进五	卒 1 进 1

红白吃一卒摆好架势，黑难施展闲挺边卒，双方都在酝酿下一阶段的攻守计划。

17. 相九退七	马 2 退 3	**18.** 兵三进一	炮 7 进 3
19. 前炮平三	卒 5 进 1	**20.** 兵三进一	象 5 进 7

如卒 7 进 1，兵七进一，红兵亦能渡河，现飞象吃兵可避免底象受威胁。

21. 兵七进一	车 2 进 2	**22.** 车九进二	车 1 进 2
23. 仕五进六	炮 3 平 5	**24.** 仕四进五	炮 5 进 4
25. 车九平七 ……			

红左车开出，可支援过河兵前冲，已呈优势，结果胜。

进车变化。杨德琪对李鸿嘉局例。接图 107，黑先。

13. ……	车 2 进 2	**14.** 兵九进一	炮 1 平 2

图 107

如炮 1 进 3，炮六平九，车 2 平 7，相三进五，车 7 退 1，车九平八，接有炮九平六攻马的手段，仍红易走。

15. 前炮进六　炮 2 进 1

进炮牵制，算准可以先弃后取。如车 2 平 7，车九平八，炮 2 平 4，车八进九，士 5 退 4，前炮退一，炮 4 进 5，炮六退七，士 6 进 5，相三进五，车 7 退 1，车二平五，亦红先手。

16. 相三进五　炮 3 平 4　　　**17.** 后炮进七　士 5 进 4

18. 车二进三　车 1 平 4　　　**19.** 马六进七　车 4 平 3

20. 马七退八　……

黑按预定计划追回一子，红马兑炮正着。如马七进五，炮 2 退 3，红马难逃。

20. ……　　　车 2 退 2　　　**21.** 车九平六　士 4 退 5

22. 车六进六　车 2 平 1　　　**23.** 相九退七　车 1 退 1

红稍优，但和棋可能性较大。后来残局黑走得不好，结果红胜。

综观本布局，红退底炮再卸炮攻马，手段较多，胜率较高，下面再举几个局例。

徐天红胜张申宏。

徐天红使出双炮攻马的计划，效果不错。

1. 兵七进一　炮 2 平 3　　　**2.** 炮二平五　象 3 进 5

3. 马二进三　车 9 进 1

黑抢出横车为了加快出动大子，这也就放弃冲 3 卒的实利。

4. 马八进七　车 9 平 2

红故意跳左马，诱黑卒 3 进 1，兵七进一，炮 3 进 5，车一平二，炮 3 平 7，炮八平三，车 9 进 1，车九平八，马 2 进 1，炮五进四，士 4 进 5，炮五退二，卒 9 进 1，车八进六，红弃了得势易走。

5. 车一平二　马 2 进 4

如急于进车攻马，不但无所收获，反而易陷被动。例如车 2 进 5，炮八平九，车 2 平 3，马三退五，马 2 进 4，车九平八，车 1 进 1，车八进四，马 8 进 9，炮九退一，伏炮九平七，车 3 平 4，炮五进四抽车，黑难走。

6. 炮八平九　马 8 进 9

黑拐脚马护卒，红不存在炮打双卒的变化。

7. 马七进六　车 1 进 1

暂时尚不急需双车保马，故可卒 9 进 1，防红车骑河为宜。

8. 炮九平六 ……

红为了贯彻双炮攻马的计划，左炮平边又返仕角，损失步数是值得的。如炮五平六，车2进6，仕六进五，卒9进1，相七进五，士4进5，红边炮不能移肋，黑势巩固。

8. …… 卒9进1　　　　**9. 仕六进五** 士4进5

10. 炮六退二 车2进7

11. 炮五平六（图108） ……

图108，红实现双炮攻马的计划。黑如接走马4进2，马六进五，炮8平6，相七进五，卒3进1，兵七进一，马2进3，马五退七，象5进3，车二进四，象3退5，车九平七，红阵型协调，多兵，略优。

11. …… 炮8进2

12. 相七进五 ……

补相固防让出车位，不能盲目走前炮进六吃马，炮8平1，车九平八，车2进1，后炮平八，车1平4，马六进五，车4进2，马五退四，炮3进3，红无先手。

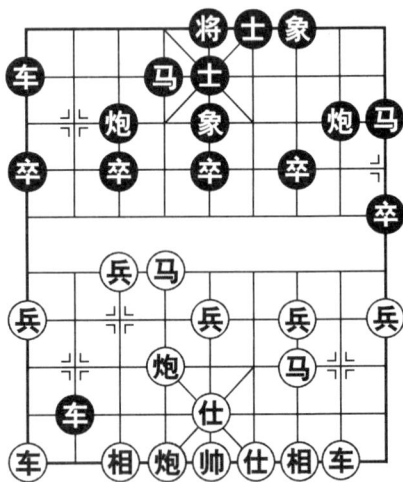

图 108

12. …… 炮8平7　　　　**13. 兵三进一** ……

兑子使局面简化，黑巡河炮本非佳位，故也可马三退一避兑。

13. …… 炮7进3　　　　**14. 前炮平三** 车2平4

15. 马六退七 车4退4

欲带动边马跃出，但非当务之急，可车1平2控制红左车出路。

16. 车九平八 炮3退2　　　　**17. 车二进八** 车4平6

18. 车八进六 卒3进1　　　　**19. 兵七进一** 炮3进7

20. 炮三平七 车6平3　　　　**21. 炮七平六** 车3退1

黑子力位置较差，总想兑子谋求和势，显得消极。

22. 车八退三 车3进1　　　　**23. 兵五进一** 卒5进1

24. 兵五进一 车3平5　　　　**25. 相五进七** 车5平3

26. 相三进五 车3平6　　　　**27. 车二退五** 车6平3

黑拐脚马进退两难，右车亦受到牵制，已陷被动。

28. 车二平六 马4进5　　　　**29. 车六进三** 马5进6

30. 后炮平七 车3平4　　　　**31. 车八进六** 士5退4

32. 车八平六 将5进1　　　　**33. 后车退一** 马6退4

34. 车六退四 ……

红得子大优，结果胜。

刘智胜戴松顺。

刘智也是采用双炮在肋线牵制黑拐脚马占优。

1. 兵七进一 炮2平3 **2. 炮二平五 象3进5**

3. 马二进三 车9进1 **4. 车一平二 车9平2**

5. 马八进七 马2进4 **6. 炮八平九 马8进9**

7. 马七进六 卒9进1 **8. 炮九平六 车1进1**

起横车为了给2路车获得自由，以后升车巡河或骑河等，便能施展对攻手段。

9. 仕六进五 车2进4

伏卒3进1欺兵，如红避开而跳马六进五，马4进5，炮五进四，士4进5，相七进五，车2平4，局面平稳。

10. 车二进四 士4进5

11. 炮六退二（图109） ……

图109，红升车保马，稳住盘河马，然后退角炮，仍要卸炮实现攻马计划。

11. …… 车2平3

12. 车九平八 ……

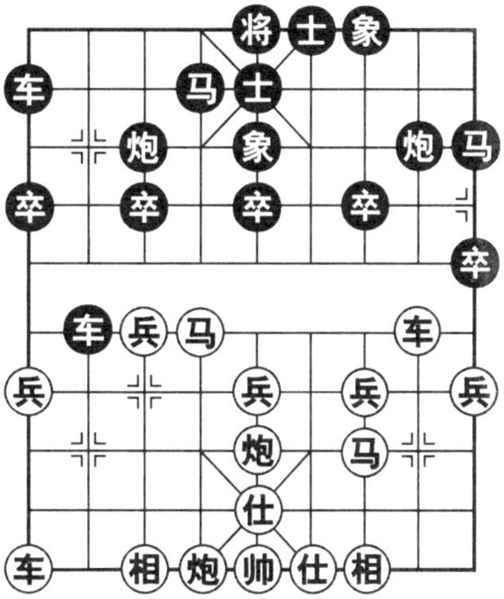

图 109

红阵型缺点是左车晚出，现黑车吃兵让出通道控制权，红立即开车是十分必要的，并不怕丢底相。

以往黑接走车3进4，车八进二，车3退1，马六进五，炮3平1，车二平六，马4进2，车八进一，车1退1，兵五进一，马2进3，马五退七，车3退4，兵五进一，车3平5，马三进五，车5平3，马五进六，红攻势雄壮，黑难应付。

12. …… 马9进8 **13. 车二进一 车3平4**

14. 炮五平六 车4平3 **15. 相七进五 车3退1**

16. 车二退一 ……

黑跃出边马打车兑子，是一步试验棋，虽然兑掉红盘河马，但仍未能摆脱拐脚马所受牵制。

16. …… 卒5进1 **17. 车二平六 马4进5**

18. 车六进二 炮8进1

只能升炮保马。如马5退7，车八进九，炮3退2，车六平三，马7退8，车三平二，红必得子。

19. 车八进九	炮3退2	20. 兵三进一	卒5进1
21. 兵五进一	车1平3	22. 马三进二	马5进6
23. 车六退三	前车平8	24. 后炮平七	象5进3
25. 马二退三	马6进7	26. 炮六平三	车8平6
27. 炮三进四	车6退1	28. 兵三进一	车6平5
29. 车六平五	炮3平4	30. 兵五进一	……

红双兵渡河，形势占优，结果胜。

熊学元负龚晓民。

熊学元也采用双炮攻马法，但走了一步缓着，结果不妙。

1. 兵七进一	炮2平3	2. 炮二平五	象3进5
3. 马二进三	车9进1	4. 车一平二	车9平2
5. 马八进七	马2进4	6. 炮八平九	马8进9
7. 马七进六	士4进5		

为了破坏红双炮攻马的计划，黑此着可进车拦炮。例如，金波对孙勇征一局，黑方车2进6，车二进五，士4进5，马三退五，卒9进1，车二平六，马4进2，马五进七，车2进1，车九进一，车2平1，马七退九，炮3进3，炮五进四，车1平4，车六进四，将5平4，炮五平九，红多一兵，黑子力活跃，大体均势。

8. 炮九平六	车1进1	9. 仕六进五	车2进4
10. 车二进四	……		

升车保马正着，如炮六退二，车2平3，炮五平六，车3平2，相七进五，卒3进1，兵三进一，卒3进1，黑易走。

10. ……	卒9进1
11. 炮六退二	炮8进2

黑升巡河炮是改进着法，有平炮打边车或右炮击兵等手段。例如，红炮五平六，炮8平1，相七进九，马4进2，马六进七，车2退2，马七退六，炮1平7，相三进五，红阵型稳固多兵，略优。

12. 炮五平四（图110） ……

图110，红平右角炮，伏炮四进六攻

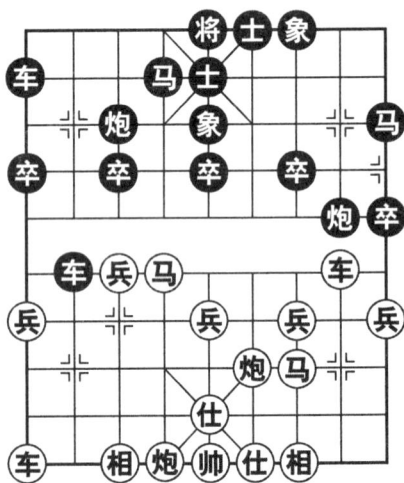

图110

马，但实际上不能实现，以后又移左仕角，浪费了一步棋；成为关键性的软着。

应炮五平六，炮3进3，马六进四，车1平2，相三进五，炮3平6，兵九进一，马4进2，兵五进一，炮6进3，车二退三，炮6退3，车二平四，车2平5，车九平八，牵制黑车马，伏马四进六，车5平1，车八进七的凶着，黑难走。

12. ……　　　　炮3进3　　　　13. 马六进四　车1平2

14. 炮四平六　……

对攻慢了一拍，形势完全不同。

14. ……　　　　后车进3　　　　15. 马四进六　马4进2

16. 车二平七　前车平3　　　　17. 马六退七　……

如马六进七，马2退4，后炮进八，炮8平3捉马，红攻势瓦解。

17. ……　　　　卒3进1　　　　18. 相七进五　卒3进1

黑先弃后取，巧着吃回红马，双方子力扳平，但红已无先手。

19. 车九平七　车2进1　　　　20. 兵三进一　卒3平4

21. 车七进六　马2进3　　　　22. 马三进四　卒4平5

23. 兵五进一　车2平5　　　　24. 前炮进四　马3进4

25. 马四退三　炮8平5

黑摆中炮转入反攻，形势较优，结果胜。

靳玉砚负韩松龄。

靳玉砚机械地执行双炮攻马计划，未能随机应变，掌握不了先手。

1. 兵七进一　炮2平3　　　　2. 炮二平五　象3进5

3. 马二进三　车9进1　　　　4. 车一平二　车9平2

5. 马八进七　马2进4　　　　6. 炮八平九　马8进9

7. 马七进六　卒9进1　　　　8. 炮九平六　士4进5

9. 仕六进五　车2进3

车离岗位升河口，不怕红炮六进六吃马，因马9进8，车二平一，车2平4捉双必吃回一子。

10. 车二进六　炮8平6　　　　11. 炮六退二（图111）　……

图111，红退角炮，准备再卸中炮攻马，这是本布局的流行着法。但目前形势与以往稍有不同，黑拐脚马失根。而红方弱点是双车位置欠佳，应通过兑子解决这个问题。

较好的着法是炮六进六，车2平4，车二退二，车4退3，车九平八，车1

平4，马六进五，红子力趋于活跃，仍持先手。

11. …… 车1平2

12. 炮五平六 马4进2

13. 相七进五 炮3退1

红实现布局计划，马炮配合协调，但双车未能发挥作用，显得攻力不足。

14. 兵三进一 卒3进1

15. 兵七进一 前车平3

16. 车九平八 ……

由于黑有炮3平2打车的手段，红此着开车意义不大，可试走车二退三，车3进2，马六进五，咬住黑马跳象头位置，红争取在多兵中互缠。

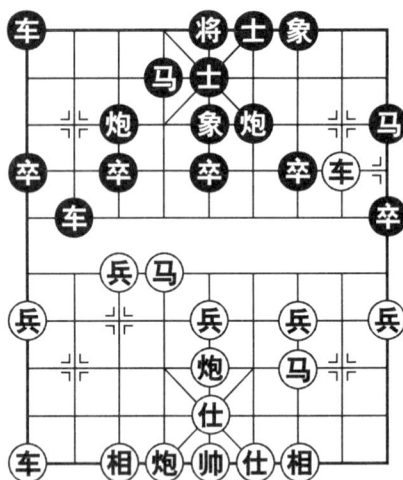

图111

16. …… 车2平3 　　**17. 马三进四** 前车进2

18. 车二进一 炮3平2 　　**19. 前炮平八** 马2进3

20. 炮八平六 炮2进1 　　**21. 马四进五** ……

马踏卒失算，未注意右车位置暗伏危机。应车二退四保兵，仍属互缠之势。

21. …… 马3进2 　　**22. 车八进三** 前车平2

23. 马六退八 炮6进4 　　**24. 车二退四** 炮6平2

黑巧着先弃后取，而且集中车双炮在右翼反击。

25. 兵五进一 前炮进3 　　**26. 相五退七** 车3进9

27. 车二平八 后炮平4

巧叫杀，红来不及飞相逐车。

28. 前炮平四 炮2平1 　　**29. 马五退四** 车3退4

30. 车八退三 炮1平4 　　**31. 车八平六** 车3平5

32. 马四退五 车5平7

黑破相多卒占优，结果胜。

十五、炮取双卒对横车

20世纪90年代全国个人赛，挺兵转中炮对卒底炮飞象局仍然十分流行，其中出现了红炮打中卒再扫边卒的新变例比较热门，下面介绍有关局例供参考。

1. 兵七进一　炮2平3　　　　　　**2.** 炮二平五　象3进5

3. 马二进三　卒3进1

黑冲卒属对攻性着法，也可急出横车。例如陈鱼对潘振波一局，车9进1，马八进七，车9平2，车一平二，马8进9，炮八平九，马2进4，马七进六，卒9进1，炮五平六，车1进1，仕六进五，车2进3，车二进六，炮8平6，兵九进一，车1平2，炮九进四，士4进5，兵九进一，炮3平1，双方对峙，后来红方失误致败。

4. 车一平二　卒3进1　　　　　　**5.** 马八进九　车9进1

6. 车九平八　车9平4　　　　　　**7.** 仕六进五　车4进4

黑骑河车保卒，否则红升巡河车吃回黑卒。例如于幼华对陶汉明一局，士4进5，车二进四，车4进2，炮八平六，马2进1，车二平七，卒7进1，炮六退二，车1平2，车八进九，马1退2，炮五平六，车4平2，兵九进一，马8进7，相七进五，炮3退2，兵三进一，卒7进1，车七平三，红子力活跃，结果胜。

8. 炮五进四　士4进5

9. 炮五平一（图112）　……

图112，红连取双卒实惠，同时伏退边炮回河界，再飞相挺三兵打车卒的棋。黑子力开动缓慢，靠担子炮作坚强防御为代价，换得过河卒之小利。黑以下有平炮打车、跳拐脚马及跳双边马等三种应法。

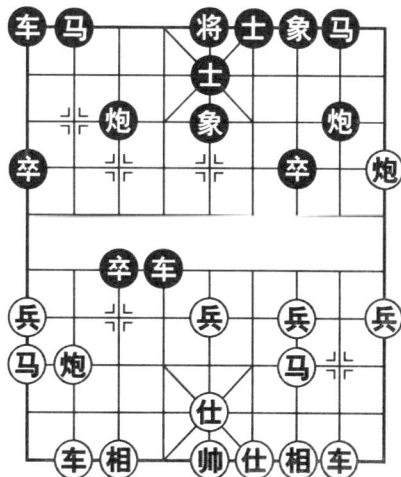

图112

平炮打车变化。这是许银川对徐天红的实战着法。

9. ……　　　　炮 3 平 2

逐红车回原位，并诱红炮八进七，车 1 平 2，车二进七，卒 3 平 2，车二进二，炮 2 进 7，马九退八，车 2 平 3，相七进五，卒 2 进 1，车二退四，车 3 进 8，车二平八，车 3 平 2 捉死马，红无便宜。

10. 炮八平四　卒 3 平 2　　11. 车八平九　马 8 进 9

12. 马九进七　……

红马及时跃出，是争先的佳着，否则被黑卒 2 进 1 控制后马难出。至此红马可跳至中兵前位置，如车 4 进 1 阻马，炮四进一逐车。

12. ……　　　　马 2 进 1　　13. 相七进五　车 4 平 6

移车欲攻红右马，但后来局势发展表明无效，可车 1 平 3，马七进五，卒 2 进 1，炮一退二，车 4 退 4，黑有过河卒对攻。

14. 马七进六　车 6 进 1　　15. 兵三进一　车 1 平 4

16. 车九平六　车 6 平 7　　17. 炮四进六　……

黑贪捉马失策，红伸炮弃马取势佳着，并算准以后能夺回一子。

17. ……　　　　车 7 进 1　　18. 马六进五　车 4 进 9

19. 帅五平六　炮 2 平 4　　20. 马五退三　炮 8 进 6

如炮 8 平 7，马三进一，象 7 进 9，炮一平三，象 9 进 7，炮四平三，士 5 退 4，后炮平五，车 7 退 1，车二进八，将 5 进 1，炮三退三抽车。

21. 马三进一　车 7 平 8　　22. 马一进三

红优，结果胜。

跳拐脚马变化。

9. ……　　　　马 8 进 9

10. 炮八平四　马 2 进 4

11. 相七进五　车 1 平 2

12. 车八进九　马 4 退 2

黑通过兑车简化局势，以保持过河卒之小利。目前局面比较平稳，双方展开兵卒争夺战，为残局打好基础。

13. 兵三进一　炮 8 平 7

14. 炮一退二　车 4 进 1（图 113）

图 113，红按预定计划退边炮逐车，但如吃卒则黑车扫中兵，至此红有升炮

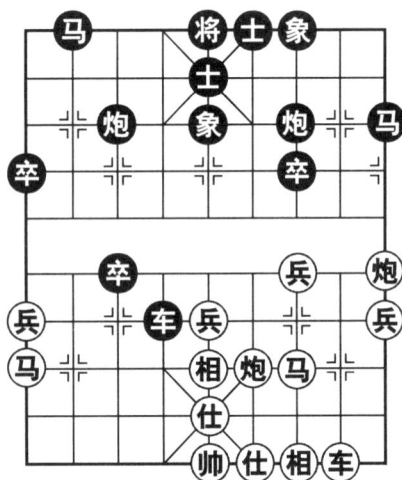

图 113

打车与升车保兵两种变化。

庄玉腾对徐天红局例：

15. 炮四进一 车 4 退 3　　　**16.** 车二进六 ……

伸车牵制黑卒，如炮一平七，卒 7 进 1，马三进四，炮 7 进 3，炮七退四，炮 7 进 1，炮四退一，卒 7 进 1，相五进三，车 4 进 2，车二进三，炮 7 平 1，兵五进一，炮 1 退 1，黑略优。

16. …… 卒 3 平 4　　　**17.** 炮四平二 炮 7 平 6

18. 车二平一 炮 6 进 4　　　**19.** 炮二进五 马 9 退 7

20. 马三进二 ……

红运子威胁黑边马，集结子力在右翼发展攻势。

20. …… 车 4 平 2　　　**21.** 兵三进一 炮 6 平 1

22. 车一平三 车 2 进 4

乘红左翼空虚边马无根而进车攻之，由此导致局势紧张。

23. 车三平九 车 2 平 1　　　**24.** 炮一平六 炮 3 退 2

防车九进三捉死马，又让出跳正马位置。

25. 兵三进一 马 2 进 3　　　**26.** 车九退一 马 3 进 5

27. 马二进四 马 5 进 4　　　**28.** 马四退六

红暂少一子，但牵住黑车炮，又伏挺三兵捉死马，并不算亏，结果和棋。

尚威对徐天红局例。接图 113，红先。

15. 车二进三 马 2 进 4　　　**16.** 马三进四 车 4 平 1

17. 兵三进一 卒 7 进 1　　　**18.** 炮一平七 ……

红虽吃回黑过河卒，却以牺牲三路兵为代价，双方子力相等。

18. …… 炮 3 平 1　　　**19.** 相三进一 ……

防黑炮轰相兑马。

19. …… 卒 1 进 1　　　**20.** 兵五进一 ……

红已失先，且一些子力受制，故挺兵兑车以减轻压力，以下双方较量无车残棋功夫。

20. …… 卒 1 进 1　　　**21.** 车二平九 卒 1 进 1

22. 马九退八 炮 1 进 3

黑略优，但红尚可应付，结果和。

跳双边马变化。接图 112：

9. ……   马8进9

田长兴对赵国荣局例。

10. 炮八平六   ……

不如右仕角炮，再飞左相，使左车有较多通路。

10. ……   马2进1   **11.** 相三进五   卒3平2

12. 兵九进一   ……

如兵三进一，炮3平2，炮六平八，卒2平1，炮八平六，前卒进1，黑反先。

12. ……   车1平2   **13.** 兵三进一   卒2进1

红退炮打车吃回黑卒的计划落空，黑保留过河卒等待发挥威力。

14. 炮一退二   车4退2   **15.** 马九进八   卒2平3

16. 兵五进一   ……

如马八退九，卒3进1，车八进九，马1退2，炮六进二，卒7进1，黑易走。

16. ……   车4平2   **17.** 兵五进一   马1进3

18. 车二进三   ……

可炮六平八，前车进2，炮一平八，车2进5，兵五平六，虽黑易走，但红暂不失子。

18. ……   马3进2   **19.** 炮一平八   前车进2

20. 车八进四   车2进5   **21.** 车二平七   马9进8

黑得子较优，结果胜。

柳大华对张影富局例。接图112：

9. ……   马8进9

10. 炮八平四   马2进1

11. 相七进五   车4平6

图114，红阵型与上局不同，如卒3平2，兵三进一，炮3平2，炮一退二，车4退1，车八进四，马9进8，炮一平二，红势较好。

12. 兵三进一   车6进1

13. 兵五进一   炮8平7

可车6平7，车二进二，炮8平7，兵一进一，卒7进1，黑较有反击力。

14. 兵一进一   车6平7

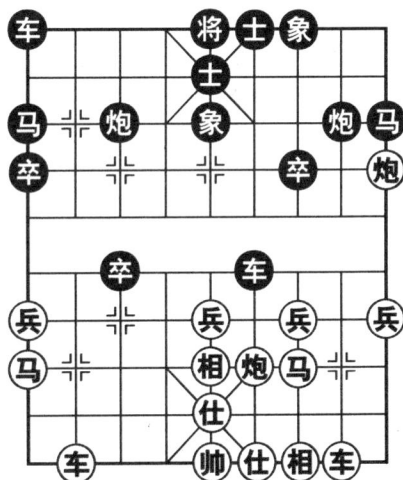

图114

15. 马三进一	车7平5	16. 兵一进一	车5退1
17. 马一进二	炮7平6	18. 车二进三	卒1进1
19. 马二进一	象7进9	20. 兵一平二	车1平4

如为保存过河卒而炮6进3，车八进七，炮3平4，兵二进一，黑右翼子力受制。

21. 炮一退二	车5退1	22. 炮一平七	炮6平8
23. 车二平一	象5退7	24. 兵二进一	炮8平5

红不愿送回过河兵而平车捉象，黑趁势落象后补中炮，局势从平稳转向激烈。

25. 炮七退二	马1进2	26. 马九进七	……

红跃马主动邀兑子以简化局势。

26. ……	炮3进5	27. 炮四平七	马2进4
28. 车一平六	车5平6		

诱红炮七平六，车6进2，车六平四，马4进6，炮六进三，车4进3，黑易走。

29. 炮七退一	马4进6	30. 车六进六	士5退4

黑略优，结果和棋。

后来又有许多棋手对本布局继续在实践中探讨，评介如下：

1. 兵七进一	炮2平3	2. 炮二平五	象3进5
3. 马二进三	卒3进1		

红不怕黑卒底炮的威胁，准备接受黑冲3卒过河，以换取跳右马加快右翼出子速度。如马八进九，车9进1，炮五进四，士4进5，马二进三，马2进4，炮五退二，车1平2，车九平八，车9平6，相三进五，卒3进一，兵七进一，车6进3，可吃回红兵，而且担子炮守势稳固，布局满意。

4. 马八进九	卒3进1	5. 车一平二	车9进1

黑抢出横车，是反击力较强的应法。如马2进4，车二进四，马4进3，炮五进四，士4进5，黑左车晚出，对攻力量不足。

6. 车九平八	……		

如炮打中卒叫将，逼黑支士阻住车路，红并无便宜。例如炮五进四，士4进5，相七进五，马2进4，炮五平八，车9平6，相五进七，车6进3，前炮退三，马8进9，黑子力活跃。

6. ……	车9平4	7. 仕六进五	车4进4

红强子出动较快，所付的代价是放卒过河，黑车骑河护卒，就是为了保住

这点便宜。如士4进5，车二进四，车4进4，炮八进二，车4平8，炮八平二，马8进7，兵三进一，卒7进1，兵三进一，象5进7，马三进四，红必能吃回黑卒而感到满意。

8. 炮五进四　士4进5　　　　　**9. 炮五平一　马8进9**

跳马拦红炮沉底，也曾出现平炮打车的应着，如炮3平2，炮八平四，卒3平2，车八平九，马8进9，马九进七，红边马跃出，黑不能车4进1捉，因红炮四进一逐车。

10. 炮八平四　马2进4

11. 相七进五（图115）……

图115，红双车亮出且多中兵，黑卒过河而阵型巩固，双方各有利弊。现在红有兵三进一再炮一退二打车，吃回黑卒的后续手段，这是当前双方斗争的一个焦点。至此黑有兑车及平炮两种应法。

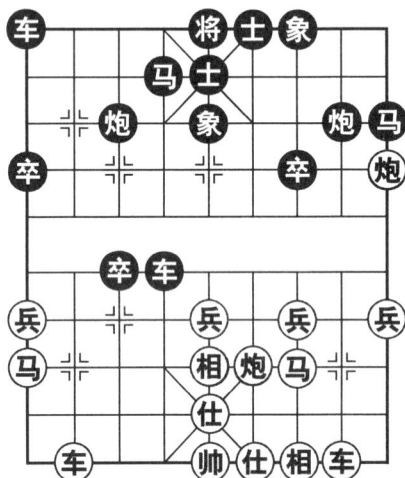

图 115

兑车变化。陶汉明对蒋全胜局例。原谱起步兵三进一，为方便读者，按兵七进一着法转换。接图115，黑先。

11. ……　　　　　车1平2　　　　　**12. 车八进九　马4退2**

13. 兵三进一　马2进4

黑主动兑车以削弱红左翼防守力，同时为拐脚马寻找出路，红按预定计划挺兵，但此时不宜炮一退二，车4退1，相五进七，马9进8，炮一平二，马8退6，炮二平一，马6进7，红无先手。

14. 车二进三（图116）……

图116，红升车稳健，既保中兵，必要时平右肋亮出，含蓄有力。

14. ……　　　　　炮8平7

15. 炮一退二　车4退2

16. 马三进四　……

黑退车以保留7炮对红马的威胁。如炮一平七，卒7进1，马三退一，卒7进

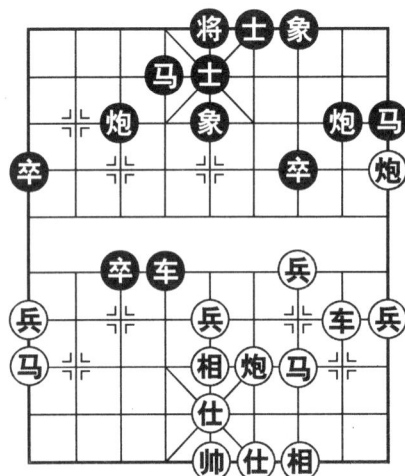

图 116

1，相五进三，车4进3，兵九进一，马4进5，相三进五，马5进3，黑可抗衡。

16. ……　　　　卒3平4　　　　**17.** 马九进七　……

黑卒免于被吃，但红边马也获得跃出的机会，各有所得。

17. ……　　　　马4进2　　　　**18.** 兵五进一　卒4进1

19. 马七退九　车4进1　　　　**20.** 马九退七　马2进3

21. 兵五进一　车4平5　　　　**22.** 马七进六　马3进4

23. 车二平六

双方围绕兵卒之争，终于交换子力，局势稍有缓和，但红子力位置较好，且多一兵稍优，结果胜。

平炮变化。杨德琪对陶汉明局例。接图116黑先：

14. ……　　　　炮8平7　　　　**15.** 炮一退二　车4退2

16. 兵五进一　卒7进1

红挺中兵造成右马受攻，似不及先跃出右马为妥，见上局实战着法。

17. 马三进二　炮7平8　　　　**18.** 车二平五　车4平8

19. 马二退三　炮8平7　　　　**20.** 马三退一　……

红马一直未能摆脱黑炮的威胁，只好后撤导致失先。

20. ……　　　　卒7进1　　　　**21.** 相五进三　马4进3

22. 相三退五　卒3平4

红有中车支援渡兵的手段，黑保存过河卒也有对攻力量。

23. 兵九进一　车8进1　　　　**24.** 炮四进二　车8平2

25. 马一进二　马9进7　　　　**26.** 炮四退二　卒1进1

27. 炮一进二　……

虚着。没料到黑后来有弃车妙手，故应直接兑卒，保持抗衡局势。

27. ……　　　　马3进2　　　　**28.** 兵九进一　马2进1

弃车妙手，红不敢兵九平八吃车，因黑马1进3，帅五平六，炮3平4，仕五进六，卒4进1，车五平四，卒4进1，车四平六，卒4进1，帅六平五，马3退4，仕四进五，卒4进5，帅五平四，炮7平6，炮四平三，马4退6，炮三平四，马6进7杀。

29. 炮四平九　车2进3　　　　**30.** 炮九进一　炮3进7

黑沉炮巧着，准备炮3平1展开反击，结果胜。

许银川对杨德琪局例。接图116，黑先。

14. ……　　马4进2

针对红左翼空虚，黑企图跃出拐脚马，加强右翼反击力。

15. 炮一退二　　车4进1（图117）

图117，黑进车准备扫边兵，如红炮四进一，车4退2，接有马9进8打车的手段。

16. 马三进四　　车4平1

17. 相五进七　　炮8平6

18. 炮四平三　　马2进3

19. 相三进五　　……

红吃回黑卒消除隐患，飞起高相既保

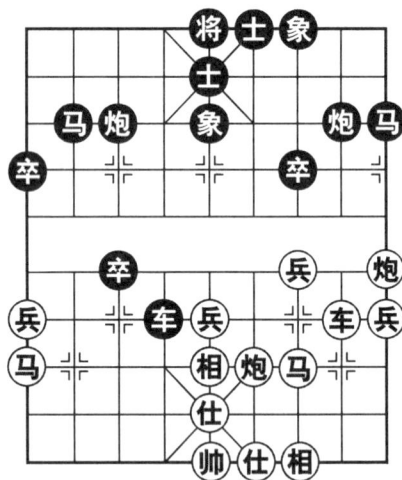

图 117

边马，又阻挡黑马，至此多一兵稍优，以后如有机会再吃7卒，成多兵之势。

19. ……　　炮3平2		**20. 炮一进一　　马3退4**	
21. 炮一平六　　马4进5		**22. 炮六退四　　炮6进2**	

23. 兵一进一

在相持的局势下，红挺边兵准备过河攻马，以后兑车占优，结果胜。

赵国荣对金波局例。接图117，红先。

16. 炮一平七　　车4平1		**17. 马三进四　　炮8平6**	

18. 马四进六　　……

红按预定计划吃回黑过河卒，在中兵受牵制的情况下，主要采取边兵渡河争取优势的办法。

18. ……　　车1平4		**19. 马六进七　　炮6平3**	
20. 炮七退四　　车4平1		**21. 兵一进一　　马9退7**	

22. 车二平四　　……

控制黑马出路，以利继续发挥边兵的作用。

22. ……　　炮3平4		**23. 兵一进一　　马2进3**	
24. 炮四平三　　卒1进1		**25. 相五进七　　马3退5**	
26. 炮七平九　　车1平2		**27. 炮九进五　　……**	

红采取谋卒策略，现已多双兵，逐步扩大优势。

27. ……　　车2退2		**28. 炮九进三　　马7进8**	
29. 车四进三　　马5退3		**30. 炮九退四　　马3进4**	

31. 车四平三　马8进9　　　　**32.** 车三平五

红多三兵大优，结果胜。

陶汉明对于幼华局例。接图115，黑先。

11. ……　　　炮8平7　　　**12.** 炮一退二（图118）　……

图118，红退炮瞄卒，变化与以上各
局不同，如黑走车4进1，炮四进一，车
4退2，兵三进一，卒7进1，马三进四，
车4平5，兵三进一，车5进2，车二进
三，象5进7，炮四进六，车5平8，炮
四平九，红大优。

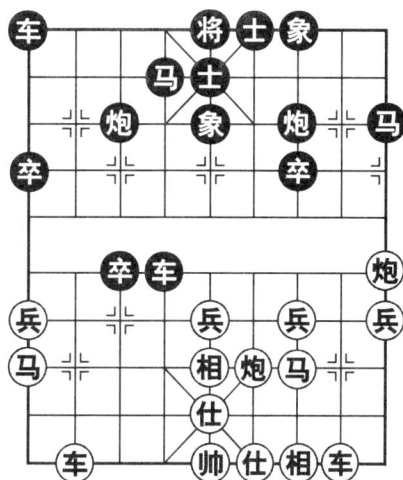

图 118

12. ……　　　车1平2

13. 车八进九　马4退2

14. 兵三进一　车4进1

15. 车二进三　车4平1

16. 炮一平七　马2进4

17. 马三退一　……

退马避开黑炮威胁，并使右车生根，
便于挺中兵兑车，此着虽稳健，总感不够积极，不及马三进四较有先手。

17. ……　　　马4进3　　　**18.** 炮七进三　炮7平3

19. 兵五进一　车1平8　　　**20.** 马一进二　马9进8

红多一兵稍优，后来双方再兑两兵卒，形成和势。

卜凤波对于幼华局例。接图118，黑先。

12. ……　　　卒7进1

黑准备送回3卒，但挺7卒制马取势。

13. 车二进六　车4进1　　　**14.** 炮四进一　车4退2

15. 炮四进五　……

本局演变与以上各局有很大区别，原因是红未挺三兵致使右马受制。

15. ……　　　车1平4　　　**16.** 兵五进一　炮7进1

17. 炮一平七　马4进5　　　**18.** 兵三进一　马5进4

跃马准备强硬拼搏，如卒7进1，炮七平三，炮7进4，车二平五，炮7
平1，车五进一，炮3退1，车五平三叫杀，黑难应付。

19. 马三进二　炮3进1　　　**20.** 车二进一　炮7平5

21. 兵三进一　马4进5　　　　**22.** 相三进五　炮5进4

23. 仕五进四　前车平7

黑马换双相，掀起攻势高潮，但能否取胜并无把握。

24. 炮七退四　炮3进4　　　　**25.** 炮四退三　……

准备送回一子，以摆中炮取势，争取对攻机会。如马九退七，车4进8，炮七进二，车7进4，车八进九，象5退3，车八平七，士5退4，车二平五，士6进5，红难解车7平5的杀着。

25. ……　　　炮5平1　　　　**26.** 炮四平五　车7进1

27. 仕四进五　车7平5　　　　**28.** 马二进三　炮3退5

也可炮3平5，炮五退三，车5进2，马三进二，炮1平6，车二平一，炮6退3，黑少一马，但破红仕相有攻势。

29. 车二退三　车5进1　　　　**30.** 马三进一　炮3平9

31. 炮五退一　车5平1　　　　**32.** 兵一进一　车1平3

33. 车二平四　车3退1　　　　**34.** 帅五平四　炮1退2

35. 炮七平五　卒1进1　　　　**36.** 兵一进一　车3进4

37. 车八进四　炮1进4　　　　**38.** 仕五退六　……

如纠缠下去，红缺相不利。此着弃仕巧手，黑不敢车3平4，因红仕四退五捉车叫杀。

38. ……　　　车4进9　　　　**39.** 仕四退五　车4平5

40. 炮五退四　炮1平5　　　　**41.** 车四平七　车3平1

42. 车八进五　士5退4　　　　**43.** 车七平六

红借助车叫杀，再退底车邀兑，本属和棋，但实战黑弃炮避兑，勉强求攻，结果反为红胜。

综观各局例，本布局红战术要点是设法消灭黑过河卒，消除后患。同时用炮击双卒，争取多兵并逐步扩优取胜。

下面再让我们看看棋手们弈出的新变化。

1. 兵七进一　炮2平3　　　　**2.** 炮二平五　象3进5

3. 马二进三　卒3进1　　　　**4.** 车一平二　卒3进1

5. 马八进九　车9进1　　　　**6.** 仕六进五　车9平4

7. 炮五进四　士4进5　　　　**8.** 炮五平一　马8进9（图119）

图119，双方基本演成挺兵转中炮打双卒对卒底炮飞右象左横车的阵式。红方的战略是，舍去中炮攻势而得卒实惠，把重点放在中残棋较量上，伺机捕捉黑过河卒以减轻其反击力。黑方的战略是，发挥右翼子力集结及小卒过河的

有利条件，争取抗衡。至此红弈出过宫炮与巡河车两种变化。

过宫炮变化。熊学元对胡荣华局例。接图119，红先：

9. 炮八平四　车4进4

10. 相七进五　车4平6

黑骑河车移左肋，企图攻击红右弱马，此种着法以往出现过，但效果不大好。

11. 兵三进一　车6进1

12. 兵一进一　马2进1

也可车6平7，马三退一，车7平5，相五进七，形势与实战变化差不多。

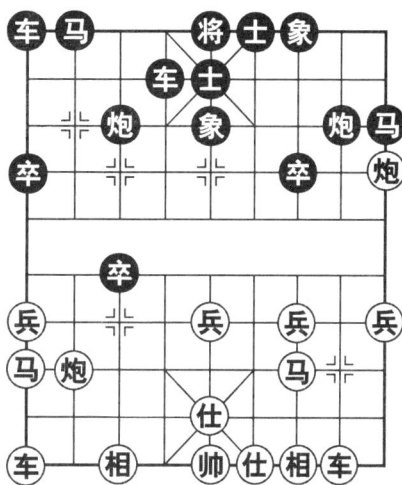

图119

13. 兵五进一　车6平7　　**14. 马三退一　车7平5**

15. 相五进七　车5退1　　**16. 相七退五　车1平2**

17. 马九进七　车5退1　　**18. 车九平六　……**

双方成对峙形势，红保持多一兵之微优。如车2进6，车二进三，车2平1，马七进六，车1平8，马一进二，双方互缠。

18. ……　　　卒7进1　　**19. 兵三进一　车2进3**

20. 炮一退一　车5平7　　**21. 车二进四　炮3平4**

22. 兵九进一　炮8平6　　**23. 车二平七　……**

黑蟹眼炮双边马，基本处于守势，红则有马七进五咬车的手段，潜伏攻势。

23. ……　　　马9进7　　**24. 炮一进四　马7进5**

25. 车七平五　车2进3　　**26. 车六平七**

黑跃出边马勉强对攻，至此进退两难，反而给红沉底炮的机会，暗藏攻着。后来黑失误致败。

熊学元对徐天红局例。接图119，红先：

9. 炮八平四　车4进5

直接伸车兵林，是新变着，如炮四进一，车4退1，相七进五，车4平6，炮四退一，车6进1，与上局着法比较，黑抢了一先棋。

10. 炮四进六　马2进1　　**11. 兵三进一　车1平2**

12. 相七进五　车2进4

黑双车占领要道，局势开扬，红难掌握先手。

13. 马三进四　车 4 平 5　　　　**14. 马四进三　炮 8 进 2**

15. 马三进一　炮 3 平 9　　　　**16. 兵一进一　炮 9 平 8**

17. 车二平一　马 1 进 3（图 120）

图 120，红双车在原位，已呈下风，黑跃马展开反击。

18. 车九平七　马 3 进 2

19. 炮四退六　……

如相五进七，马 2 进 1，相七退九，前炮平 5，有抽将之势。

19. ……　　　前炮平 5

20. 车一平二　炮 8 平 7

21. 炮一平三　……

不能车七进四，马 2 进 1，炮四平九，车 5 进 1，黑必得子大优。

21. ……　　　车 5 平 6

图 120

22. 炮四平三　马 2 进 1　　　　**23. 后炮平九　炮 7 平 6**

黑有炮吃仕打双车的凶着，红难应付。如相三进一，车 2 进 3，炮九退一，车 2 平 5，帅五平六，车 6 平 4，炮九平六，炮 5 平 4，黑必得子大优。结果黑胜。

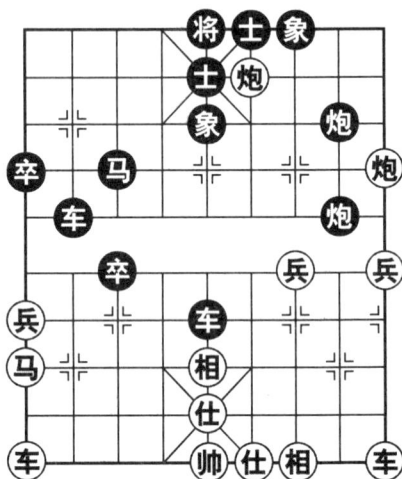

万跃明对徐超局例。接图 119，红先。

9. 炮八平四　马 2 进 1

10. 相七进五　车 1 平 2

11. 相五进七　车 4 进 5

12. 炮四进四　……

黑有车吃中兵的威胁。如相三进五，车 4 平 5，炮四进五，车 5 平 7，车二进七，炮 3 平 6，马三退二，车 7 平 9，红失先。

12. ……　　　炮 8 平 7

13. 车二进四　卒 7 进 1

14. 车九平六　车 4 进 3

15. 仕五退六　卒 7 进 1

16. 车二平三　车 2 进 4（图 121）

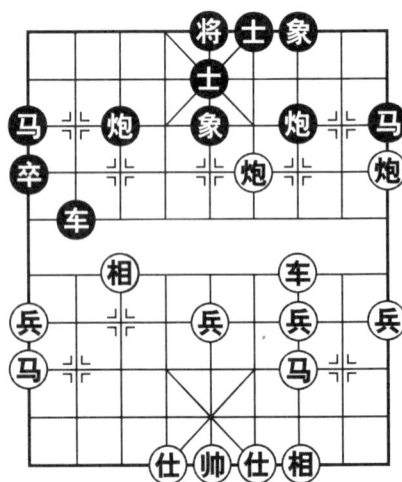

图 121

图 121，红虽多兵，但子力位置欠佳，巡河车被牵制，双炮呆滞无力，双马未能跃出。黑须趁此形势抓紧反击，因持久战红多兵有利。

17. 炮四退四　马 1 进 3　　　　**18.** 马三退一　马 3 进 5

19. 车三平六　车 2 进 2　　　　**20.** 车六平五　马 5 退 4

21. 炮四进一　车 2 退 3　　　　**22.** 炮一退二　马 4 进 3

黑子力位置颇佳，车马炮占据要地，红子散乱，陷入被动。

23. 车五平六　马 9 进 8　　　　**24.** 仕四进五　……

如车六平二，车 2 平 6，车二进一，车 6 进 3，亦黑优。

24. ……　　　　　车 2 平 5

接有进车吃兵的先手，黑优，结果胜。

巡河车变化。吕钦对柳大华局例，接图 119，红先。

9. 车二进四　卒 7 进 1

黑送回一卒，以换取出动主力的步数，但以后少双卒，又未能取得反击机会，因而居于下风。

10. 车二平七　车 4 进 2　　　　**11.** 炮一退二　马 2 进 4

12. 车九平八　车 1 平 2　　　　**13.** 相三进五　车 2 进 6

如马 4 进 3，炮八进四，炮 3 进 3，炮八平六，车 2 进 9，马九退八，红多双兵易走。

14. 炮八平六　车 2 进 3

15. 马九退八（图 122）　……

图 122，虽然黑子力活跃协调，但红阵型巩固无懈可击，有多双兵的潜伏优势。

15. ……　　　　　车 4 平 2

16. 马八进九　马 4 进 5

17. 车七平二　马 5 进 3

18. 兵三进一　卒 7 进 1

19. 炮一平三　……

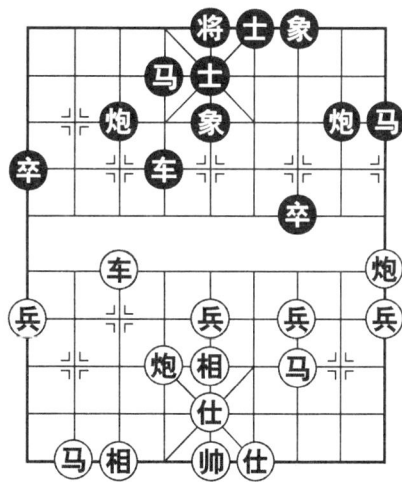

图 122

黑马跳到象头佳位，但红有边马守位卧槽。如马 3 进 2，炮三平七，马 2 进 4，仕五进六，黑缺乏后续手段。

19. ……　　　　　炮 8 平 6　　　　**20.** 兵一进一　马 9 退 7

21. 兵一进一

在相持局势下，红忙里偷闲，逐步推进边兵，保持优势，结果胜。

于幼华对潘振波局例，接图119，红先。

9. 车二进四　卒 3 进 1

10. 炮八进二　炮 8 平 7

11. 马九进七　……

明知马踏卒会丢子，但红故意弃子抢先，这是新变着。

11. ……　　　炮 7 进 4

12. 相七进五　炮 7 平 3

13. 车二平七　前炮平 2（图 123）

图 123，红运车捉炮抢先。黑如前炮平 4，车九平六，卒 1 进 1，马三进四，炮 4 退 4，兵五进一，黑子力龟缩一团，红中兵再渡河有攻势。

14. 炮八平九　炮 3 平 1

15. 车九平八　车 4 平 2　　**16. 炮九平八　炮 2 平 4**

17. 马三进四　炮 4 退 6　　**18. 炮八进二　车 2 进 1**

图 123

红得先黑多子，各有顾忌，如何判断优劣，还有待深入研究。实战黑失误，结果红胜。

挺兵转中炮对卒底炮横车局，红顺利获取中卒之后，感到当头炮难以继续发挥作用，便移炮打边卒，实现多兵之势。另一方面，黑冲卒过河吃兵，给红增添了后顾之忧，于是围绕捉吃黑卒展开较量。为了消灭黑过河卒，近年红方兴起了弃马抢先战术。

金波胜苗永鹏。

金波挺兵局选择了炮打双卒变例，以多兵取胜。

1. 兵七进一　炮 2 平 3　　**2. 炮二平五　象 3 进 5**

3. 马二进三　卒 3 进 1

黑面临挺卒或起横车的选择。前者出车稍慢，后者失去冲卒过河的优势。苗永鹏是攻击型棋手，愿意选择对抗性强的挺卒着法。

4. 车一平二　卒 3 进 1　　**5. 马八进九　车 9 进 1**

6. 仕六进五　……

补仕稳健，也可出车保炮。例如，龚晓民对孙庆利一局，红车九平八，车

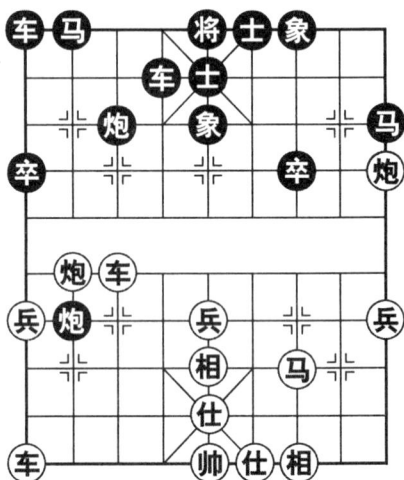

9平4，炮五进四，士4进5，炮五平一，马8进9，炮八平四，车4进4，相七进五，车4平6，仕六进五，车6进1，因红原先没补仕，黑车借捉炮快一步压兵林，与本局实战着法略有不同。

6. …… 车9平4 　　　　 **7. 炮五进四** 士4进5

8. 炮五平一 马8进9

挺兵转中炮局与首着摆中炮不同，后者主要考虑从中路进攻，加上两翼配合，而前者则比较灵活，不拘束于一定要保留中炮。本局红炮连续打卒是谋求多兵，为中残局打好基础，同时便于联相调整阵型。

9. 炮八平四 车4进4（图124）

图124，红炮过宫便于飞左相，黑车骑河保卒又让出拐脚马位置。这与巡河车捉卒是本布局的两大变例。

10. 相七进五 马2进4

11. 车九平八 炮8平7

12. 炮一退二 ……

在局势平稳的条件下，谋卒仍然是红方战术的重要目标。何况吃回黑过河卒，也消除后患。

12. …… 车4平6

13. 车二进三 ……

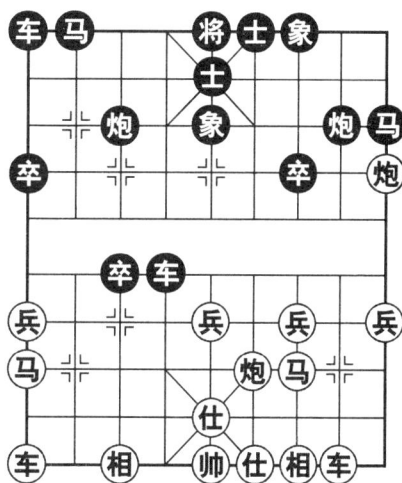

图124

为了应付黑进车威胁红马而采取升车退马等一系列措施。如炮一平七，车6进1，炮七退一，车6平5，炮四进六，车5平7，炮四平六，车7进1，红无便宜。

13. …… 车6进1 　　　　 **14. 马三退一** 车6平5

15. 兵三进一 车5退2 　　　　 **16. 炮一平七** ……

红实现消灭黑过河卒的目标，并且子路通畅，保持多一兵的小优势。

16. …… 马4进5 　　　　 **17. 车八进六** 卒7进1

18. 兵三进一 马5进7 　　　　 **19. 车二平八** 卒1进1

20. 马一进二 马7进8 　　　　 **21. 后车平二** ……

兑掉黑马，削弱其反击力。

21. …… 车1平4 　　　　 **22. 炮七退二** 车5平7

23. 马九进七 炮3进5 　　　　 **24. 炮四平七** 马9进8

25. 马七进五 车7平5 　　　　 **26. 马五退六** 马8进6

27. 车二平四 车5退1 　　　　 **28. 车八退三** 马6退7

29. 马六进七　……

红车马炮均找到好位置，伺机出击。

29. ……　　　车 4 进 5　　　**30.** 马七进九　……

红多双兵优，结果胜。

于幼华胜袁洪梁。

于幼华走炮打双卒变例，袁洪梁改进应着，但仍未能逃脱厄运。

1. 兵七进一　炮 2 平 3　　　**2.** 炮二平五　象 3 进 5

3. 马二进三　卒 3 进 1　　　**4.** 车一平二　卒 3 进 1

5. 马八进九　车 9 进 1　　　**6.** 车九平八　车 9 平 4

7. 仕六进五　车 4 进 4

为了防止红车二进四捉卒，黑提前升车保卒。与上局不同的是，红已经开出左车，变化略有差别。

8. 炮五进四　士 4 进 5　　　**9.** 炮五平一　马 8 进 9

10. 炮八平四　马 2 进 4　　　**11.** 相七进五　炮 8 平 7

与上局着法殊途同归，回到同一局面。

12. 炮一退二　车 4 平 6

13. 车二进三　车 6 进 1

进车必然，否则红兵三进一逐车，再平炮打卒，局面明朗。

14. 马三退一　炮 7 进 4（图 125）

图 125，黑炮打兵是改进着法，防止红挺三兵兑车的棋。

15. 兵五进一　马 4 进 5

明知红中兵渡河，黑盘头马欲跳象位咬车，这是黑炮打兵的后续手段。

16. 兵五进一　马 5 进 7

17. 车二进一　卒 3 进 1

黑过河卒得以保存，对攻局势变得复杂起来。

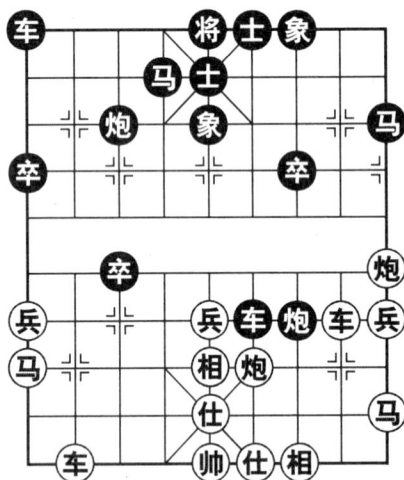

图 125

18. 车二平七　车 1 平 3　　　**19.** 炮一平三　马 9 进 8

20. 兵五平四　车 6 退 2　　　**21.** 车七退一　……

红兵兑卒明智，车退兵林要道，攻守两利。

21. ……　　　车 6 平 5　　　**22.** 兵一进一　炮 7 平 5

23. 马一进三　炮 5 退 1　　　**24.** 兵一进一　马 8 退 7

25. 车七平五

牵制黑子，伏马九进七再兵一平二捉马等手段，已显优势，结果红胜。

杨德琪胜张强。

杨德琪采用稳健战略，以多兵取胜。

1. 兵七进一　炮2平3

红挺兵为了跃马，黑摆卒底炮威胁，使局势变得紧张起来。如按原计划马八进七，卒3进1，马七进六，卒3进1，马六进五，象7进5，接有马8进6咬马，红失先。

2. 炮二平五　……

挺兵只是投石问路，试探黑方意图。既然黑摆卒底炮反击，红就不能软弱，即补中炮对攻。这是当前最佳对策，以往补相较消极，例如，相七进五，马2进1，马八进七，炮8平5，马二进一，马8进7，仕六进五，车1平2，车九平八，车9平8，车一平二，卒3进1，兵七进一，车8进4，黑反先。

2. ……　　　象3进5

补象弃卒是经过实践考验的下法，以担子炮坚守，出横车施展反击，体现柔中带刚的策略。如跳马保卒则阵型显得呆板，例如马8进7，马二进三，卒3进1，车一平二，卒3进1，马八进九，车9平8，车二进四，卒3进1，炮八进五，象3进5，马九进七，马2进4，炮八退一，红先手。

3. 马二进三　……

跳马为了开车，也可挥炮打中卒，可多中兵，但子力出动较慢，有利有弊。例如许银川对张强一局，另炮五进四，士4进5，相七进五，马2进4，炮五退一，卒7进1，车一进一，马8进7，车一平六，马4进5，马八进七，车9平8，马二进三，红略先。

3. ……　　　卒3进1

另起横车也是可行的，但在红左马屯边之前，黑不愿错过挺卒反击的机会。

4. 马八进九　卒3进1　　　　**5. 车一平二　车9进1**

6. 仕六进五　……

先补仕是近年出现的新变着，是炮打双卒方案的组成部分。如不补仕，黑车9平4之后红炮打卒，就要顾虑黑车4进6捉双的棋。

6. ……　　　车9平4　　　　**7. 炮五进四　士4进5**

8. 炮五平一　马8进9

跳边马减少担子炮所受压力，又拦住红炮，否则红炮一进三，马8进9，

兵一进一，车 4 进 3，兵一进一威胁
边马。

9. 车二进四（图 126） ……

图 126，红及时升车捉卒，企图消除
后患。否则车 4 进 4 保卒，又另具变化。

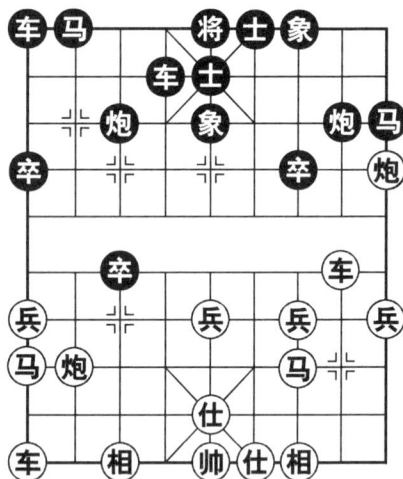

图 126

吕钦对柳大华一局，红车九平八，
马 2 进 1，车二进四，卒 3 进 1，炮八进
五，卒 3 平 4，兵九进一，卒 7 进 1，车
二进二，炮 8 平 7，相三进五，士 4 进 3，
双方互缠，局势比较复杂。

9. ……　　　　车 4 进 4

10. 炮八进二　　车 4 平 8

11. 炮八平二　　……

红巧升炮兑车，仍伏兵三进一或兵五进一打死卒的手段，而且左车能顺利
开出。

11. ……　　卒 7 进 1	**12. 兵五进一**　卒 7 进 1
13. 兵三进一　炮 8 平 7	**14. 马三退一**　马 2 进 1
15. 相七进五　车 1 平 4	**16. 车九平六**　……

红已多双兵，只要兑掉车，便可以多兵取胜。此着如相五进七，车 4 进
6，兵一进一，车 4 平 8 捉死炮，红马不敢踏车，黑炮轰相闷杀。

16. ……　　卒 3 平 4	**17. 兵五进一**　马 1 进 3
18. 兵五平四　车 4 进 4	**19. 兵四进一**　马 3 进 2
20. 马九进七　车 4 平 3	**21. 车六进四**　车 3 进 2
22. 车六平八　车 3 平 9	**23. 炮一平九**　车 9 进 2

24. 炮九进三　……

虽然黑得子，但车低头位置较差，红有沉底炮及多兵之势得到补偿。

24. ……　　　炮 3 平 2	**25. 兵三进一**　车 9 平 6

26. 仕五进四　将 5 平 4

出将预防，如车 6 退 1，兵三进一，炮 7 平 8，炮二平七，将 5 平 4，兵三
进一，炮 2 平 7，炮七进四，红夹车炮成杀势。

27. 仕四进五　车 6 平 7	**28. 车八进一**　车 7 退 2
29. 兵九进一　炮 7 平 8	**30. 兵九进一**　车 7 平 3
31. 炮二平七　炮 2 平 3	**32. 兵九进一**　……

红控制局面，结果胜。

陶汉明胜张强。

陶汉明弈出弃马抢先的新变着，取得成功。

1. 兵七进一　炮 2 平 3　　　　**2.** 炮二平五　象 3 进 5

黑平卒底炮后，已不能用稳健的屏风马阵式抗衡中炮。而红挺起七兵的效率也受到削弱，双方各有所失。

3. 马二进三　……

跳右马欲加快开车，便会受到黑冲卒的攻击，若为避免黑冲卒而跳边马，则放慢对攻力度。例如马八进九，车 9 进 1，炮五进四，士 4 进 5，马二进三，马 2 进 4，炮五退二，车 1 平 2，车九平八，车 9 平 6，黑可抗衡。

3. ……　　　卒 3 进 1　　　　**4.** 车一平二　卒 3 进 1

5. 马八进九　车 9 进 1　　　　**6.** 仕六进五　车 9 平 4

7. 炮五进四　士 4 进 5　　　　**8.** 炮五平一　马 8 进 9

9. 车二进四　卒 3 进 1

10. 炮八进二（图 127）　……

图 127，红升炮继续追赶黑卒，诱黑卒 3 平 4，炮八平九，马 2 进 1，炮一平九，车 1 平 2，后炮进三，车 4 进 2，车二平九得子。

10. ……　　　炮 8 平 7

避开红车牵制，当红炮八平九打车时，可用炮 3 平 1 挡。另外，伏炮打兵叫闷保卒的棋，一着两用。

11. 马九进七　炮 7 进 4

12. 相七进五　炮 7 平 3

13. 车二平七　……

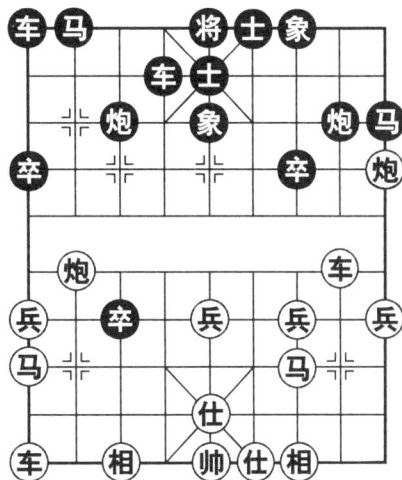

图 127

红故意踏卒弃马，至此平车捉炮，又牵住黑原来右炮，而且左车右马皆活跃，随时出击，获得较大先手。

13. ……　　　前炮平 4

如前炮平 2，车九平八，炮 3 平 2，车七进五，车 4 退 1，车七平八，车 1 平 2，炮八进五，前炮退 6，车八进七，红追回失子，多兵稍优。

14. 车九平六　车 1 进 2

防红炮八平九，炮 3 平 1，车七进五，士 5 退 4，炮九进三，车 1 进 2，车七平八，红追回失子。

15. 炮八退二　车 4 进 1

防红车七平八捉死马，进车让出拐脚马位。

16. 马三进四　炮4平9　　　　**17.** 车六进七　士5进4

18. 马四进六　炮9退2

黑右翼子力均受牵制，宜改炮3进2较好。

19. 马六进八　马2进4　　　　**20.** 炮八平六　炮9平3

如士4退5，马八退六，马4退2，车七平八，炮3平2，黑子力亦受制。

21. 车七平六　士6进5　　　　**22.** 兵五进一　前炮平8

23. 炮一平二　马9退7　　　　**24.** 炮二进三　象7进9

25. 车六进二　象9进7　　　　**26.** 车六平三　马7进9

27. 车三进三　士5退6　　　　**28.** 车三退四　马9退8

29. 车三平二　马8进7　　　　**30.** 车二平八　……

黑边马离开岗位，给红沉底炮的机会，利用抽将劫得一象，使黑在防御中存在弱点。

30. ……　　　　车1平2

如士4退5，马八退六，马4进5，马六进五，炮3平4，兵五进一，红易走。

31. 炮六进六　……

红追回失子，又多兵优，结果胜。

陶汉明胜董旭彬。

陶汉明再次施展弃马抢攻局，又获成功。

1. 兵七进一　炮2平3　　　　**2.** 炮二平五　象3进5

黑除了飞右象之外，还有飞左象应法。如象7进5，马八进九，马2进1，车九平八，车1进1，兵九进一，车1平6，马九进八，车6进3，马八进九，仍红先。

3. 马二进三　卒3进1　　　　**4.** 车一平二　卒3进1

5. 马八进九　车9进1　　　　**6.** 仕六进五　……

补仕含蓄。如欲阻止黑车过宫而炮五进四，士4进5，炮八进六，马2进4，车二进四，车1进1，车九平八，车9平6，炮五平一，车6进6，马三退一，炮3平2，捉死红炮。

6. ……　　　　车9平4　　　　**7.** 炮五进四（图128）　……

图128，红方面临战术的选择，现炮击中卒准备再取边卒，以多兵占优。另外一种战术是保留中炮威力，稳步进取。如车九平八，士4进5，车二进四，卒3进1，炮八平六，车4进5，车二平七，马2进1，车七退一，车4平3，马九进七，红吃回黑卒。

7. …… 　　士 4 进 5

8. 炮五平一　　马 8 进 9

9. 车二进四　　卒 3 进 1

10. 炮八进二　　炮 8 平 7

11. 马九进七　　炮 7 进 4

12. 相七进五　　炮 7 平 3

13. 车二平七　　……

陶汉明轻车熟路，弃马抢先，符合他的攻击型棋艺风格。

13. ……　　　前炮平 4

14. 车九平六　　车 1 进 2

红双车分别牵制黑大部分子力，掌握先手。

图 128

15. 炮八退二　　炮 3 进 2　　　　16. 车七平八　　马 2 进 3

17. 马三进四　　炮 4 进 2　　　　18. 兵五进一　　车 4 进 3

劣着！并不能阻挡红中兵渡河。应车 1 退 1，尽快保持多子的优势。

19. 兵五进一　　车 4 平 5　　　　20. 车六进一　　车 5 平 9

21. 炮一平二　　车 9 平 6

黑原先考虑乘机扫兵，但又觉不妥，便改平车顶马。如车 9 进 2，炮二进一，士 5 进 6，车六进七，士 6 进 5，马四进五，马 3 退 4，马五退七，红得子。

22. 炮八平七　　炮 3 平 2　　　　23. 车六进五　　马 9 进 8

24. 马四退三　　炮 2 退 4　　　　25. 车六平三　　炮 2 平 4

26. 炮七进四　　车 1 退 2

劣着，失子。但改其他着法，红兵一进一再过河捉马，黑亦难走。

27. 车八进三　　车 1 平 2　　　　28. 车八平七　　……

红得子优，结果胜。

吕钦胜许银川。

吕钦也试用弃马抢先战术，同样传出捷报。

1. 兵七进一　　炮 2 平 3　　　　2. 炮二平五　　象 3 进 5

飞象以柔克刚，另外也有顺炮强硬下去。例如孙勇征对万春林一局，黑炮 8 平 5，马二进三，马 2 进 1，马八进七，车 1 平 2，车九进八，马 8 进 7，车一平二，车 9 进 1，炮八进四，卒 3 进 1，炮八平七，卒 3 进 1，车八进九，马 1 退 2，炮七进三，士 4 进 5，车二进四，卒 3 进 1，马七退五，双方对攻。

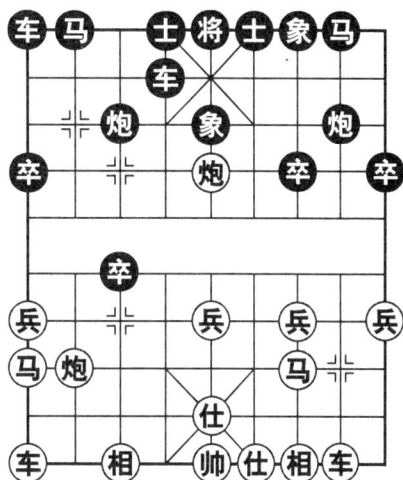

3. 马二进三　卒3进1　　　　4. 车一平二　卒3进1

5. 马八进九　车9进1　　　　6. 仕六进五　车9平4

7. 炮五进四　士4进5　　　　8. 炮五平一　马8进9

9. 车二进四（图129）……

图129，如果黑考虑到过河卒保不住，也可采取弃卒的下法。例如王晓华对聂铁文一局，黑卒7进1，车二平七，车4进2，炮一退二，马2进4，车九平八，车1平2，兵九进一，车2进6，均势。

黑送卒换取先手，但红多双兵有潜在优势。

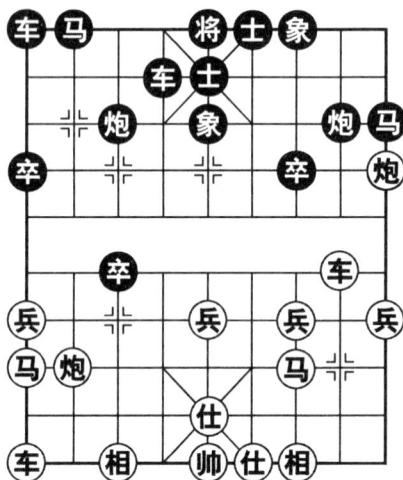

图129

9. ……　　　　　　卒3进1

10. 炮八进二　炮8平7

11. 马九进七　炮7进4

12. 相七进五　炮7平3

13. 车二平七　前炮平4

14. 车九平六　车1进2

升车保炮，待红跳马时，黑可平炮兑车。同时也是避免炮八平九打车得子。

15. 炮八退二　车4进1

16. 马三进四　炮4平9

红先退左炮再跃右马，这样兑车较有利，黑马仍处于较差位置。

17. 车六进七　士5进4　　　　18. 马四进六　炮3进2

防红马六进八，升炮是改进着法。

19. 炮八进四　士6进5　　　　20. 炮八平五　将5平6

21. 车七平四　将6平5　　　　22. 车四平八　马2进4

如马2进3，马六进七，红亦得子。

23. 车八进四　车1平2

黑马已死。如马4进2，马六进七，将5平6，马七退八，车1退2，车八退一，黑同样丢马，故争取亮车。

24. 车八平七　将5平6　　　　25. 炮五平六　……

平炮巧着，不急于用车吃马低头，怕黑炮9平1集中车双炮对攻。

25. ……　　　　　　车2退2　　26. 兵九进一　炮3平2

27. 炮六进二　炮2平5　　　　28. 炮一平九　……

红追回失子，又多兵占优，结果胜。

胡荣华负金波。

胡荣华也采用弃马抢先战术，但金波改进防御，在互缠过程中，采取反弃子战术，夺得先手取胜。

1. 兵七进一	炮2平3	**2.** 炮二平五	象3进5
3. 马二进三	卒3进1	**4.** 车一平二	卒3进1
5. 马八进九	车9进1		

起横车移右肋，集结优厚子力在右翼反击，这种战术容易失去中卒与边卒。另一种下法是跳拐脚马保卒，例如袁洪梁对卜凤波一局，黑此着马2进4，车九平八，士4进5，炮八平六，马4进3，炮五进四，卒3平2，相七进五，马8进7，炮五平四对攻，各有千秋。

6. 仕六进五	车9平4	**7.** 炮五进四	士4进5
8. 炮五平一	马8进9	**9.** 车二进四	卒3进1
10. 炮八进二	炮8平7	**11.** 马九进七	炮7进4
12. 相七进五	炮7平3	**13.** 车二平七	前炮平4
14. 车九平六	车1进2	**15.** 炮八退二	炮3进2
16. 车七平八	……		

逼黑跳正马，造成肋车失根，再跃右马咬炮抢先，并保持肋车对黑车炮的牵制。

16. ……　　　马2进3

17. 马三进四　炮4进2

18. 兵五进一　炮4退4（图130）

图130，黑退炮河口防红中兵渡河，是本局的改进着法。在前文陶汉明对董旭彬一局中，黑升巡河车失子致负。

19. 车八进二　车4退1

20. 炮八进二　卒1进1

防红炮八平九打车得势。

21. 炮八平七　炮4进1

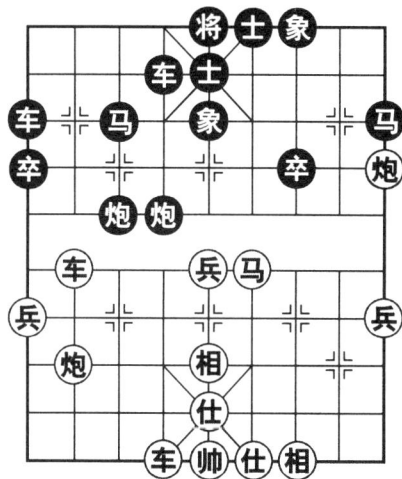

图130

跟着红要车八平七压马，就无法阻止中兵渡河了，所以黑进炮企图兑马，如红兵五进一则炮4平5兑车。

22. 马四进二	卒1进1	**23.** 车八平七	卒1平2
24. 车七进一	车1进4	**25.** 炮七退四	炮4进1

黑送一马换取一些先手，准备摆中炮兑车，获得较好的子力位置。

26. 马二进一	象7进9	**27.** 兵五进一	……

如车七平五，炮4平5，车五平一，车4进9，帅五平六，车1平4，帅六平五，将5平4绝杀。

27. …… 象9退7	28. 车七平八 车1平2
29. 炮一进三 炮3进1	30. 炮七平九 炮4平5
31. 兵五平六 车4平3	

伏炮3进4叫将，黑有攻势，结果胜。这盘棋对红弃马战术提出质疑。由于黑多子，只要耐心坚守，等渡过难关之后，前途是光明的。因为必要时黑可以送红一子反先，这是十分明智的。

张强负黄海林。

黄海林再次对弃马战术提出挑战，亦奏凯歌。

1. 兵七进一 炮2平3	2. 炮二平五 象3进5
3. 马二进三 卒3进1	4. 车一平二 卒3进1
5. 马八进九 车9进1	6. 仕六进五 车9平4
7. 炮五进四 士4进5	8. 炮五平一 马8进9
9. 车二进四 卒3进1	10. 炮八进二 炮8平7
11. 马九进七 炮7进4	12. 相七进五 炮7平3
13. 车二平七 ……	

红弃马抢先，体现了当代象棋布局理念的新突破。过去弃子之后几个回合便能得益，立竿见影，而目前弃子只是获得较好的子力位置，具有牵制对方的较好形势，或许多一两个兵，形成互有利弊的局面。此种战术的优劣，临场很难作出准确判断。正因为有了悬念，才受到攻击型棋手的青睐。

13. …… 前炮平4

14. 车九平六 车1进2

15. 炮八退二 炮3进2

16. 车七平八 马2进3

17. 马三进四 炮4进2

18. 兵五进一 车1退1（图131）

图131，黑退车互联是改进着法，使肋车生根，而且以后兑车时右车得以亮出。

19. 炮八平七 炮4平3

20. 车六进八 车1平4

21. 兵五进一 卒7进1

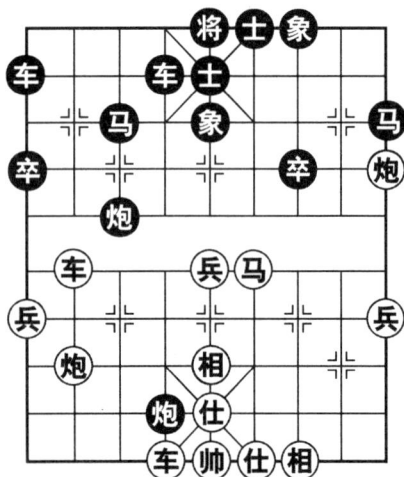

图131

22. 炮七平六 ……

伏兵五平六打车兼吃炮。

22. …… 车 4 进 2   **23. 炮一退二** 车 4 平 6

24. 车八平七 前炮平 1   **25. 马四退六** 炮 1 进 1

26. 马六进七 ……

如兵五平六,车 6 进 3,马六退八,马 3 进 4,马八退九,车 6 平 1,马九进八,车 1 平 2,马八退七,车 2 平 9,黑送回一子又多双卒,作为后手棋是合算的。

26. …… 象 5 进 3   **27. 车七进一** 马 3 退 4

28. 炮一平九 炮 1 退 4   **29. 兵九进一** ……

兑子简化局面,黑多子稍优,结果胜。

这盘布局红弃马取势,实战结果双方都有胜负。此局法刚出现时,黑方不知所措,输棋稍多,但随着研究的深入,黑方已找到一些抗衡手段,红就难占便宜了。

十六、中炮打卒飞左相

挺兵转中炮对卒底炮飞象局，黑放弃对中卒的防守。红虽可得一卒实惠，对中残局有利，但下一步黑跳马咬炮，红退炮失一先，给黑马开拓出路。这种布局究竟红利多还是弊多，还有待于实践验证。

宗永生对廖二平局例。

1. 兵七进一　炮2平3　　　　**2.** 炮二平五　象3进5

3. 炮五进四　士6进5

早期按习惯补右士，近年大多改补左士。原因是考虑下一步跳拐脚马咬炮，再出右直车，就不会出贴身车了，而"花士象"弥补右翼可能出现的空虚，有利于固防。

4. 相七进五　……

飞相避免黑挺3卒反击，以后便于黑出车捉炮时跳拐脚马保炮。如马八进九，马2进4，炮五退一，车1平2，车九平八，车2进6，马二进三，卒3进1对攻，红有顾虑。

4. ……　　　马2进4

5. 炮五退一　车1平2

6. 马八进六　车9进1

起横车比较灵活，也可马8进7，马二进三，车9平8，兵三进一，炮8平9，车一进一，车8进4，兵五进一，红阵势巩固，多中兵略优。

7. 车九平八　车2进4

8. 兵五进一　车9平6

9. 马二进三　车6进4

10. 炮八进二（图132）　……

图132，黑起横车企图通过吃掉红中

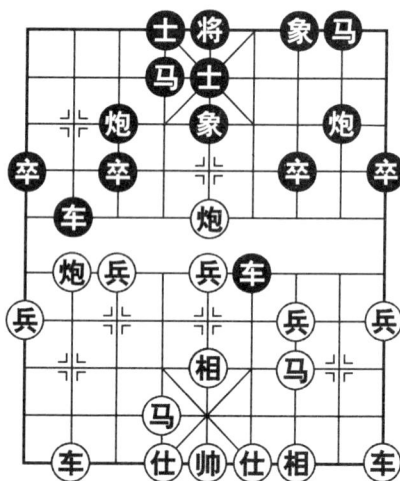

图 132

兵反先，但红升巡河炮保兵伏有冲七兵捉双车，由此可见黑右车巡河不如过河更有控制力。

10. ……　　　车6进1　　　**11.** 车一进一　……

由于黑有担子炮坚守，红如开直车缺乏续攻手段。现起横车以免拐脚马受攻，并伺机支援左翼。

11. ……　　　马8进7　　　**12.** 兵三进一　炮8进4

13. 兵九进一　车6平1

在局势相持的情况下，黑设法谋兵。

14. 兵七进一　车2平3　　　**15.** 炮八进四　车1退1

16. 马六进四　……

黑多一卒，但红子力较活跃，左炮又深入黑方阵地潜伏攻势。

16. ……　　　车1平4　　　**17.** 马三进四　车3进2

如炮8退1，前马进三，炮8平5，马四进五，车4平5，炮八平七，马4进5，马三进五叫闷杀，黑难应付，因飞象吃马，炮轰象叫将抽车。

18. 后马进二　车3平8　　　**19.** 马四进三　车8平6

20. 车八进一　车6退3　　　**21.** 车一平四　车4退2

如车6平7，炮八平七，马4进5，车四进七，象5退3，炮七退二杀将抽车，红胜。

22. 炮八平七　将5平6　　　**23.** 炮七进一　将6进1

24. 兵三进一

红控制局面优，结果胜。回顾这盘棋，黑第7回合升车巡河，留下隐患，红第14回合及时弃兵伸炮，埋下伏兵，从而占优。

卜凤波对宗永生局例。

1. 兵七进一　炮2平3　　　**2.** 炮二平五　象3进5

3. 炮五进四　士6进5　　　**4.** 相七进五　马2进4

5. 炮五退一　车1平2　　　**6.** 马八进六　车9进1

7. 车九平八　车2进6

黑车过河，加强控制力。

8. 马二进三　车9平6　　　**9.** 兵三进一　……

挺兵活马，控制河界位置。如车一进一，车6进3，兵五进一，车6进1，捉住红无根中兵，黑有反先之势。

9. ……　　　车6进3　　　**10.** 兵五进一（图133）　……

图133，红中炮不退回河界，是抑制黑跳盘头马的出路。目前中兵无根，

但暂时未受到威胁。

10. …… 炮 8 平 6

11. 车一平二 马 8 进 7

12. 车二进八 将 5 平 6

黑因酝酿炮 6 进 1 再平 5 打兵的计划，故移将防止红车二平四牵制。

13. 炮八平六 车 2 平 4

如车 2 进 3，马六退八，炮 6 进 1，炮六进三，车 6 进 3，车二退六，炮 6 平5，炮五平二，红易走。

14. 仕六进五 炮 3 平 4

15. 炮六进五 炮 6 平 4

16. 马六进五 炮 4 平 1

可车 4 退 1，车八进八，炮 4 平 2，互相牵制。

17. 车二退二 马 4 进 5 **18. 车二平三** 卒 3 进 1

可车 4 退 1 捉兵，较有反击力。

19. 车八平六 车 4 进 3 **20. 帅五平六** 炮 1 平 4

21. 车三平二 炮 4 平 1 **22. 车二进一** 炮 4 进 3

23. 兵七进一 马 5 进 3

黑方的计划一直围绕着争夺红中兵，使红炮失根，以动摇红防线。至此如车二平三吃马，马 3 进 2，帅六平五，马 2 进 3，帅五平六，车 6 退 1，炮五平六，车 6 平 2，黑三子联攻，红难应付。

24. 帅六平五 马 7 进 5

黑子力活跃易走，但攻击力量不足，后来兑子成和。本局红未占到便宜。

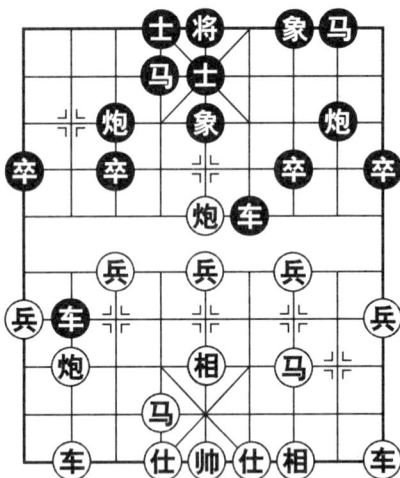

宗永生对万春林局例，弈完 9 个半回合时与上局相同。图 133，轮到黑方走，万春林没平士角炮而跳边马，实战着法如下：

10. …… 马 8 进 9 **11. 兵一进一** 炮 8 进 2

兑炮欲打通河界，必要时移车支援右翼。

12. 炮五平二 车 6 平 8 **13. 炮八平六** 车 2 平 1

14. 车八进六 马 9 退 7 **15. 马六进四** ……

黑退边马准备从肋线寻找出路，并攻击红无根中兵。红抓紧跳转角马保中兵，针锋相对。

15. …… 车 8 平 4 **16. 炮六进六** 车 4 退 3

17. 车一进三　车1进3　　　　　**18.** 仕四进五　车4进7

19. 车八退三　……

红退车联车，防黑炮3平4瞄仕，这样随时有平车兑车的手段，阵势巩固，结果成和。

张晓平对蒋全胜局例。

1. 兵七进一　炮2平3　　　　　**2.** 炮二平五　象3进5

3. 马二进三　车9进1

吕钦对万春林一局，黑此着卒3进1，马八进九，卒3进1，车一平二，马2进4，车九平八，士4进5，炮八平六，马4进3，炮五进四，黑左车晚出。

4. 炮五进四　士4进5　　　　　**5.** 相七进五　马2进4

6. 炮五退一　车1平2　　　　　**7.** 马八进六　车9平6

8. 车九平八　车2进6　　　　　**9.** 兵三进一　车6进3

10. 兵五进一　……

本局第3回合红没有立即打中卒，但演变结果与前几局类似，与图133的区别仅在补士的不同，本局补右士，前几局补左士。

10. ……　　　炮8平6　　　　　**11.** 炮八平六　车2进3

由于补右士感到右翼稍为空虚，故黑决定兑车以求稳健。

12. 马六退八　炮6进1　　　　　**13.** 车一平二　炮6平5

摆中炮瞄兵，急于反击，造成丢象的后果。应马8进7，炮六进三，车6进2，马八进七，红多中兵稍优，黑亦可周旋。

14. 炮五进二　象7进5

15. 车二进九（图134）　……

图134，红左马位置略差，但多兵得象，为进入中残局奠定物质基础。

15. ……　　　卒3进1

16. 兵七进一　马4进2

跃马而不吃兵，出人意料。黑因缺象不宜久战，决定对攻。

17. 兵七进一　马2进3

弃炮有胆识，如兵七进一，马3进5，仕六进五，马5进4，马八进六，

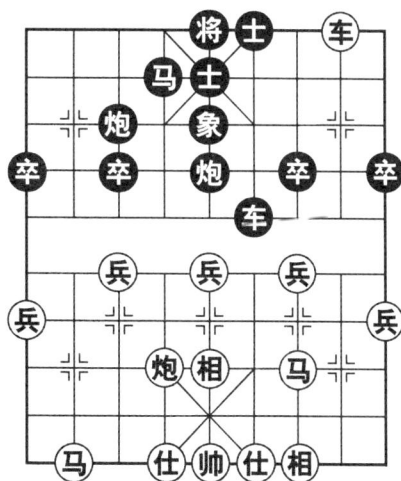

图134

· 153 ·

车 6 平 3，马三进五，车 3 进 5，仕五退六，车 3 退 3，车二退六，炮 5 平 2，仕六进五，炮 2 进 3，伏炮打马或沉车叫将抽车的手段，黑大优。

18. 兵七平六　马 3 进 5

如炮 5 平 6，车二退六，马 3 进 5，车二平五，马 5 退 4，车五进四，红破象亦优。

19. 兵六平五　马 5 进 4　　20. 马八进六　马 4 退 2

由于红应着正确，渡过危机，仍保持多兵之优。黑如炮 3 进 7，仕六进五，马 4 进 2，马三进五，车 6 平 3，相五进七，炮 3 平 1，车二退七，再平车左翼捉马炮，红优。

21. 兵五进一　车 6 平 4　　22. 马六进七　……

如车二退六，马 2 进 3，帅五进一，将 5 平 4，马六进七，车 4 进 5，黑有对攻机会。

22. ……　　马 2 进 3　　23. 帅五进一　炮 3 平 2

24. 马三进四　车 4 平 6　　25. 相五退七　车 6 平 5

如车 6 进 1，兵五进一，将 5 平 4，兵五进一，将 4 进 1，车二退一，将 4 进 1，车二平八，红有许多攻杀机会。

26. 马四退五　车 5 退 2　　27. 车二退六　炮 2 进 4

28. 马七退六　炮 2 进 2　　29. 车二平七　炮 2 平 4

30. 车七退二　炮 4 退 6　　31. 车七进五

红控制卒林线占优，结果胜。

万春林对洪智局例。

1. 兵七进一　炮 2 平 3
2. 炮二平五　象 3 进 5
3. 炮五进四　士 4 进 5
4. 相七进五　卒 7 进 1
5. 马二进三　马 2 进 4
6. 炮五退一　车 1 平 2
7. 马八进六　卒 9 进 1
8. 车九平八　车 9 进 3（图 135）

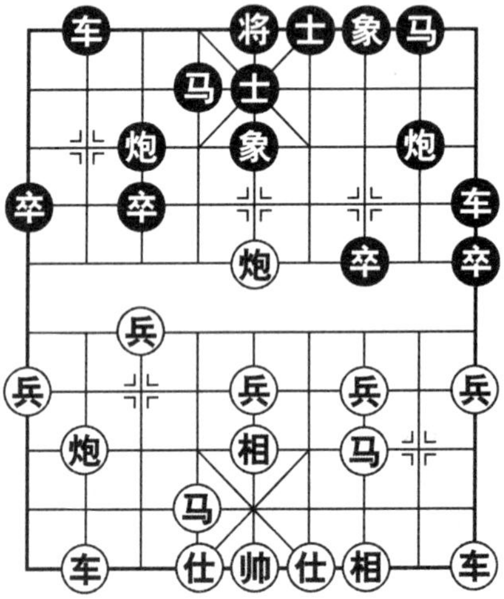

图 135，挺 7、9 两路卒，是为了升卒林车，准备平肋捉红拐脚马，并加强右翼反击能力，补右士也是与此计划相关。

图 135

9. 炮八平九　车9平4　　**10.** 车一进一　车4进1

不可车4进5吃马，车八进九，马4退2，车一平六得车。

11. 兵五进一　将5平4　　**12.** 马三进五　炮8进3

伏冲7卒渡河，再炮打中兵反先。

13. 炮五平一　卒7进1　　**14.** 炮一退一　卒7进1

15. 马五进三　……

黑7卒偷渡占便宜，但红马跳到相头佳位，亦可支持中兵前进，双方各有所取，即将展开对攻。

15. ……　　　　车4进2　　**16.** 马三进四　车4退3

17. 车一平四　车4进4　　**18.** 车四平二　炮8进1

19. 兵五进一　车2进9

黑不能车4平1吃炮，红炮一平六叫将，必得车胜定。

20. 马六退八　马8进9　　**21.** 炮九进四　车4平2

22. 马八进六　车2退3　　**23.** 马四退六　炮3平4

24. 兵九进一　将4平5　　**25.** 后马进四　炮8退2

26. 马四进三　炮4进7

在互缠局势中，黑突然飞炮砸仕，由此占优，结果胜。

以后棋手们又弈出许多新变化，黑方有多种应着，包括补左士和右士，跳左边马和左正马，肋车过河和卒林等。

1. 兵七进一　炮2平3　　**2.** 炮二平五　象3进5

3. 马二进三　车9进1　　**4.** 炮五进四　……

黑不挺3卒而起横车，意欲在右翼集结，红及时挥炮击卒，逼黑支士，破坏其横车过宫计划。

4. ……　　　　士6进5

考虑到下着跳拐脚马咬炮之后，右车从直线亮出，而不会开贴身车。为了照顾左右防务，采取补左士成鸳鸯士象架势。

5. 相七进五　马2进4　　**6.** 炮五退一　车1平2

7. 马八进六　车9平6　　**8.** 兵三进一（图136）　……

图136，红挺起三兵，是预防黑车2进4，兵五进一时，不存在车6进4捉兵的棋。

8. ……　　　　车2进6　　**9.** 车九平七　车6进7

10. 仕六进五　卒3进1

红不走车九平八，而开相位车，别出心裁，伺机升兵林兑车。

11. 车一平二　马8进9

12. 车七进三　车2平3

13. 马六进七　卒3进1

14. 相五进七　车6退4

15. 兵五进一　车6退1

可车6进2，马七退五，卒9进1，使红车没有好的出路。

16. 相七退五　炮8平6

17. 车二进三　马4进2

18. 炮五平八　马2进3

19. 马七进六　车6平4

20. 兵五进一　炮3平2

21. 后炮平七　车4平2

22. 炮八进二　炮6平2　　　　23. 相五进七

红攻守两利，渡兵占优，结果胜。

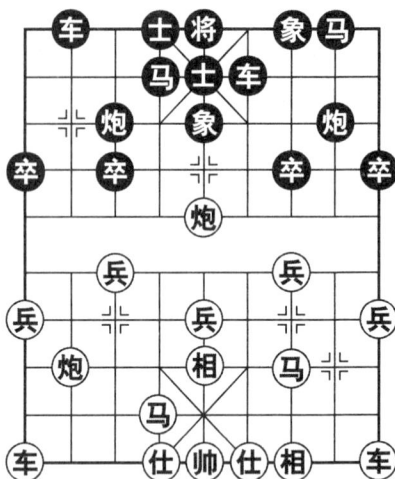

图 136

金波对崔岩局例。接图 136，黑先。

8. ……　　　　车6进3　　　9. 兵五进一　马4进5

10. 车九平八　车2进6

进车必然。否则炮八进五封车，兼伏打象抽车。

11. 车一平二　马8进9　　　12. 炮八平七　车2平4

避兑车保留更多变化。也可车2进3，马六退八，卒3进1，车二进三，卒3进1，相五进七，炮3进5，马八进七，炮8平6，相三进五，马5进3，车二平五，卒9进1，黑可抗衡。

13. 马六进五　卒9进1

14. 车二进六　炮8平6

15. 炮七进四　车4退1

16. 车八进五（图137）　……

图137，黑车提无根中兵，以动摇红中炮的地位；红伸车骑河，暗伏炮打象抽车，由此引起对攻。

16. ……　　　　将5平6

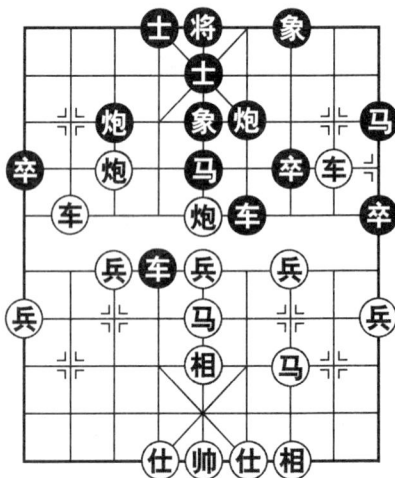

图 137

17. 炮七平三　车6退1　　　　**18.** 兵三进一　车4平5

19. 炮三平五　车5退1　　　　**20.** 车二平四　车5平2

21. 马五进四

兑子后，红多双兵并有势，明显占优，结果胜。

另有黑补右士的变化。卜凤波对柳大华局例。

1. 兵七进一　炮2平3　　　　**2.** 炮二平五　象3进5

3. 马二进三　车9进1　　　　**4.** 炮五进四　士4进5

5. 相七进五　马2进4　　　　**6.** 炮五退一　车9平6

7. 兵三进一　马8进7

8. 车一平二　炮8平9（图138）

图138，黑布局的特点，是补右士左正马，以后再把拐脚马跳到中路连环，更具反击力。

9. 马八进六　马4进5

10. 兵五进一　车6进5

黑伸车控制兵林，并塞相眼，为下着挺7卒兑兵创造条件。

11. 马六进五　车1平2

12. 炮八平七　车2进6

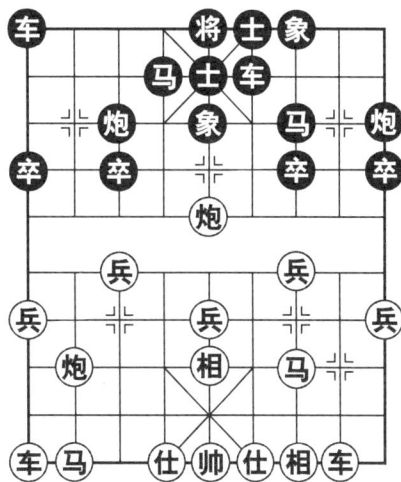

图 138

黑车过河，防炮七进一打车，以便实行挺7卒计划。至此红若车九平七，车2平4，又伏车4退1捉兵。

13. 仕六进五　卒7进1　　　　**14.** 车二进四　炮9退1

15. 车九平六　卒7进1　　　　**16.** 车二平三　炮9平7

17. 车三平四　……

失算丢子。只能车三平二，马7进6，车二平三，炮7进6，炮七平三，马6进5，车三进二，车6退1，炮五退二，车2平5，车三平五，车6平5，车五平七，红略优。

17. ……　　　　车2平5　　　　**18.** 炮五退二　马5进6

19. 车六进三　车6平7

黑得子优，结果胜。这盘棋提供了黑盘头马挺卒兑兵的反击方案，值得注意。

宗永生对李艾东局例。

1. 兵七进一　炮 2 平 3	**2.** 炮二平五　象 3 进 5
3. 炮五进四　士 4 进 5	**4.** 相七进五　马 2 进 4
5. 炮五退一　车 9 进 1	**6.** 马八进六　车 9 平 6
7. 马二进三　车 1 平 2	**8.** 兵三进一　车 2 进 4
9. 兵五进一　车 6 进 5	**10.** 车九平八　马 8 进 7

双方按流行着法布局，均属正着，黑跳左正马应战，各自行兵布阵，筹划中局战斗。

11. 车一进一　……

红起横车是新颖攻法，准备平炮兑左车后，横车移左寻找攻路。如马 4 进 5，炮八平九，车 2 进 5，马六退八，卒 7 进 1，兵三进一，马 5 进 7，车一平八对攻。

11. ……　　车 6 平 1

12. 炮八平七　车 2 进 5

13. 马六退八　车 1 平 2（图 139）

图 139，黑车占领通路，又赶红马回拐脚位置，为的是破坏红车移左计划。

14. 马八进六　车 2 平 4

15. 马六进四　炮 3 进 3

16. 车一平八　……

黑为了炮打兵而平肋车，红终于实现移车计划，以后逐步发挥威力。

16. ……　　炮 3 平 1

17. 车八进五　卒 1 进 1

18. 炮五平二　车 4 退 2

19. 炮二退四　炮 1 进 4　　**20.** 仕六进五　马 7 进 5

双方互缠局势，后来黑漏着失子致败。

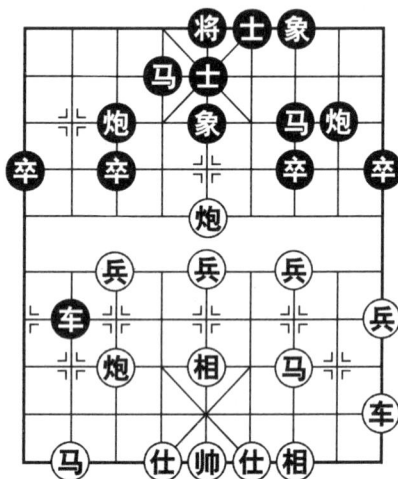

图 139

崔岩对许波局例。

1. 兵七进一　炮 2 平 3	**2.** 炮二平五　象 3 进 5
3. 马二进三　车 9 进 1	**4.** 炮五进四　士 4 进 5
5. 相七进五　马 2 进 4	**6.** 炮五退一　车 1 平 2
7. 马八进六　车 9 平 6	**8.** 兵三进一　车 6 进 2
9. 车九平八　马 8 进 9	**10.** 车一进一（图 140）　……

图140，本布局特点是双方阵地战：红出右横车，而黑肋车不过河却守卒林，局势相持。

10. ……　　　　卒9进1

11. 炮八平九　　车2进2

不希望兑车后，给红横车左移的机会。

12. 车八进七　　马4进2

13. 马六进八　　车6进1

14. 马八进六　　卒7进1

15. 车一平八　　炮3退2

16. 兵三进一　　车6平7

17. 车八进五　　车7退1

18. 炮五退一

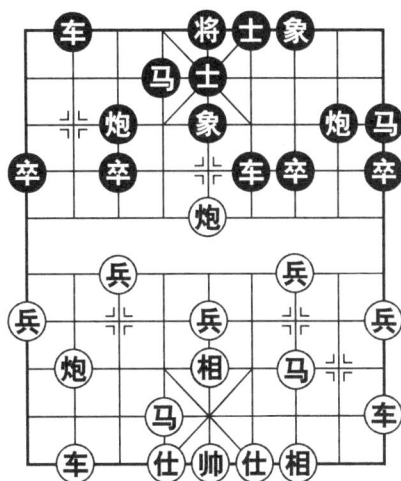

图 140

红车出动，加强了攻势。现退炮让出马六进五咬车的进攻位置，红较优，结果胜。

下面介绍全国团体赛的最新战术。

1. 兵七进一　　炮2平3

2. 炮二平五　　象3进5

3. 马二进三　　车9进1

4. 炮五进四　　士4进5

5. 相七进五　　马2进4

6. 炮五退一（图141）　　……

图141，黑有出左肋车与右直车两种变化。

出左肋车变化。葛维蒲对邬正伟局例。接图141，黑先。

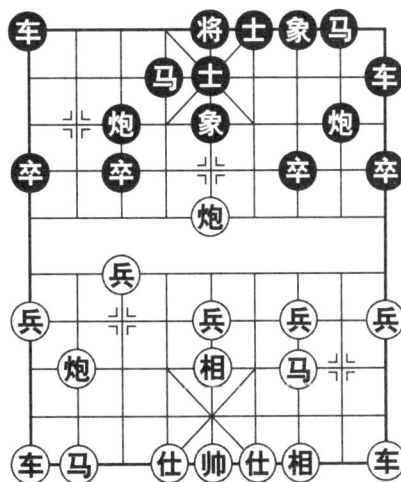

图 141

6. ……　　　　车9平6

7. 兵三进一　　车1平2

8. 马八进六　　车2进4　　　　9. 兵五进一　　车6进5

10. 车一进一　　……

注意，前述宗永生对李艾东、崔岩对许波两局例，红起右横车，结果均红胜。

10. ……　　　　马8进7　　　　11. 车九平八　　车6平1

159

12. 炮八平七　车 2 进 5　　　　**13.** 马六退八　车 1 平 2

14. 马八进六　马 7 进 5　　　　**15.** 马六进四　……

黑跳盘头马，准备挺 7 卒邀兑，红弈出转角马支援三兵兼护中兵，又伏平肋车捉马。从目前形势看，黑左马盘头不妥，仍暴露拐脚马弱点，应马 4 进 5 为宜。

15. ……　　车 2 平 4　　　　**16.** 车一平八　卒 3 进 1

17. 仕六进五　卒 3 进 1　　　　**18.** 炮七平六　炮 3 平 4

19. 炮六进五　炮 8 平 4　　　　**20.** 车八进七　炮 4 平 2

21. 车八平七　车 4 退 3

弃卒明智。如卒 3 平 2，马三进四，车 4 退 3，前马进三，马 4 进 3，兵三进一，红兵渡河有势。

22. 车七退四

红稍优，结果胜。

右直车变化。柳大华对熊学元局例。接图 141，黑先。

6. ……　　车 1 平 2　　　　**7.** 马八进六　车 9 平 6

8. 兵三进一　车 6 进 7

明为进车捉马，实则防红出横车。

9. 仕六进五　车 2 进 4　　　　**10.** 兵五进一　车 6 退 2

11. 车一平二　车 6 平 4　　　　**12.** 炮八平六　马 8 进 9

跳边马偏稳健。如车 2 进 4，车九平六，马 4 进 2，将会演成较复杂的局势。

13. 车二进五　卒 9 进 1

14. 车二平四　马 4 进 2（图 142）

图 142，黑马跳炮位，防炮六进六，车 4 退 5，马六进五，车 4 进 4，车四退一，马 9 进 8，兵三进一红易走。

15. 车九进二　炮 3 进 3

16. 车九平八　车 2 进 3

17. 马六进八　炮 3 进 2

18. 炮五平一　车 4 平 2

19. 马八退七　炮 8 平 7

20. 炮一进一　马 2 进 3

21. 车四平六

红有中兵渡河之势稍优，结果成和。

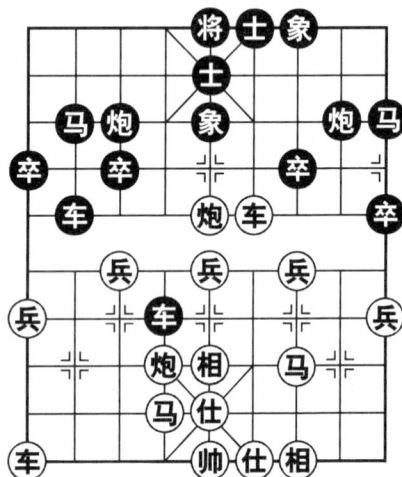

图 142

王斌对聂铁文局例。

1. 兵七进一　炮 2 平 3　　　　**2.** 炮二平五　象 3 进 5

3. 炮五进四　士 4 进 5　　　　**4.** 相七进五　马 2 进 4

5. 炮五退一（图 143）　……

图 143，在黑未起横车的条件下，红就挥炮打卒，以后黑左车可能横出，也可能挺边卒升卒林车，将有不同的变化。

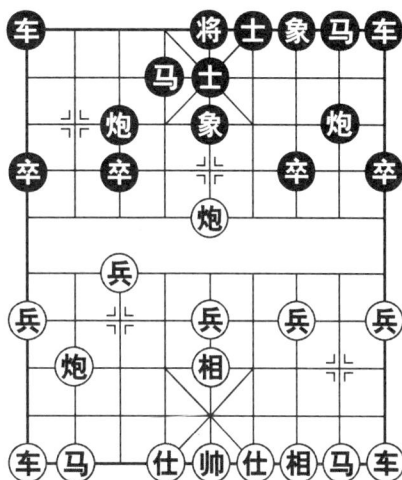

5. ……　　　　车 9 进 1

6. 马二进三　车 9 平 6

7. 兵三进一　马 8 进 7

8. 车一平二　炮 8 平 9

9. 马八进六　马 4 进 5

10. 兵五进一　车 6 进 5

11. 马六进五　车 1 平 2

12. 炮八平七　车 2 进 6

13. 仕六进五　卒 7 进 1

14. 车九平七　……

图 143

上述卜凤波对柳大华之局，红车二进四，炮 9 退 1，结果红亏。本局红开相位车，准备炮七进一打车，这是一个改进着法。

14. ……　　　　炮 3 平 4

如车 2 平 4，车七平六，车 4 平 3，兵三进一，马 5 进 7，车六进六，红有攻势。

15. 炮五平六　车 6 退 2

红卸中炮巧着。既拦住黑炮，保持炮七进一打车的手段，又随时冲中兵逼马。黑只好退车捉炮，守住河界。

16. 炮六退五　马 5 进 6　　　　**17.** 兵三进一　马 6 进 7

18. 炮七平三　车 6 进 2

如车 6 平 7，马五进三，车 2 平 7，炮六进二，黑子力受牵制，红再冲中兵优。

19. 炮三进五　车 6 平 5

如炮 4 平 7，马五退七，象 5 进 7，马七进六，车 2 平 4，马六进七，红兵种齐全，且多兵略优。

20. 炮三平六　炮 9 平 4　　　　**21.** 兵三平四　车 5 退 1

22. 车二进六

红多兵较优，结果胜。

徐天红对张强局例，接图143，黑先。

5. ……　　　　卒7进1　　　6. 马八进六　卒9进1

7. 车九平八　车9进3　　　　8. 车一进一　车9平4

图144，黑升卒林车的作用，就是平右肋攻击红拐脚马，所以红起横车护马。

9. 炮八平九　车4进3

10. 马二进三　马8进7

11. 车八进五　车1平2

12. 车八进四　马4退2

13. 马六进八　车4平1

14. 炮九退一　车1平2

15. 马八退七　……

红曲折运马的作用，是打通横车路线，这是关系全局子力结构的重要思路。

15. ……　　　　车2退2

16. 兵五进一　马7进6

17. 车一平四　马6进7　　　18. 车四进二　卒7进1

19. 炮九平三　……

图144

正是有这一步平炮手段，红才敢于运车捉马，不怕黑炮8进4打车，因有炮三进二叫闷兑马化解。

19. ……　　　　炮8进3　　　20. 马七进六　炮8平5

21. 马六进五　车2平5　　　22. 马五退四　……

红兑炮丢兵无奈，但困住黑左马仍是一个有利因素，所以不马五退三，卒7进1，车四平三，局面平稳。

22. ……　　　　车5平8　　　23. 车四平八　车8进3

24. 马四进三　车8平7　　　25. 炮三进二　马2进4

26. 仕六进五　马4进5　　　27. 炮三平五

红子力位置较好，伏马三进五的手段，形势较优，结果胜。

综观以上局例，红炮打中卒这个布局胜率较高，是值得注意的一路变化。

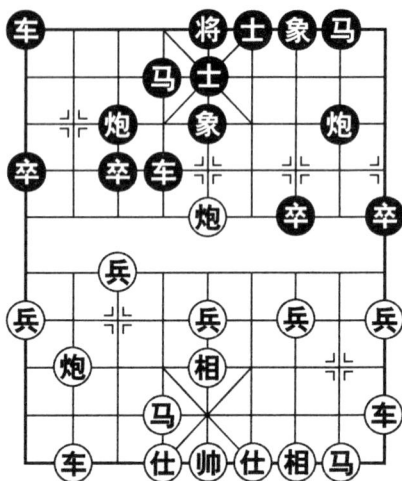

十七、先补仕应卒底炮

挺兵对卒底炮局，红不宜跃出快马，近年来兴起支仕"怪着"，既弥补底相弱点，又可视具体情况实施跳马计划，反正支仕是早晚要走的一步棋。当然这是一种缓攻战略，通常情况下多演变成五六炮双正马阵型。

由于红进攻速度减慢，黑得以较快亮出右车，并逐步巩固防御阵型，局势是比较平稳的。黑应法有飞右象与飞左象两类。

1. 兵七进一　　炮2平3
2. 炮二平五　　象3进5
3. 仕六进五　　马8进7
4. 马二进三　　车9平8
5. 兵三进一　　炮8平9
6. 炮八平六　　马2进1
7. 马八进七（图145）　……

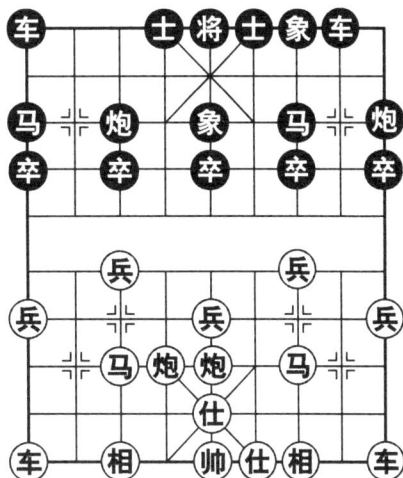

图145

形成五六炮两头蛇对卒底炮三步虎阵势。图145，红方马活，黑方车快，各有利弊。至此黑有弃卒与出车两种变化。

（甲）黑弃卒

7. ……　　卒3进1　　　　8. 兵七进一　　车8进4

这是宋国强对蒋志梁弈出的实战着法。

9. 马七进八　　……

准备破坏黑车移右的计划，因黑车8平3，马八进九，车3退1，马九进七，车3退1，车一平二，车1平2，车二进七，黑马受攻，红易走。

9. ……　　象5进3　　　　10. 车一平二　　车8平6

11. 兵五进一　　士4进5

补士固防。如车1平2，兵五进一，车6平5，马八退六，车5进1，马六

163

进七，红优。

12. 车二进六　车1平2　　　　**13.** 车二平三　车2进5

如象3退5，兵三进一，车6平7，车三退一，象5进7，马八进六，红不亏。

14. 车三进一　象3退5　　　　**15.** 车三退一　车6平3

16. 相七进九　车2平5　　　　**17.** 车九平八　炮3进1

黑反先，结果胜。

（乙）黑出车。接图145，黑先。

7. ……　　　　车1平2　　　　**8.** 马七进六　士4进5

9. 马六进五　马7进5　　　　**10.** 炮五进四　……

万跃明对李智平一局，弈至此局面时，卒3进1，兵七进一，车8进4，车一平二，车8平3，相七进五，车2进3，炮五退二，炮9平7，车二进六，仍红先。

10. ……　　　　炮3进3

炮打兵是第7轮胡荣华执黑棋应赵国荣一局弈出的变着。

11. 车一进一　卒7进1　　　　**12.** 兵三进一　车8进3

13. 马三进四　车8平6　　　　**14.** 炮六平三　将5平4

15. 车一平四　炮3平4　　　　**16.** 炮三平六　将4平5

17. 相三进一　车2进6　　　　**18.** 炮六平四　车6平8

红炮打车妙手，摆脱了车马被牵状态。黑车不敢吃马，因红有炮四平三叫闷吃车的棋。

19. 炮四平三　将5平4　　　　**20.** 兵三进一

红优，结果胜。

挺兵对卒底炮布局，红转右中炮时，近几年黑又弈出多年少见的飞左象应法，但具体战术与早期不同。

1. 兵七进一　炮2平3　　　　**2.** 炮二平五　象7进5

3. 仕六进五　……

红补左仕，是避免黑挺3卒威胁红底相的一种弈法，但以往多采用在黑飞右象的情形下，因为黑右马出路有一定的困难，如跳拐脚马易受攻击，跳边马则无根也会留下隐患。

现在黑飞左象，局型不同了，黑右马可屯边生根，顺利开发右车，两者的战术演变是：

3. ……　　　马 2 进 1

4. 炮八平六　车 1 平 2

5. 马八进七（图 146）　……

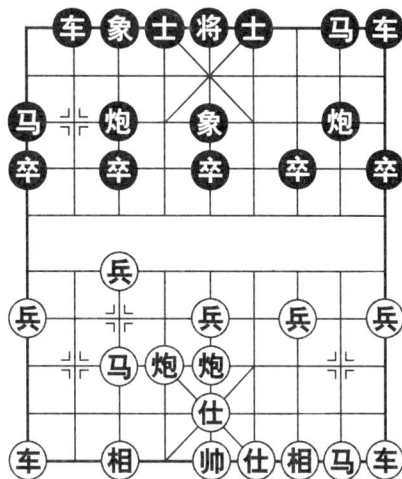

图 146

图 146，黑不顾中卒而抢出右车是必要的。此着红如炮五进四，士 6 进 5，马八进九，马 8 进 6，炮五退二，马 6 进 5，黑反先。

5. ……　　　车 2 进 4

右车巡河，以便及时移左封住红车，这是柳大华执黑棋应潘振波的着法。

6. 马二进三　车 2 平 8

7. 马七进六　马 8 进 7

8. 车一进一　士 6 进 5

9. 车一平四　……

红右车改为横车，并及时占肋控制了黑开贴身车，使黑封锁红车的计划落空。至此局势平稳。

9. ……　　　炮 3 进 3　　　10. 车九平八　卒 7 进 1

11. 车四进五　……

红伸车卒林，准备平三威胁黑无根左马。

11. ……　　　车 8 进 1　　　12. 马六进五　马 7 进 5

13. 炮五进四　炮 3 进 1　　　14. 相七进五　车 8 平 4

黑骑河车已失去原来的作用，平肋拦炮较稳，否则红必要时有炮六进六再平九，然后沉底，构成天地炮攻势。

15. 车八进五　车 4 退 2　　　16. 兵五进一　……

在相持的局势下，红有中兵渡河的续着，仍略持先手。

16. ……　　　卒 1 进 1　　　17. 车八平九　炮 8 进 2

18. 车九平三　车 4 平 5　　　19. 车四平五　象 5 进 7

20. 车五平二　炮 3 退 2　　　21. 兵三进一

经过子力交换，黑虽暂多一子，但左炮难以逃脱，红形势较优。后来红追回一子，结果成和。

袁洪梁对李望祥局例，弈至图 146 局面，黑接走：

5. ……　　　卒 7 进 1　　　6. 马二进三　马 8 进 7

7. 车一平二　车 9 平 8　　　8. 车二进六　……

黑挺卒造成左翼出子缓慢，被红及时开出右车过河，发展了攻势。假如黑第5回合马8进7，马二进三，车9平8，车一平二，炮8进4，可起封车作用。

8. …… 　　　炮8平9

9. 车二平三 　　炮9退1

10. 炮六进五（图147）　……

图147，红伸仕角炮突然袭击，扩大了先手，黑方布局亏。

10. …… 　　　车8平7

11. 兵五进一 　　车2进6

12. 车九平八 　　车2进3

兑车削弱红进攻能力。如车2平7，

图 147

马三进五，伏炮六退四打车及车八进七捉炮等手段，红攻势强劲。

13. 马七退八 马1退3 　　　**14.** 兵五进一 士6进5

先支士捉炮兼保马。如卒5进1，车三平七，士6进5，车七进一，士5进4，车七进一得子。

15. 兵五进一 士5进4 　　　**16.** 兵五进一 士4退5

17. 车三平七 　……

似可兵五平六，士5进4，车三平七捉炮，同样能得子，还有空头炮优势。

17. …… 马3进5 　　　**18.** 车七进一 马7进5

19. 车七平八 前马进4

防红炮五平七叫闷，准备用马兑炮削弱红进攻能力。

20. 炮五进一 车7进3 　　　**21.** 炮五平七 士5进4

22. 车八平六

红破黑士象占优，结果胜。

童本平对侯昭忠局例。

1. 兵七进一 炮2平3 　　　**2.** 炮二平五 象7进5

3. 仕六进五 马8进6 　　　**4.** 马二进三 炮3进3

5. 车一平二 马2进3

黑不急于开车，而通过飞炮击兵，让出跳正马的位置，调整了原来卒底炮阵型，变为拐脚马局，但此种阵型缺乏反击力。

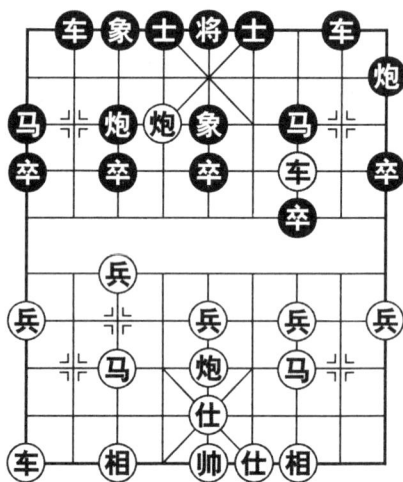

6. 车二进四　　炮 3 进 1

7. 炮八平六　　车 1 平 2

8. 马八进七　　炮 8 平 7

9. 兵五进一　　车 9 平 8

10. 车二平四（图 148）　……

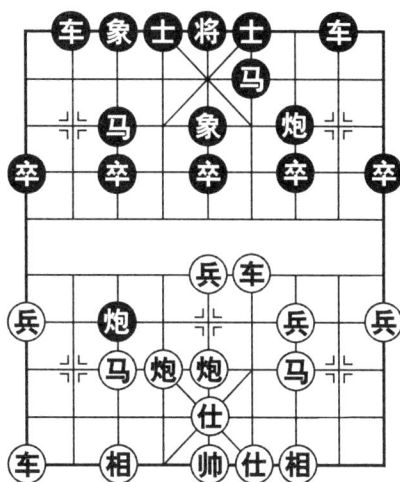

图 148

图 148，红以当头炮冲中兵攻黑飞象局，继用肋车捉拐脚马，正面展开攻势，不足之处是左车晚出，后援力量有待加强。

10. ……　　　马 6 进 8

11. 兵五进一　　卒 5 进 1

12. 马三进五　　卒 5 进 1

黑送卒起绊马作用。如士 6 进 5，马五进六咬炮，随时有马换双象的攻棋。

13. 炮五进二　　士 6 进 5　　14. 车四平二　　马 3 进 5

15. 炮六平二　　炮 7 进 4　　16. 炮二进五

红得子占优，结果胜。

下面介绍近几年这个布局的新变化。

赵国荣对胡荣华局例。

1. 兵七进一　　炮 2 平 3　　2. 炮二平五　　象 3 进 5

3. 仕六进五　　卒 7 进 1　　4. 马二进三　　马 8 进 7

5. 车一平二　　车 9 平 8

6. 车二进四　　……

黑先挺 7 卒，开车慢一步，使红车及时升起，免除被封之患。

6. ……　　　炮 8 平 9

7. 车二平六　　马 2 进 1

8. 炮八平六　　车 1 平 2

9. 马八进七　　士 6 进 5

10. 兵九进一　　车 8 进 4（图 149）

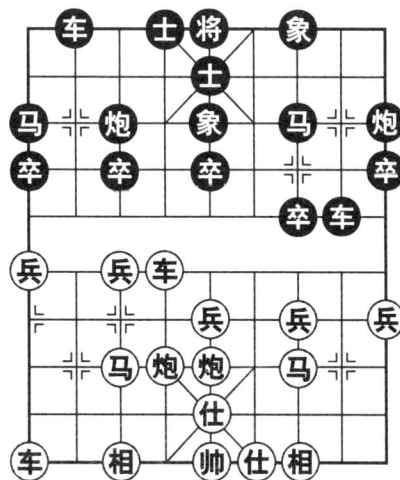

图 149

图 149，黑升车巡河，是一步停着，静观其变。如车 8 进 6，炮六进一，车 2 进 6，车九进三，车 2 平 1，马七进九，仍红先。

11. 兵九进一　卒1进1　　　**12.** 车九进五　炮3退1

巧退炮暗保马，诱红车九进二，马7进6咬双车。

13. 车六退一　车2进2　　　**14.** 兵五进一　卒3进1

15. 车九进一　卒3进1

黑以平边炮打死车威胁，巧渡3卒，呈反击之势。

16. 兵五进一　炮3平1　　　**17.** 车九平七　车2进4

18. 车六平八　马1进3　　　**19.** 兵五进一　马7进5

20. 马三进五　马3进4　　　**21.** 马五进七　炮9进4

挥炮取兵瞄车，伺机沉底偷袭，至此黑优，结果胜。

廖二平对刘殿中局例。

1. 兵七进一　炮2平3

2. 炮二平五　象3进5

3. 仕六进五　马8进7

4. 马二进三　车9平8

5. 兵三进一　炮8平9

红挺兵给黑亮车的机会。但如车一平二，炮8进4，兵三进一，炮8平7，红无先手。

6. 炮八平六　炮3进3

7. 马八进七　马2进3

8. 车九平八（图150）　……

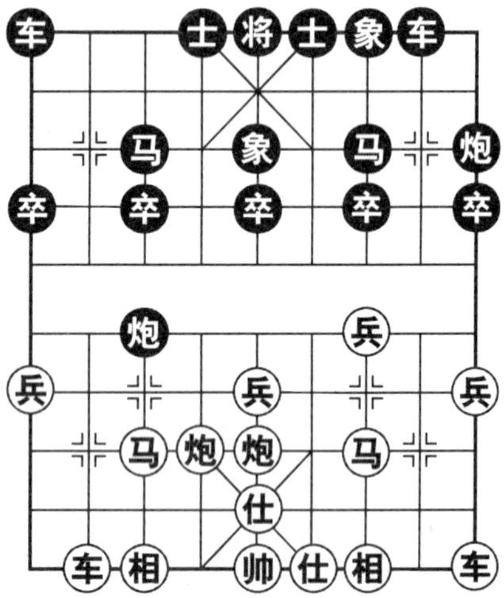

图150

图150，双方各亮一车，红双马活跃，黑炮取兵便于跳正马，解决了右马如何出动的问题。

8. ……　　　车1平2　　　**9.** 车八进九　马3退2

10. 炮六进五　象5退3　　　**11.** 炮六退一　马2进3

红避兑而退炮，双马活跃，但右车晚出，有利有弊。

12. 车一进二　卒3进1　　　**13.** 马三进四　……

红跃马谋求对攻，也可相七进九，炮3进1，炮六平三，象7进5，车一平二，兑车后双方平稳。

13. ……　　　车8进4　　　**14.** 马四进三　炮3进4

15. 车一平三　炮9进4　　　**16.** 兵三进一　车8进5

17. 相三进一　马3进4

后来在对攻中，黑渡3卒有力，结果黑胜。

许波对黄海林局例。

1. 兵七进一　炮2平3　　　　2. 炮二平五　象3进5

3. 仕六进五　卒7进1　　　　4. 炮八平六　马8进7

5. 马二进三　车9平8　　　　6. 马八进七　炮8平9

由于红平角炮，缓一步棋，给黑先亮左车。

7. 马七进六　炮3进3　　　　8. 马六进五　马7进5

9. 炮五进四　士4进5　　　　10. 相七进五　马2进4

跳拐脚马比正马多一些变化，以后除了跳盘头马外，还可马4进2，马2进3跃出。

11. 炮五退二　炮3进1

图151，红得中卒，但右马受压制，双车晚出；黑子力活跃，略优易走。

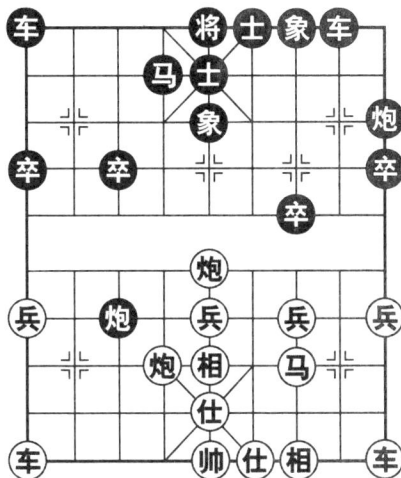

图 151

12. 兵三进一　卒7进1

13. 相五进三　车1平2

14. 相三退五　车2进6

15. 兵九进一　马4进2

16. 车一进一　炮3平9

在平淡局势下，谋兵是扩优的手段。红如马三进一，车8进6，车一平二，车8平9，车二进五，车9平5，黑略优。

17. 炮五平一　后炮进3　　　　18. 车一进二　炮9退1

19. 车九平七　马2进3　　　　20. 车七进四　车8进3

21. 炮六退二　卒1进1　　　　22. 兵九进一　炮9平1

黑多一卒稍优，结果胜。

许波对庄玉腾局例。

1. 兵七进一　炮2平3　　　　2. 炮二平五　象7进5

3. 仕六进五　卒7进1　　　　4. 炮八平六　马2进1

5. 马八进七　车1平2　　　　6. 马二进三　马8进7

7. 马七进六　马7进8（图152）

图152，红在左车已晚出的情况下，不及时抢出右车，以致被黑跳外肋马封住。

8. 炮五进四　士6进5　　　　9. 相七进五　车9平6

10. 炮五退一　马8进7

11. 车一平二　……

红得中卒，又亮右车，形势有所好转。

11. ……　　　车2进4

12. 炮五进一　车6进5

13. 炮五退二　车6退2

14. 车二进四　卒1进1

15. 车九平六

双方相持，两难进取，后来黑走子失误，结果红胜。

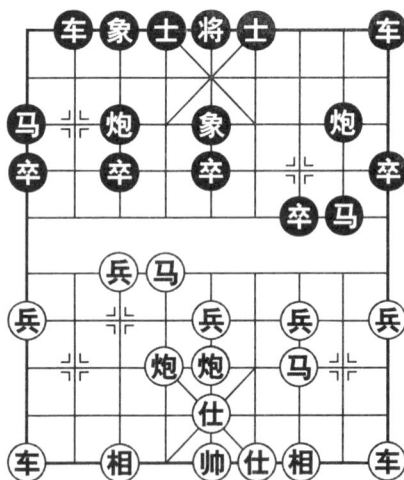

图152

许波对杨剑局例。

1. 兵七进一 炮2平3	2. 炮二平五 象7进5
3. 仕六进五 马2进1	4. 炮八平六 车1平2
5. 马八进七 马8进7	6. 马二进三 车9平8

7. 马七进六　……

如车一平二，炮8进4，兵三进一，炮8平7，红无便宜。

7. ……　　　士4进5

8. 兵三进一　炮8平9（图153）

图153，红双马活跃，黑双车亮出，各有利弊。

9. 马六进五　马7进5

10. 炮五进四　卒3进1

11. 兵七进一　车8进4

12. 车一平二　车8平3

13. 相七进五　卒1进1

14. 车二进六　卒7进1

15. 兵三进一　车3平7　　　16. 车二平一

红又多一兵，后来黑走子失误丢士，结果红胜。

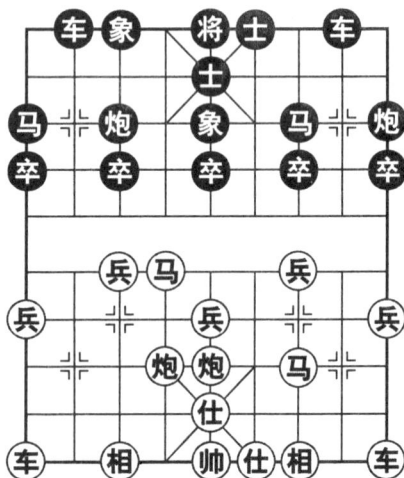

图153

十八、边马弃兵三步虎

挺兵对卒底炮局，红不转中炮，而采取弃七兵，开展右翼三步虎的攻法，近年又受到棋手们的注意。

1. 兵七进一　炮2平3

2. 马二进三　卒3进1

3. 马八进九　卒3进1

4. 炮二平一　马2进1

5. 车一平二　……

红以放黑卒过河为代价，迅速开展子力，将会导致互有利弊的对攻局面。

5. ……　　　象7进5（图154）

至此红有平炮过宫与升车巡河两类变化。

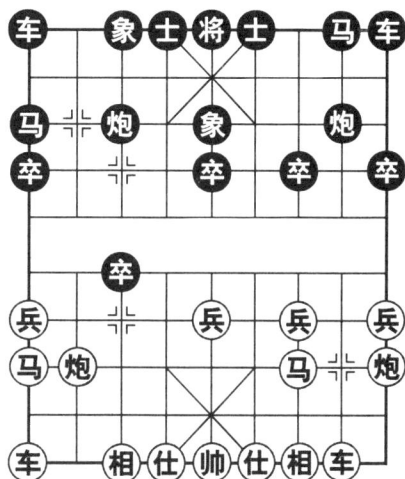

图154

平炮过宫。金松对侯昭忠局例。

6. 炮八平四　马8进6　　　**7.** 车二进四　车1平2

8. 相七进五　炮8平7

红不急于吃卒，黑如为了逃卒而损失步数，也感不妥，如卒3平2，车九平八，卒2进1，马九退七，卒2平1，车八进九，马1退2，马七进六，炮3进4，兵五进一，红易走。

9. 仕六进五　车9平8　　　**10.** 车二平四　马6进4

11. 车九平六　马4进3　　　**12.** 相五进七　士6进5

13. 炮一进四（图155）　……

图155，黑子力位置协调，但左翼略为空虚，而红右翼集结子力，边炮伺机沉底，这是黑方必须注意的。

13. ……　　　卒7进1　　　**14.** 相三进五　卒1进1

15. 车六进五　炮3平2

16. 车六进一　炮2进6

17. 炮一退一　车8进4

18. 炮一进四　炮2平1

双方形成各攻一侧的局面，在对攻中黑失误致败。

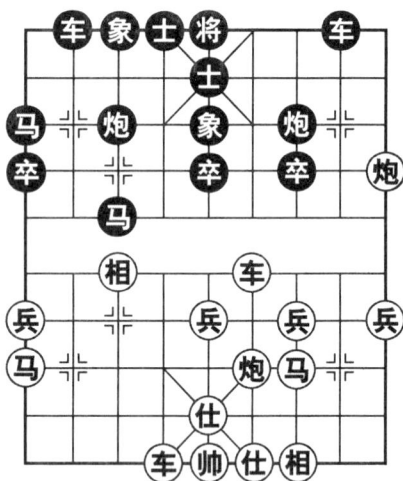

胡荣华对徐天红局例。前5回合相同，图154，红接走：

6. 炮八平四　卒7进1

7. 相七进五　马1进3

8. 相五进七　……

及早消灭黑过河卒，免除后患，并伏炮四平七打马的手段。

图 155

8. ……　　　马3进4　　　**9.** 炮四进四　车1进1

10. 车二进四　马4退6

如马4进6，车九进一，黑马容易受困。

11. 车九进一　炮8平6　　　**12.** 车九平二　马8进7

13. 兵三进一　卒7进1　　　**14.** 前车平三　炮6退1

15. 炮四平三　炮6平7　　　**16.** 炮三进二　车1平7

17. 相七退五　车9进1

双方经过一番纠缠之后，子力结构得到调整，阵势亦见巩固。

18. 马九进七　车7平8　　　**19.** 车二进七　车9平8

20. 马七进六　炮3退1　　　**21.** 马六进四　车8进2

22. 车三进三　车8平6　　　**23.** 车三退三　车6平8

24. 车三平四　马6退7

双方均势，结果和棋。

闫文清对杨德琪局例。接图154，红先。

6. 车二进四　马1进3　　　**7.** 炮八平四　车1平2

8. 相七进五　……

红左炮过宫而不平六，是避免黑冲卒的骚扰，飞左相则为左车贴身亮出创造条件。

8. ……　　　卒7进1　　　**9.** 仕六进五　马8进6

10. 车九平六   卒 3 平 4（图 156）

图 156，黑移卒封住车路，唯一弱点是拐脚马站不稳。红设想的攻法是挺三兵跃出右马，让右翼子力施展出来。

11. 兵三进一   炮 8 平 7

12. 马三进四   卒 7 进 1

13. 车二平三   炮 3 平 4

14. 车六平八   车 2 进 9

15. 马九退八   马 3 进 5

16. 车三平二   车 9 进 1

黑进车护马，维持抗衡局面。如马 6 进 7，马四进三，马 5 退 7，车二平六，黑损失过河卒之利。

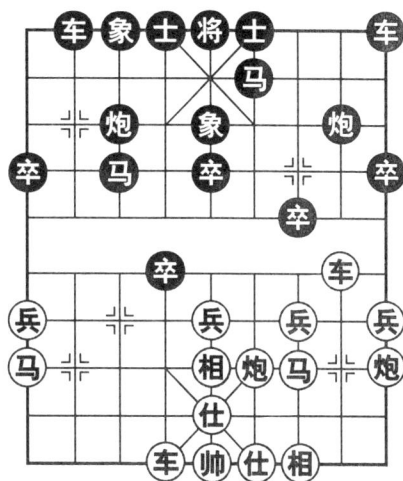

图 156

17. 马八进七   马 5 进 4

以卧槽马叫杀的威胁，希望红兑马。如卒 4 进 1，兵五进一，马 5 退 7，马四进三，马 6 进 7，车二退一，红满意。

18. 炮一退一   炮 7 进 6   **19. 炮四退一   卒 4 平 5**

20. 兵五进一   炮 7 退 8

伏马 6 进 7 咬车叫闷杀。

21. 炮四平二   炮 4 平 3   **22. 兵五进一   马 4 退 6**

23. 车二平四   卒 5 进 1

兑子缓和局势，黑多一卒微优，结果和棋。

张强对柳大华局例。接图 156，红先。

11. 车二进二   炮 3 平 4

红车过河，准备平肋赶马再吃中卒，又是一种攻法。

12. 车六平七   马 3 进 2   **13. 兵九进一   士 6 进 5**

14. 马九进八   车 2 进 5   **15. 车二平四   马 6 退 8**

红实现赶马计划。看来过河车攻法比较有力，但右马施展的问题仍待解决。

16. 炮四进二（图 157）   ……

图 157，红升炮打车巧着，由此争得主动。如车四平五，马 8 进 7，车五平三，炮 8 退 1，反属黑易走。

16. ……   车 2 退 1   **17. 炮四平一   炮 8 平 9**

如马 8 进 9，车四平一，象 5 退 7，车七进九，红优。

18. 车四平一　马 8 进 7

19. 车一退一　车 9 平 8

先弃后取之法，如象 5 退 7 则丢右象。

20. 前炮进三　车 8 进 7

21. 车一退一　车 8 平 7

22. 车一平二　车 7 退 1

23. 车二进三　……

如兵一进一，卒 7 进 1，车二进四，车 2 平 8，车二平三，红保留对攻机会。现在进车捉马有可能得子。

23. ……　　　　车 7 平 9　　　　**24.** 前炮平三　炮 4 平 7

25. 车二平三　卒 1 进 1

红虽得子，但最后未能取胜，结果和棋。这盘棋红布局效果较好。

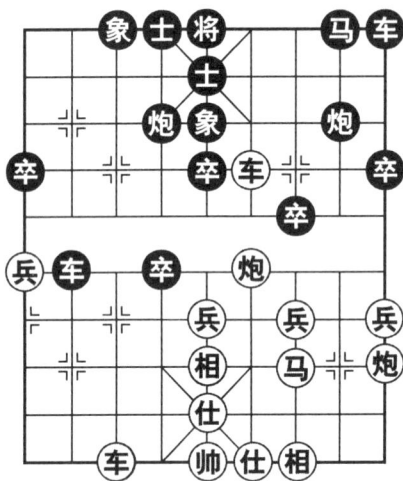

图 157

闫文清对李来群局例。接图 154，红先。

6. 车二进四　马 1 进 3

7. 炮八平四（图 158）　……

图 158，红车亮出，黑卒过河，各有所得，以下有多种变化。

7. ……　　　　车 1 进 1

8. 车二平四　卒 7 进 1

9. 车九平八　卒 3 平 2

红平肋车防黑横车过宫，黑移卒封住红车路，各有所得。

10. 相七进五　马 8 进 7

11. 仕六进五　车 1 平 4

12. 兵一进一　士 6 进 5　　　　**13.** 兵三进一　卒 7 进 1

14. 车四平三　炮 8 退 1　　　　**15.** 炮四进五　……

黑阵势巩固，伏炮 8 平 7 打串，红决定伸炮兑子化解。

15. ……　　　　炮 3 平 6　　　　**16.** 车三进三　车 4 进 4

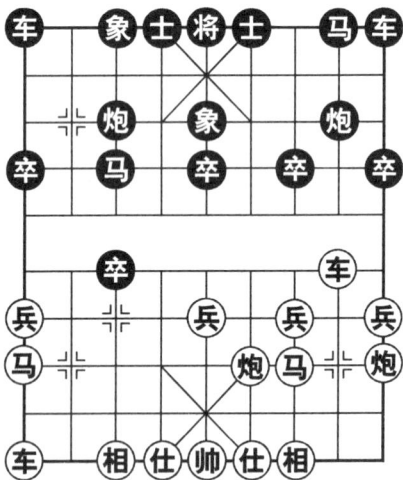

图 158

17. 马九进七　车4平9　　　　　**18.** 车三平二　后车平7

19. 车二进一　车7进7

兑子后，局势较为缓和，结果和棋。

　　李智屏对赵国荣局例。接图158，黑先。

7. ……　　　　马3进4

8. 相七进五　炮8平6

图159，红飞相捉卒，欲去掉黑马之根。黑平角炮，伏马4退6咬车打炮的手段。

9. 车二平五　卒5进1

10. 车五进一　马8进7

11. 相五进七　卒7进1

黑过河卒被消灭，挺7卒待红退车时，马7进6既接成连环马，又有抑制红右马的作用。

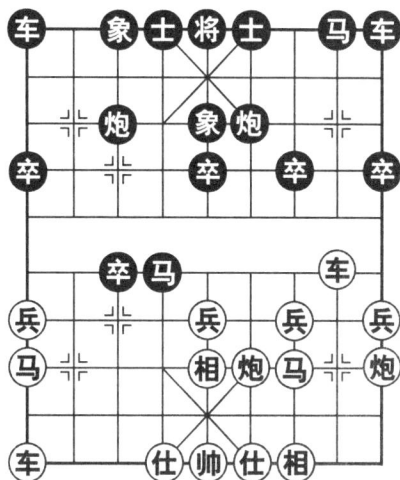

图 159

12. 兵五进一　车1平2　　　　**13.** 车五平六　马4进3

14. 相七退五　马3退1　　　　**15.** 炮四进一　车2进6

16. 炮四平六　……

显然不宜炮四平九兑马，因黑车2平1牵制红车马，又控制红右马出路。

16. ……　　　　士6进5　　　**17.** 车九平七　车9平8

18. 车七进三　车2平3　　　　**19.** 马九进七　马1退3

20. 车六退一　炮3进4　　　　**21.** 车六平七　炮3平7

通过子力交换，黑子力取得较好位置。

22. 炮六退一　炮6进6

黑展开反击，后来兑车，黑多一卒，以精细的残棋取胜。

　　闫文清对肖革联局例。接图158，黑先。

7. ……　　　　车9进1　　　　**8.** 炮四平七　……

黑起左横车失算，未料及红平炮返回左翼打串得子。

8. ……　　　　卒3平2　　　　**9.** 炮七进五　炮8平3

10. 车二进五　卒2进1（图160）

图160，红得子，但黑卒平2直进，也有较大的威胁，希望有机会逼死红

边马。

11. 兵三进一　　车1平2

12. 马三进四　　……

难保边马安全，宁可跃出右马抢先，如车九平八，车9平2，黑仍要冲卒逼马。

12. ……　　　卒2进1

13. 马四进五　　炮3退1

14. 相七进五　　卒2平1

黑运卒终于追回一子，总算喘一口气。

15. 仕六进五　　车2进6

16. 车九平六　　车9平4

17. 炮一进四　　车4进8

18. 仕五退六　　马3退4

19. 马五进三

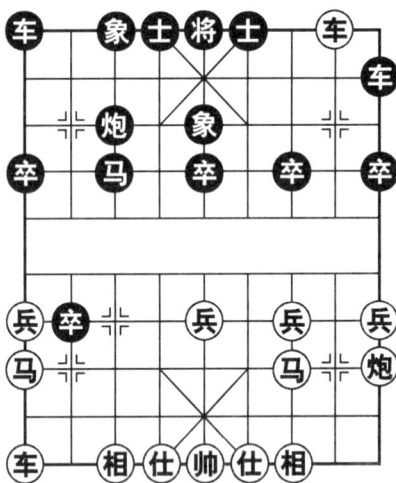

图 160

黑扳平子力，而红伺机在右翼集结车马炮，准备乘虚偷袭。本来黑方是可以应付的，但前段费去较多时间思考，后来竟超时负。

吕钦对苗永鹏局例。接图158，黑先。

7. ……　　　车1平2　　　　　**8.** 相七进五　　卒7进1

9. 相五进七　　……

飞相吃卒会浪费步数，但免除后患，属稳健着法。

9. ……　　　马8进6

10. 仕六进五　　炮8平7

11. 车二进四　　马6进4

如炮7进4，相七退五，马6进7，车二平七，车2进2，车九平八，车2平1，红先手。

12. 炮四平七　　马4进3

13. 相三进五（图161）　　……

图161，双方阵势稳固，红车路较畅通。

13. ……　　　士6进5

14. 炮七进三　　炮3进2

15. 车九平六　　卒7进1

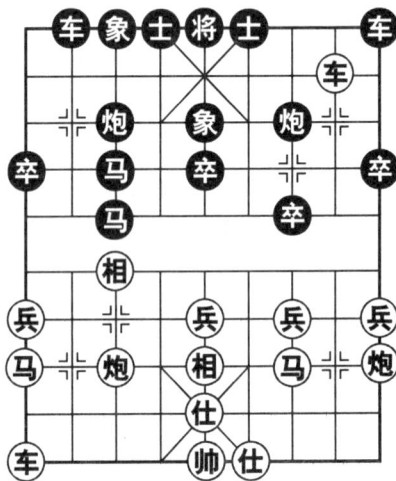

图 161

16. 车六进六 ……

红出肋车有捉马的先手，故黑弃卒以便跃马。如相五进三，马3进5，相七退五，马5进6，黑易走。

16. …… 卒7进1　　　**17.** 马三退二 马3退1

18. 车六平五 卒7平6　　　**19.** 兵五进一 卒1进1

20. 兵五进一 炮3退2

双方对攻互有顾忌，经过长期拼杀，结果和棋。

开车巡河。闫文清对吕钦局例。接图154，红先。

6. 车二进四 马8进6

7. 车二平七 马6进4（图162）

图162，黑跳转角马是新变着，伏马跳河头打车的先手。如车七进三，马4进3，车七退二，象5进3，炮八平五，象3退5，炮五进四，士6进5，车九进一，车1平2，黑布局满意。

8. 兵九进一 马4进3

9. 车七平二 车1进1

10. 马九进八 车9进1

11. 仕六进五 炮8平7

12. 相七进五 车9平8　　　**13.** 车二进四 车1平8

红车守河界要点，从容补左仕相，准备亮贴身车，不急于求攻。黑双横车邀兑，谋求车的出路。

14. 兵三进一 炮3退1　　　**15.** 马三进四 ……

防黑卒7进1，兵三进一，炮3平7，马三退一，车8进7逼马叫杀。

15. …… 卒7进1　　　**16.** 兵三进一 象5进7

17. 炮一进四 炮3平7　　　**18.** 相三进一 卒5进1

19. 车九平六 车8进4　　　**20.** 相一进三 前炮平8

黑集结车双炮于左翼，积极谋求攻势，至此伏车8平7吃相的凶着。

21. 马四退三 车8退2　　　**22.** 炮一退一 车8平5

23. 车六进四 卒5进1　　　**24.** 兵五进一 车5进2

25. 车六平五 马3进5　　　**26.** 马八进六 ……

如马八进九贪吃边卒，炮7进4得相。红不敢相五进三，马5进4，帅五

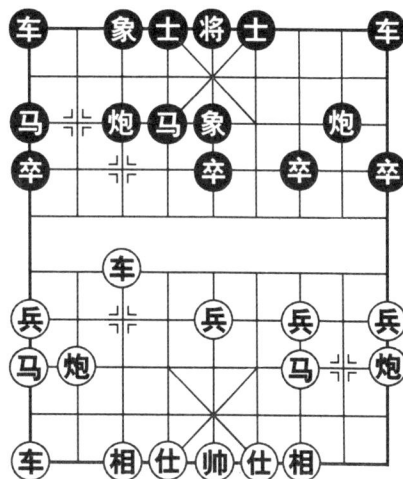

图162

平六，炮8平4，黑成杀。

26. …… 象7退5　　**27. 炮一退一** 马5退7

红多一兵略优，结果残棋成和。

金松对蒋全胜局例。接图158，黑先。

7. …… 车1平2

8. 炮四进四 马3进4

9. 炮四平一（图163） ……

图163，红伸炮卒林打马再打卒，弈法轻巧，是大赛出现的新变着。

9. …… 士6进5

10. 相七进五 炮8平6

11. 相五进七 马4退6

12. 车二退一 ……

如车二进四，炮3退1，前炮平二，炮6平9，所以伸车压马不成立。

12. …… 马8进7

13. 前炮平五 车9平8　　**14. 车二进六** 马7退8

15. 车九平八 车2进9　　**16. 马九退八** 马6进7

17. 炮一退一 ……

兑双车后，红多一兵稍优。

17. …… 炮6平7　　**18. 炮一平九** 马8进9

19. 炮九进五 马9进8

红多双兵，但右马受攻，黑伏马8进6咬双。

20. 炮九退二 马7退6　　**21. 马三退一** 马6进5

22. 相三进五 马8进9

黑借势连吃双卒，双方形势平稳，结果和棋。

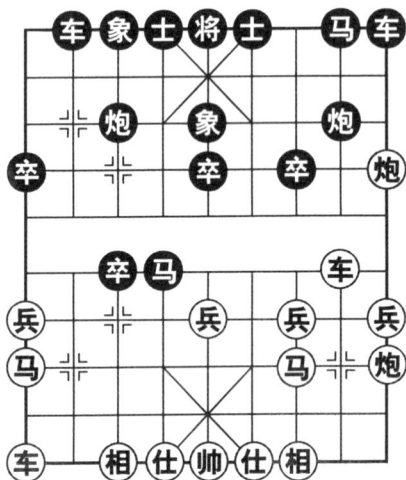

图163

十九、巧升河炮新布局

1. 兵七进一　炮2平3

2. 炮二进二　……

图164，红右炮巡河，构思奇特，开辟了挺兵对卒底炮的新布局方向，由此引起许多新变化。

此着也是在继承了以往的局法基础上产生出来的。过去红曾马二进三，卒3进1，马八进九，卒3进1，炮八平五，马8进7，炮二进二，卒7进1，兵五进一，象3进5，炮二平七吃回黑卒。现在红升河炮，等待卒3进1，马八进九，卒3进1，兵三进一，卒3进1，炮八平五，炮8平5，马九进七，马8进7，马二进三，红吃回黑过河卒。

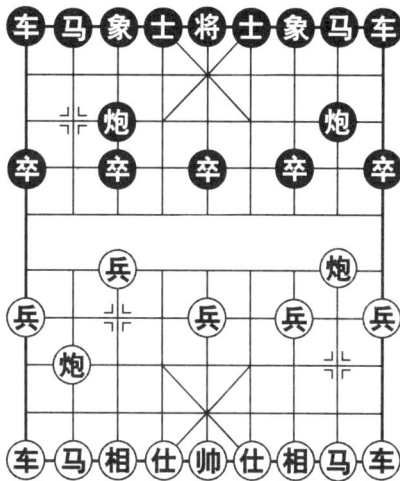

图164

周长林对张强局例。接图164，黑先。

2. ……　卒3进1　　　　**3.** 马八进九　卒3进1

4. 兵三进一　象7进5

补象固防。如炮8平5，炮八平五，炮5进4，仕六进五，车9进1，马二进三，炮5退2，炮二平七，马2进1，车一平二，马8进7，车二进六，红布局满意。

5. 炮二平七　马2进1　　　　**6.** 相三进五　马8进6

7. 车九平八　车1平2

黑送回过河卒，以换取出子速度，现已实现抗衡局面。

8. 马二进三　卒7进1　　　　**9.** 兵三进一　车9平7

红跳正马是一步不明显的软着，黑抓住机会，弃卒开出象位车，暗伏攻势。

10. 兵三平二 ……

失算。应仕四进五，车7进4，马三进二，车7平8，马二退三，红尚无大碍。

10. …… 炮3进7　　**11. 相五退七　车7进7**

12. 炮八平五　车2进9　　**13. 马九退八　马1进3**

14. 兵二进一　炮8平7

红缺相，黑略优，结果胜。但红负并不能否定升炮河口的着法。

李来群对柳大华局例。接图164，黑先。

2. …… 象3进5　　**3. 马八进七** ……

黑不挺3卒，红就可以按原意跳正马，这也是巡河炮对付卒底炮的一种办法。如卒3进1，马七进六，卒3进1，炮二平七，红布局满意。

3. …… 马8进7　　**4. 马七进六　卒7进1**

5. 车九平八　车9进1　　**6. 炮八平六** ……

红挺兵的作用，是为了跳马，现在不怕黑卒底炮威胁，实现了左马盘河的计划。同时红亮出左车，又有士角炮控制肋线，左翼子力全部出动。如车9平6，相三进五，黑不存在车6进4捉双的棋，因红有兵三进一打车的棋。

6. …… 马2进1　　**7. 马二进三　车1平2**

黑右翼子力结构欠佳，宁可牺牲步数主动兑车。

8. 车八进九　马1退2　　**9. 相三进五　炮3退2**

因为马屯边或拐脚均无出路，所以退炮让出跳正马的位置。

10. 车一进一　马2进3

11. 车一平四（图165） ……

图165，红子力协调，占据要点控制了主要线路，保持先手。

11. …… 卒3进1

12. 兵七进一　炮3进4

13. 炮二进二　马7进8

防红炮二平三压马后，接有车四平二捉炮，及马六进四咬马等手段。

14. 车四进六　车9进1

15. 车四平三　士4进5

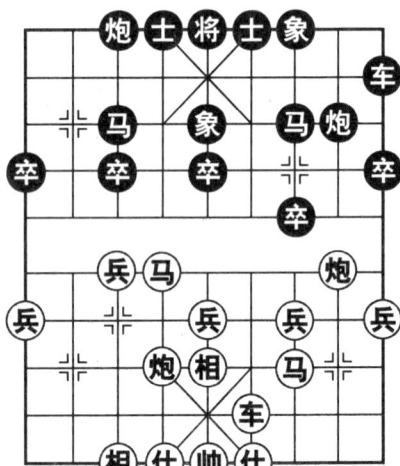
图165

16. 兵三进一　炮 8 退 2　　　　**17.** 车三平一　象 7 进 9

18. 兵三进一　象 5 进 7

黑兑车化解红攻势，目前虽然双方子力相等，但红子力活跃。

19. 马三进四　象 7 退 5　　　　**20.** 马四进五　马 3 进 5

21. 马六进五

红多一兵略优，结果胜。

黑曾弈出后补中炮应法，兹介绍两个局例如下。周长林对陶汉明局例。接图 164，黑先。

2. ……　　　　炮 8 平 5　　　　**3.** 马二进三　马 8 进 7

4. 相七进五　……

也可马八进七，车 9 平 8，车一平二，卒 3 进 1，马七进六，卒 3 进 1，炮二平七对攻。

4. ……　　　　车 9 平 8

5. 车一平二　卒 7 进 1

6. 车九进一（图 166）　……

图 166，红起横车别出心裁。也可马八进七，马 2 进 1，马七进八，布局正常。

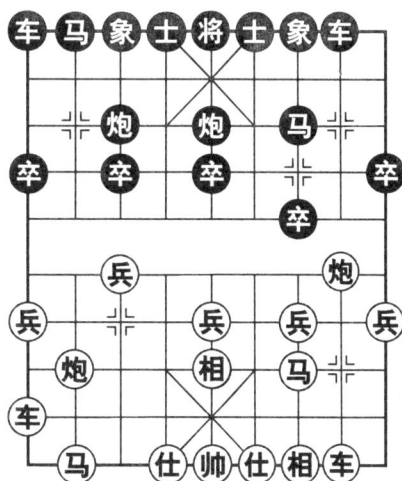
图 166

6. ……　　　　马 2 进 1

7. 马八进七　马 7 进 6

8. 车九平四　马 6 进 7

9. 车四进五　卒 3 进 1　　　　**10.** 炮八进一　……

红设法困吃黑马，展开对攻，着法新颖。

10. ……　　　　卒 3 进 1　　　　**11.** 炮八平二　炮 3 进 5

12. 炮三平二　车 8 平 9　　　　**13.** 前炮进二　……

准备弃马抢攻。也可马三进四，炮 5 进 4，仕六进五，卒 5 进 1，马四进六，对攻中亦红易走。

13. ……　　　　卒 5 进 1

如炮 3 平 7，前炮平五，士 4 进 5，炮二进六，车 9 平 8，车二进九，黑无便宜。

14. 车四退一　马 1 进 3　　　　**15.** 前炮平五　士 4 进 5

16. 炮二进六　车 9 平 8　　　　**17.** 车二进九　马 3 进 4

18. 车四平五　马4退5　　　　**19.** 车五进一　炮3平7

经过子力交换，局势趋于平稳，结果成和。

陶汉明对许文学局例。接图164，黑先。

2. ……　　　马2进1　　　**3.** 马八进七　炮8平5

4. 马二进三　马8进7　　　**5.** 车一平二　车9平8

6. 马七进八（图167）　　……

图167，双方演成先手屏风马对五三炮阵式。从红升巡河炮这步棋来看，能起到防黑车过河的作用，但效率不是很高。

6. ……　　　车1进1

7. 相七进五　卒7进1

8. 兵九进一　车1平4

9. 兵九进一　卒1进1

10. 车九进五　车8进4

红左车不能从肋线亮出，便冲边兵兑卒成骑河车。

11. 炮八平九　车4进7

12. 仕四进五　车4平2

13. 炮九平五　炮5平1　　　**14.** 马八进七　卒7进1

黑巧弃卒兑车，争取右翼偷袭的机会。

15. 车九平二　　……

如兵三进一，车8平1，马七退九，车2退4捉死马。

15. ……　　　炮1进7　　　**16.** 相五退七　马7进8

17. 兵三进一　车2退5　　　**18.** 相三进五　车2平3

19. 兵三进一

黑借用有关五七炮对屏风马的布局陷阱着法，夺得一子，但红有渡兵捉马的先手，仍可较量。结果和棋。

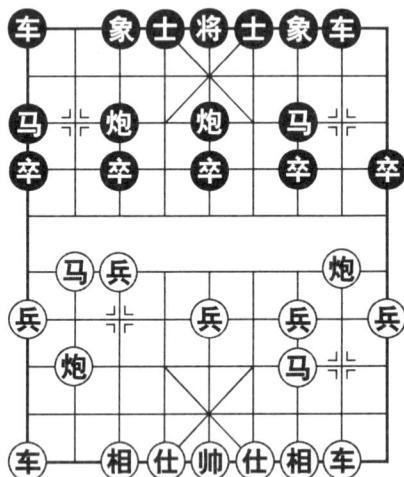

陶汉明对蒋志梁局例。接图164，黑先。

2. ……　　　卒7进1　　　**3.** 马八进七　马8进7

4. 马七进六　车9进1　　　**5.** 马二进三　象3进5

红有意让黑平车捉马。如车9平4，马六进五，马7进5，炮八平五可追回一子。是否成立，有待研究。

图167

6. 炮八进四（图168）……

图168，进炮虚着，不如炮八平六，阵势较为工整。

6. ……	卒 3 进 1
7. 兵七进一	车 9 平 4
8. 马六进七	车 4 进 4
9. 炮二平五	马 2 进 4
10. 车一平二	炮 8 进 2

黑弃卒平车捉马，争得先手。以下再炮8平3打兵，红马即被困难逃。

11. 马七进五	象 7 进 5
12. 炮八平一	马 7 进 9
13. 车二进五	卒 5 进 1

如马9退7，车二进三，车1平2，炮五平一对攻，黑有顾虑。

14. 炮五进三	车 4 平 8		**15.** 车二平一	车 8 退 3
16. 车一进一	车 8 平 5		**17.** 相七进五	卒 5 进 1

黑多子较优，后来走出软着被红逼和。

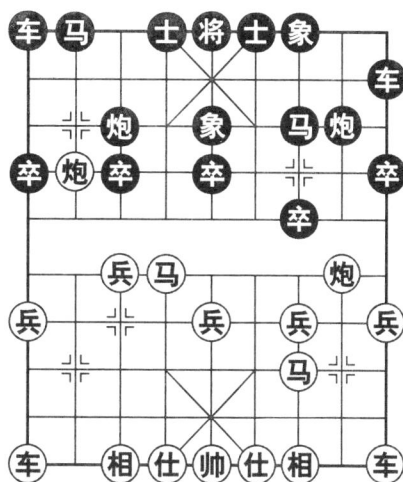

陶汉明对陆玉江局例。接图164，黑先。

2. ……	卒 7 进 1
3. 马八进七	马 8 进 7
4. 马七进六	车 9 进 1
5. 马二进三	车 9 平 4
6. 马六进五	马 7 进 5

也可车4进6，炮二平五，象3进5，马五进三，士4进5，黑车炮同时捉住双马炮，必能吃回一子。

7. 炮八平五（图169）……

图169，红先弃后取，必追回一子。如车4进2，炮二进二，车4进4，车九进二，兑车后黑中马亦死。

7. ……	士 4 进 5
8. 炮五进四	炮 3 平 5
10. 炮五退二	车 1 平 2

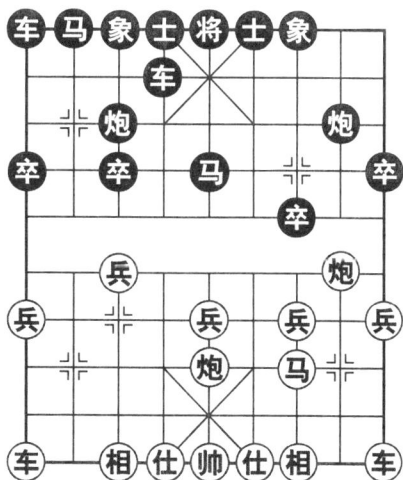

9. 仕四进五　马 2 进 3

图 168

图 169

红多一兵，但双车晚出，黑子力活跃，各有利弊。

11. 相三进五　车4进2	12. 车一平四　车2进4
13. 车四进七　炮8进1	14. 车四平三　车4平5
15. 车三进二　……	

先破黑象，为以后对攻创造条件。

| 15. ……　　炮5进3 | 16. 兵五进一　象3进5 |
| 17. 车三平二　炮8平7 | 18. 炮二进三　…… |

红趁机伸炮偷袭，争取对攻机会。

18. ……　　马3退4	19. 炮二平一　车5进2
20. 炮一进二　炮7退3	21. 车二退一　马4进3
22. 兵九进一　车2进2	23. 兵九进一

黑进车兵林，防红车九进三亮出，但红冲边兵，左车亦能从边线露头。在对攻中红先取胜。

二十、红左中炮黑列炮

如前所述，挺兵对卒底炮转列炮局，早在20世纪30年代就出现了。当时实战效果均属黑优胜，关键在黑第2回合摆列炮，使左车较快亮出，加速反击力。于是理论上对红第2回合摆左中炮提出疑问，认为会导致失先，这种观点持续了很长时间。后来人们把红左中炮改为右中炮，一直流行至今。

历史对于红左中炮的判决是否正确呢？近些年列炮局重新抬头并发展的事实表明，历史作了错误的判决。这是因为，布局战术总是推陈出新，而且常常呈螺旋式发展。20世纪50年代，江苏棋手关于挺兵对卒底炮布局很有研究，创造出红第2回合跳右马，第4回合补左中炮的新变着。惠颂祥、甘雨时在《中国象棋谱第二集》中拟出以下局法。

1. 兵七进一	炮2平3	**2.** 马二进三	卒3进1
3. 马八进九	卒3进1	**4.** 炮八平五	……

红方布阵的指导思想是弃兵抢先，至此已开动双马炮，并攻击黑中卒，而黑方强子只走了一步炮。

4. ……　　　　炮8平5
5. 车一进一　　马8进7
6. 兵三进一　　车9平8
7. 炮二进二（图170）……

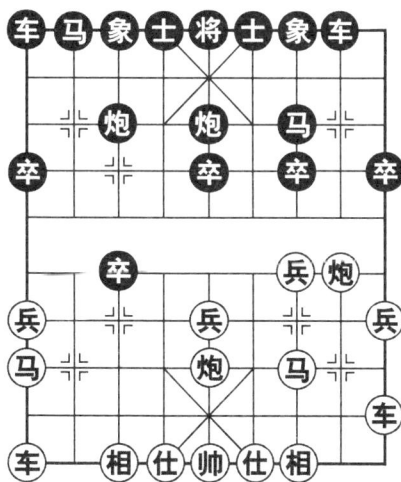

图 170

图170，双方演至第4回合时已构成列炮局，但阵式与20世纪30年代不同，在于红跳右正马，而左马屯边，并利用巡河炮争取吃回黑过河卒，至此红仍占先。

此图红方阵型给人以启迪。在挺兵对卒底炮转列炮局中，可否以此为借鉴呢？李义庭对韩福德一局就是这样走的。

1. 兵七进一　炮2平3　　**2.** 炮八平五　炮8平5

3. 马二进三　……

在上述列炮对局中，导致红失先的根源并非第2回合左中炮，而是在第3回合随手跳左正马造成的。本局红改跳右正马，似乎不大符合人们布阵的习惯，何况左相存在弱点有受攻之可能，但这确属突破传统的佳着。

3. ……　　马8进7　　**4.** 车一平二　……

准备待黑开直车时，即伸炮过河封住，所以红先开车是合理的，虽付出一点代价，给黑冲卒过河提供了机会，但换来了较主动的阵式。

4. ……　　卒3进1

5. 马八进九　卒3进1

6. 炮二平一（图171）　……

图171，与上图比较，红开直车是改进着法，平炮亮车控制通路，仍持先手。以上着法提供了现代布局的雏形，值得注意。

6. ……　　车9平8

兑车吃亏。应车9进1再平右肋，加强右翼对攻力。

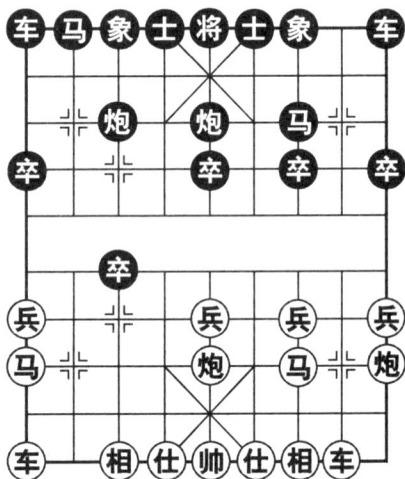

图171

7. 车二进九　马7退8　　**8.** 炮一进四　马8进7

9. 炮一平五　马7进5　　**10.** 炮五进四　士4进5

黑兑车不仅损失步数，而且丢掉双卒。

11. 车九平八　马2进1　　**12.** 相七进五　车1平2

黑右车晚出，无奈邀兑。如马1进3，车八进六，马3进4，炮五退二，红控制局面，黑更被动。

13. 车八进九　马1退2　　**14.** 相五进七

红吃回黑过河卒，又多双兵占优，布局满意。

臧如意对张典又采用此布局。

1. 兵七进一　炮2平3　　**2.** 炮八平五　炮8平5

3. 马二进三　马8进7　　**4.** 车一平二　卒3进1

5. 马八进九　卒3进1　　**6.** 炮二进二　……

炮巡河，准备挺三兵打卒，参考了《中国象棋谱第二集》所拟战术。

6. ……　　卒7进1　　**7.** 炮二平一　车9平8

只能兑车，如象 7 进 9，车九平八，卒 9 进 1，炮一平五，马 2 进 1，前炮进三，象 3 进 5，车二进四，红易走。

8. 车二进九　马 7 退 8

9. 炮五进四　士 4 进 5

10. 兵三进一（图 172）　……

宁弃兵以求消灭黑过河卒，似嫌急躁。如图 172，可炮五退二，马 2 进 1，车九平八，车 1 平 2，车八进九，炮 3 进 7，仕六进五，马 1 退 2，炮一平七，马 8 进 7，兵三进一，红缺相多兵不亏。

10. ……　　　马 2 进 1

11. 炮一平七　车 1 平 2

黑出车争先，不如卒 7 进 1，车九平八，车 1 平 2，相七进五，车 2 进 9，马九退八，卒 7 进 1，马三退五，马 8 进 7，黑势不错。

12. 兵三进一　马 8 进 7	**13. 炮五退二　马 7 进 5**
14. 兵三平四　炮 5 进 3	**15. 兵五进一　炮 3 平 5**
16. 兵五进一　马 5 进 7	**17. 相三进五**

黑弃卒勉强对攻，红双兵过河联手，持久下去，肯定红方占优。结果红胜。

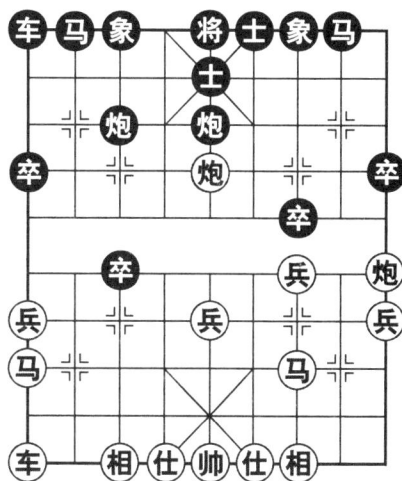

从历史的角度看，红跳右正马突破了传统弈法，效果不错，可惜当时采用者甚少，未引起人们注意。红第 2 回合摆右中炮的战术普遍流行，形成了多种多样的变例，于是列炮局就相形见绌了。不过，到 20 世纪 90 年代，人们对挺兵转右中炮局已研究几十年，各种变例均较熟悉。为了在比赛中出奇制胜，深藏"冷宫"多年的列炮局这一件冷门武器被改进后重新启用，效果较好，于是这个布局又热起来了。李艾东对朱祖勤局例。

1. 兵七进一　炮 2 平 3	**2. 炮八平五　炮 8 平 5**

3. 马二进三　……

以往跳左正马，现在跳右马，是新旧战术的分歧点。至此如卒 3 进 1，马八进九，卒 3 进 1，车一进一，马 8 进 7，兵三进一，车 9 平 8，炮二进二，仍红先。

3. ……　　　马 8 进 7	**4. 车一平二　……**

为应付黑出左车，红此时已不可能起右横车。此着如兵三进一，车 9 平

8，炮二进二，车8进4，有挺7卒兑兵的续着，黑易走。

4. …… 卒 3 进 1 **5.** 马八进九 卒 3 进 1

6. 车九平八 ……

红让黑冲卒过河，换取双车快出的机会，从理论上讲是合理的。

6. …… 车 9 进 1 **7.** 仕六进五 ……

黑抓紧出横车，可移右肋加强反击力。红补仕看似闲着，实际有用，可防止炮3退1再跳右正马的应法，因红有伸车压马的威胁。

7. …… 车 9 平 4

8. 炮二进四 马 2 进 1（图173）

图173，红双炮抢中卒是目前流行的攻法，准备打卒镇住中路，以后伺机打边卒沉底攻击。黑跳边马为了加快右翼子力开展，如保中卒而卒7进1，车二进四，红仍先手。

9. 车二进五 车 1 平 2

黑右车无好出路，干脆兑掉并使右炮生根。如车 4 进 2，等待红平车捉炮时跳出边马打车，兵三进一，有再冲过河的威胁。

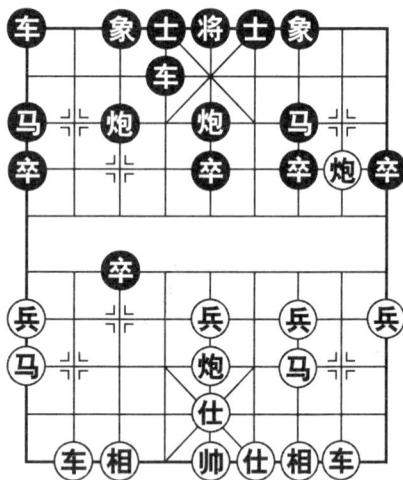

图 173

10. 车八进九 马 1 退 2

11. 车二平七 炮 5 退 1

退窝心炮准备联象护中卒，并调整阵型。如为了保住过河卒而车 4 进 4，炮五进四，马 7 进 5，炮二平五，士 4 进 5，相七进五，象 3 进 1，车七退一，车 4 平 3，相五进七，卒 7 进 1，相七退五，红多兵稍好。

12. 车七退一 车 4 进 3 **13.** 兵三进一 象 3 进 5

14. 马三进四 车 4 平 6 **15.** 兵九进一 卒 1 进 1

送回一卒求得中防巩固，但兑边卒会造成右马受攻。应炮 3 进 2 再跳正马为稳。

16. 兵九进一 车 6 平 1 **17.** 车七平八 马 2 进 1

如马 2 进 4，车八平六，马 4 进 3，车六进二，车 1 平 3，帅五平六叫杀，红优。

18. 车八进三 马 1 进 2 **19.** 炮二退一 马 2 进 4

20. 兵三进一 车 1 平 7 **21.** 车八平七 车 7 平 6

22. 车七退三 车 6 进 1

如马4进5，相七进五，炮5平6，炮二退三，炮6进4，炮二平四，红必得子。

23. 炮二平九

伏沉底炮攻杀或退炮打马，红优，结果胜。

这盘棋双方着法体现了本布局的典型攻守要点：①红跳右正马，黑冲3卒过河反击，结果红强子出动较快。②红亮双直车占领通路，黑左车只能横出，右车难找出路，结果红控制局面。③红右炮伸卒林，双炮抢中卒，黑如开展右翼而不顾中卒，结果红有条件获得炮镇当头的攻势。④红之隐患在黑过河卒，但红通过右车升河口或骑河移左，均有机会吃回黑卒，结果可扩大先手。目前，这种布局红方是满意的，并在实践中站稳了脚跟，正继续向前发展。

与此同时，人们也在探索黑方布局的应法，弈出各种对攻的变例。包括退右炮、进肋车、巡河炮等弈法。

黑退右炮跳双正马变例。

汤卓光对刘星一局。

1. 兵七进一 炮2平3		**2. 炮八平五** 炮8平5
3. 马二进三 马8进7		**4. 车一平二** 卒3进1
5. 马八进九 卒3进1		**6. 炮二进四** 炮3退1

由于红不开左车，而急于伸右炮，黑才有退炮的机会。这是一种新颖灵活的应法，便于跳右正马保护中卒及过河卒，不足之处是左车出动速度减慢了。至此如炮二平五，马7进5，炮五进四，炮3平5捉死红炮。

7. 车二进五 马2进3

8. 车九平八 卒3平4

9. 仕六进五 车9进1（图174）

图174，黑中路比较稳固，又保留过河卒有一定反击力，说明跳正马应法比边马好些。

10. 兵三进一 卒4进1

目前黑施展反击的主要力量是依靠过河卒进行骚扰。

11. 马三进四 卒4平5

12. 炮五平三 ……

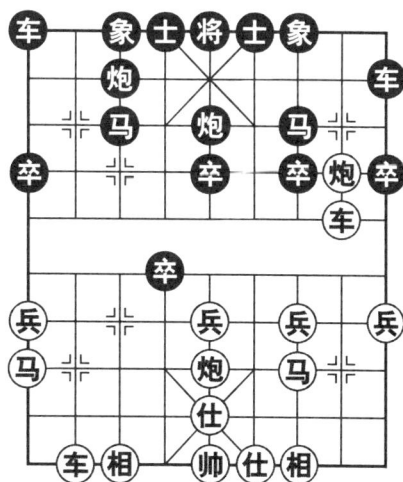

图174

由于红双车亮出，多数强子投入战斗，现用炮瞄弱马展开对攻，故仍持先手。

12. ……　　　前卒平6　　　**13.** 相三进五　车9平6

14. 车八进四　……

欲保留原定冲三兵的计划。如马四进三，卒6平7，炮三退二，卒7进1，黑可抗衡。

14. ……　　　车1进2　　　**15.** 兵三进一　车1平2

可卒6平7，炮三平四，前卒平6，炮四平三，卒6平7，允许兵卒长捉，如双方不变作和。

16. 车八平六　马3进2　　　**17.** 车六平八　马2退3

18. 车八平六　车2进2

红冲兵攻马，黑升车牵制，局势顿感复杂化，以下中局变化各显其能，结果和棋。

廖二平对宋国强再次使用本布局。

1. 兵七进一　炮2平3　　　**2.** 炮八平五　炮8平5

3. 马二进三　马8进7　　　**4.** 车一平二　卒3进1

5. 马八进九　卒3进1　　　**6.** 车九平八　车9进1

7. 炮二进四　炮3退1

由于红未补左仕，而急于伸右炮，又给黑退炮的机会。至此红不能车八进八压马，黑有炮3进8打相抽车的棋。

8. 车二进五　马2进3

9. 兵三进一　车9平6（图175）

图175，黑上局过河卒急进反击，本局先平肋车控制红马出路。

10. 仕六进五　卒7进1

黑送卒企图活马，似嫌急躁。可卒1进1静观其变，以后伺机冲边卒兑兵通车头。

11. 炮二平三　卒7进1

失算。应象7进9，兵三进一，车6进2尚可周旋，现在无故弃象，有害无益。

12. 炮三进三　士6进5　　　**13.** 车二平三　士5进6

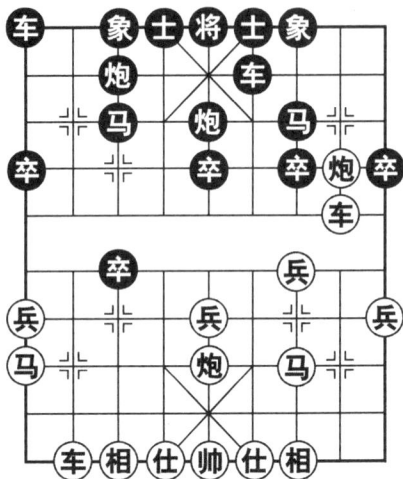

图175

软着。可马 7 退 9，炮三退五，车 1 进 1 苦守。

14. 车八进八　车 6 平 8　　　**15.** 车三退一

红控制局面占优，结果胜。

以上两局例黑跳正马防守有力，双方对攻较激烈，于是红第 7 回合改为仕六进五，以防止黑退右炮，此时黑又弈出肋车保卒的变例。

1. 兵七进一　炮 2 平 3　　　　**2.** 炮八平五　炮 8 平 5

3. 马二进三　马 8 进 7　　　　**4.** 车一平二　卒 3 进 1

5. 马八进九　卒 3 进 1

6. 车九平八　车 9 进 1

7. 仕六进五　马 2 进 1

8. 炮二进四　……

红先补仕迫使黑马屯边，造成中卒防守薄弱之后，再伸右炮过河攻卒，是正确的走子次序。

8. ……　　　　　车 9 平 4

9. 车二进五　车 4 进 2（图 176）

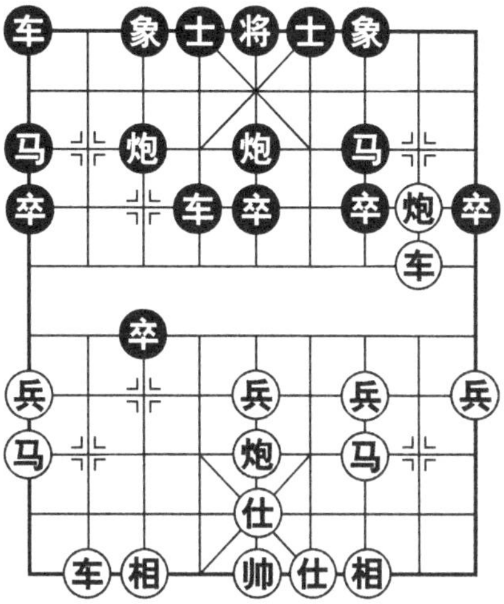

图 176，红准备车二平七捉炮吃回黑卒，黑升肋车既护中卒，又伏马 1 进 3 打车的手段。

图 176

但黑方这样走又产生了一个新的弱点，即红可借右炮牵制黑方子力之际，直冲三路兵过河。

柳大华对谢岿。接图 176，红先。

10. 兵三进一　士 4 进 5　　　**11.** 车二平八　……

移车左翼便于冲兵渡河。如兵三进一，车 4 进 1，马三进四，车 4 平 7，车二平三，卒 7 进 1，炮二平三，象 7 进 9，马四进六，炮 3 进 1，黑可抗衡。

11. ……　　　　　卒 1 进 1　　　**12.** 前车平九　车 4 进 2

13. 相三进一　……

红飞相保兵，看似失先，其实后续有退炮河界打车卒的手段，属后中先的棋。因如能吃回黑过河卒，便消除后患控制局面。

13. ……　　　　　车 1 进 1　　　**14.** 兵九进一　……

如炮二退二，车 4 退 2，炮二平七，车 4 平 3，炮七进三，车 3 退 1，兵三进一，卒 7 进 1，车九平三，车 1 平 3，车三进二，前车进 7，车八平七，车 3

进8，仕五退六，车3退2，相一退三，车3平1，黑有对攻机会。

14. ……　　　　车1平4　　　**15.** 车九平七　炮3进1

16. 车八进七　士5进4　　　**17.** 车八退一　士4退5

18. 炮二退二　炮5平3

急躁。应前车退2，保留平炮打车再轰相的手段，黑有对攻机会。

19. 车七进一　马1进3　　　**20.** 车八平七　……

红抓住战机，舍车换马炮，抢得先手。

20. ……　　　　前车退3　　　**21.** 炮二进三　象7进5

22. 马三进二

伏马踏边卒捉死马，红大优，结果胜。

袁世桥对郭永振局例。接图176，红先。

10. 兵三进一　车1进1　　　**11.** 兵三进一　车4进1（图177）

12. 马三进四　车4平7　　　**13.** 车八进五（图178）　……

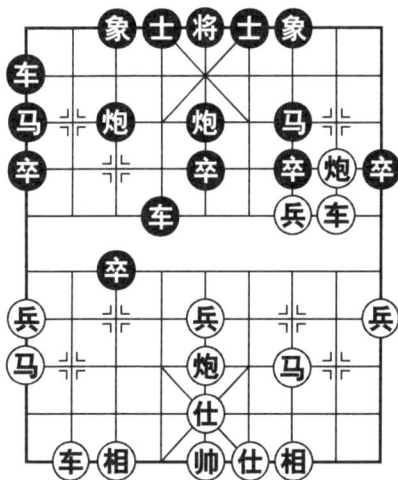

图177

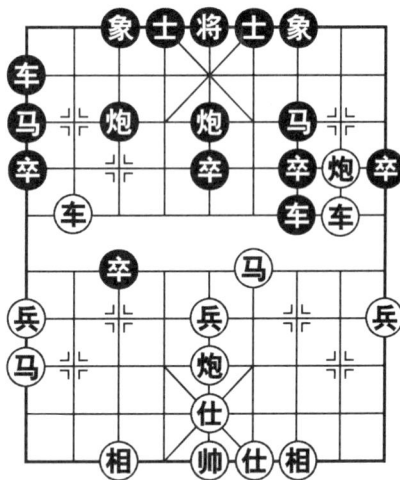

图178

也可车二平三，卒7进1，马四进五，马7进5，炮五进四，士4进5，相三进五，大体均势。

13. ……　　　　车1平6

红车骑河占领要道，黑移肋车捉马，双方咬得很紧。

14. 马四进五　车7平2　　　**15.** 车二平八　炮3进1（图179）

图179，黑升炮避马咬。如马7进5，炮五进四，士6进5，车八平七，炮3进1，车七退一，红控制局面。

16. 马五进三　炮 3 平 8

17. 车八平二　炮 8 退 2

可炮 5 进 5 兑炮后再退炮，和望较浓。

18. 炮五平七　车 6 进 1

黑象难保。如卒 3 平 4，马九进七，炮仍要轰象。

19. 炮七进七　士 4 进 5

20. 马三退一　车 6 平 9

21. 车二进一　炮 5 进 1

22. 车二进二　车 9 进 1

23. 车二退四

至此，红能吃回黑过河卒，左翼集结车马炮三子，并有沉底炮攻势占优，结果红胜。

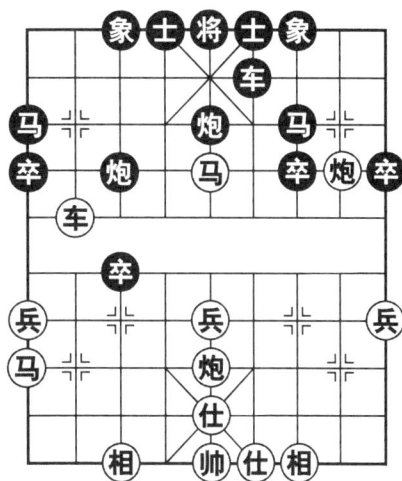

图 179

刘殿中对崔岩局例。前 15 回合同上局，接图 179，红先。

16. 车八平七　车 6 平 8　　　**17.** 炮二退一　马 7 进 5

18. 炮五进四　炮 5 进 4

如士 6 进 5，相三进五，卒 3 平 4，兵九进一，黑子力难以施展。现在黑炮敢于打兵，给红空头炮机会，有胆识。

19. 相七进五　卒 7 进 1　　　**20.** 车七平三　车 8 进 2

21. 炮五退二　……

如炮五退一，炮 5 退 1，炮五平八，象 7 进 5，车三平五，卒 3 平 4，马九进七，双方互缠。

21. ……　　卒 3 平 4　　　**22.** 车三平五　士 4 进 5

23. 炮五平二　卒 4 平 5

巧着互打车，黑不会失子。

24. 后炮进二　炮 5 退 2　　　**25.** 前炮平五　象 3 进 5

26. 炮五退二

双方均势，结果和棋。

闫文清对吕钦局例。前 12 个半回合同上，弈成图 178，黑接走：

13. ……　　车 7 平 8　　　**14.** 车八平二　炮 3 进 1

15. 炮五平三　……

卸炮攻黑弱马，作用不大，可炮二平五，马7进5，炮五进四，士4进5，车二平六，仍红先手控制局面：

15. …… 炮5进4 **16.** 相七进五 炮5平7

17. 车二退二 车1平8

互相牵制，黑不致丢子，并保持多卒状态。如炮7退，马四进五，马7退9，炮二进二，红先手扩大。

18. 车二平三 车8进2 **19.** 车三平五 马7退9

20. 车五进三 象7进5 **21.** 相五进七 卒7进1

22. 相七退五 车8平5 **23.** 马四进五

双方经过一番子力交换，局势趋于平稳，红吃回黑过河卒消除隐患。至此黑多一卒稍优，后来残棋红走软致败。

刘殿中对殷广顺局例。前11回合同上，接图177，红先。

12. 兵三平四 车1平6

如卒7进1，炮二平三，象7进9，兵四进一，炮3进1，炮三平五，士4进5，车二退一，炮3平6，车二平七，仍红先。

13. 炮二平五 士6进5 **14.** 兵四平五 车4进1

15. 车八进六 车6进5

如炮3进7，前炮平九，红有车八平三扫卒捉马的手段。

16. 前炮平七 ……

平炮叫闷杀，主动邀兑子，可让出中兵通路。至此黑如马1进3，车八平七，炮3平4，车七平三，仍红控制局面。

16. …… 炮3平4 **17.** 炮七平九 卒3进1

如车6平7，炮五平七，卒3平2，马九进七，黑难应付，所以挺卒防炮。

18. 前兵进一 车6平7

可炮5平6，前兵平四，炮6平5，兵四平三，车6平7，黑有对攻机会。

19. 前兵进一 象7进5 **20.** 马九进七 车7进1

21. 马七进五

红送回一子，为了活跃子力，扩大先手，结果胜。

黑升巡河炮变局例。

1. 兵七进一 炮2平3 **2.** 炮八平五 炮8平5

3. 马二进三 马8进7 **4.** 车一平二 卒3进1

5. 马八进九 卒3进1 **6.** 车九平八 车9进1

7. 仕六进五　炮3进2

以往此着黑跳边马，中防较弱，现改升巡河炮，让出跳右正马的位置，并伏炮3平7打马的手段。

8. 炮二进四　车9平4（图180）

图180，黑车平肋便于支援过河卒。如马2进3，车二进四，车9平4，车二平七，车4进3，车八进六，象3进1，车八平七，车1平3，炮二退二，卒7进1，兵三进一，仍红先手。至此红有骑河车或巡河车等攻法。

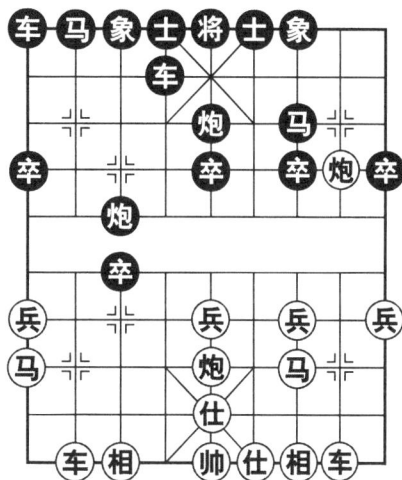

图 180

李来群对徐天红局例。接图180，红先。

9. 车二进五　炮3平7		**10.** 马三退一　马2进3	

11. 兵三进一　……

黑借平炮打马之机，跳出右马保中卒。红接着挺兵逐炮，又夺回先手。

11. ……　　　　炮7平5		**12.** 马一进三　前炮进3	
13. 相七进五　车4进3		**14.** 车二平六　马3进4	

黑主动兑车，顺便跳出盘河马，但右车晚出是个弱点。

15. 炮二退二　卒1进1

黑过河卒难保。如卒3进1，车八进五，马4进5，马三进五，炮5进4，马九进七，红子力活跃较优。

16. 炮二平七　卒1进1		**17.** 炮七平六　卒1平2	

18. 车八平七　……

平车另辟通路，谋求更多变化。如马九进七，卒2平3，相五进七，车1进6，马七进九，卒5进1，黑有攻势。

18. ……　　　　马7退5

如车1进6，车七进九，士6进5，车七退四，红得象优。

19. 车七进五　马5进3		**20.** 马九进七　卒2平3	

21. 车七退一　炮5退1

准备平炮打车马，防止红车七进二压马的手段。

22. 车七平九　车1进5		**23.** 兵九进一	

局势平稳，红多一兵稍优，结果和棋。

蒋全胜对柳大华局例。前8回合同上，接图180，红先。

9. 车二进四　卒3平4（图181）

图181，黑欲保住过河卒，以保留更多的对攻机会。

10. 车八进六　……

预防黑马2进3，车八平七捉双。

10. ……　　炮3平7

11. 车二平三　车4平3

黑平炮打马，挪车捉相的位置，企图展开反击，但其他子力未能配合，右翼车马晚出，虚张声势。

12. 炮五进四　士4进5

13. 相三进五　马7进5　　**14. 炮二平五　马2进3**

15. 车八平七　……

黑跳马软着，红乘机平车牵制，又有炮镇当头，略优。

15. ……　　车1进1　　**16. 炮五退一　……**

避免黑马兑炮，并畅通卒林线。

16. ……　　车1平2　　**17. 车七平三　象7进9**

18. 前车平二　炮7退4　　**19. 车二平七　马3退1**

黑总算摆脱右马所受牵制，结果和棋。但本局黑方应法不够理想。

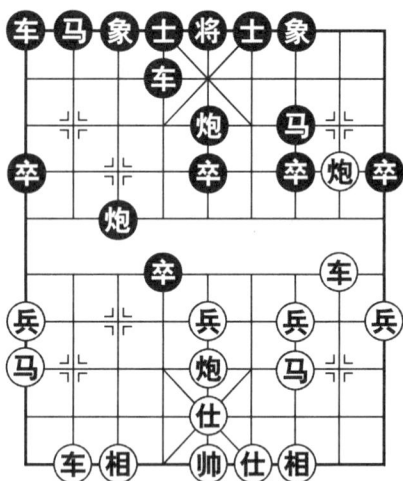

图181

卜凤波对徐天红局例。前9回合同上，接图181，红先。

10. 炮五平六　卒4平5

11. 兵五进一（图182）　……

图182，红卸炮打车，先消灭黑过河卒免除后患是目前较流行的攻法。但卸炮解除了中路攻势，中兵挺起又挡住车路，也付出了一定代价。这路变化较为复杂。

11. ……　　马2进1

跳边马与下着兑车有关系，如马2进3，怕红车八进六威胁。

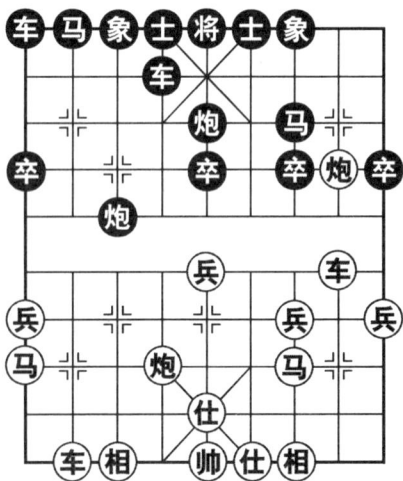

图182

12. 相三进五　车 1 平 2

黑已有肋车，如右车横出并无意义，因此主动兑车准备再跳正马。

13. 车八进九　马 1 退 2　　　　**14. 车二平三　炮 3 平 7**

15. 马九进七　马 2 进 3

黑实现了跳正马的计划。此着不宜车 4 进 5 捉马，因红有炮二退三打车的解着。

16. 炮六平七　马 3 进 4　　　　**17. 炮七进七　士 4 进 5**

18. 马七进六　车 4 进 3

红得象略优，结果和棋。

崔岩对廖二平局例。前 10 个半回合同上，接图 182，黑先。

11. ……　　　　马 2 进 1　　　　**12. 车八进五　……**

以往补相，黑开直车邀兑，使局面简化。现及早升车捉炮，避免黑逼兑车的棋，使局势保留更多的变化，是红对上局着法的改进。

12. ……　　　　炮 3 平 7

13. 相三进五　车 1 平 2

14. 车八平七（图 183）……

图 183，红避免兑车，占据骑河佳位。

14. ……　　　　车 2 进 6

15. 车二平三　……

平车保兵稳健，不怕炮 7 进 2，因有车三进二，马 7 退 9，炮二平五，士 4 进 5，车七进四，车 4 退 1，车七平六，将 5 平 4，炮五平一，红优。

15. ……　　　　车 4 平 3

16. 车七平六　……

红两次拒绝兑车，力求保留更多变化。

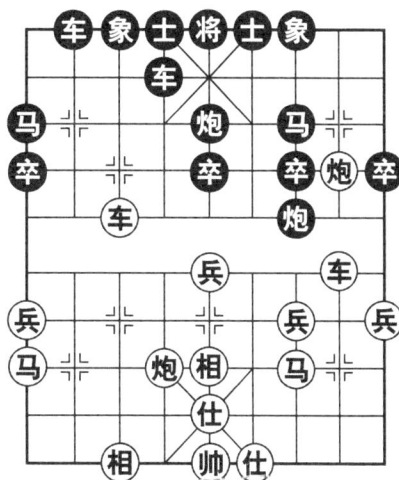

图 183

至此形成双方互缠状态，但红有炮二退三打车再马九进七等手段，仍属先手。

16. ……　　　　马 1 进 3

17. 车六平七　……

如炮二退三，车 2 进 1，兵九进一，卒 5 进 1，车六进一，炮 5 进 3，车六平三，马 7 进 5，黑取得攻势，红左翼空虚有危险。

17. ……　　　　马 3 退 1　　　　**18. 车七进三　马 1 退 3**

19. 炮六进五　炮 5 退 1

防红炮六平三，炮7退2，车三进二，炮7平8，炮二平五有攻势。

20. 炮六平七　马3进5　　　21. 炮二退三　车2退2

22. 炮七退六

黑子力位置欠佳，红伏马九进七咬车，兼炮打底象闷杀。至此红优，结果胜。

闫文清对侯昭中局例。前10个半回合同上，接图182，黑先。

11. ……　　　马2进3

12. 相七进五（图184）　……

图184，红补相固防偏稳，可车八进六准备平七捉双，更有攻击力。

12. ……　　　卒1进1

13. 车二平三　……

如车八平七，车4进3，就不能车二平三，因黑可卒7进1逐车。

13. ……　　　炮3平7

14. 马九进七　……

如车八进六，车1进3兑车，红无便宜。现红斜跳边马，防黑冲边卒过河。

14. ……　　　车1平2

15. 车八进九　马3退2　　　16. 炮二退一　马2进1

17. 马七进六　……

兑车后局势并未缓和，红退炮不是为了吃卒，而是借炮力跃马过河打车，开始扩大先手占优。

17. ……　　　车4平8　　　18. 炮二退一　马1进3

19. 马三进五　炮5平2　　　20. 马五进七　象3进5

21. 炮二退二

黑卸炮联象调整局型，红马跃出河口佳位，又退成担子炮攻守两利，红较优，结果胜。

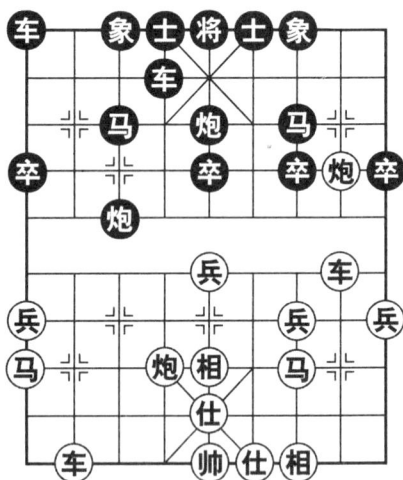

殷广顺对金波局例。前11个半回合同上，接图184，黑先。

12. ……　　　车1平2　　　13. 车八进九　马3退2

14. 车二平三　炮3平7　　　15. 马九进七（图185）　……

图185的形势下，黑主动兑车减轻压力，红平车提卒及跃出边马，走子次

序不能颠倒，否则黑有伸车兵林捉马的手段。

　　15. ……　　　　马 2 进 3

　　16. 炮六平七　车 4 进 1

　　17. 马三退一　士 4 进 5

　　准备跃马 3 进 4 兑马，不会被红炮轰象。

　　18. 炮二退一　炮 5 平 6

　　19. 兵五进一　卒 5 进 1

　　20. 炮二平五　炮 6 平 5

　　红退骑河炮再冲兵兑卒，既获得中炮攻势，又疏通车路。

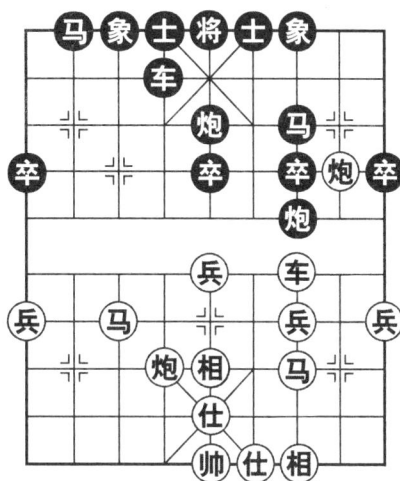

图 185

　　21. 车三平七　马 7 进 5

　　22. 炮五进二　象 3 进 5　　　　**23.** 兵三进一　炮 7 平 3

　　黑子路通畅，无懈可击，结果和棋。

　　总的来看，本布局红胜多负少，黑布局尚待改进。

　　挺兵对卒底炮局，当红还左中炮时，黑就有补列炮的机会，顿时棋盘上炮声隆隆，硝烟四起，与黑方飞象横车阵式迥然不同。实战中，红曾采用左正马右边马式，往往容易吃亏，于是改为右正马左边马。而黑则借鉴飞象时的左横车应法，但效果不大理想，所以改用直车牵制，赢得对攻机会。

　　徐天红胜吕钦。徐天红挺兵转左中炮，效果不错。

　　1. 兵七进一　炮 2 平 3　　　　**2.** 炮八平五　……

　　同样转中炮，摆左中炮与右中炮不同。后者并不能解决左马的出路，前者则可跳出左正马。如马 8 进 7，马八进七，马 2 进 1，车九平八，象 7 进 5，马七进六，士 6 进 5，马六进五，马 7 进 5，炮五进四，车 9 平 6，炮二平九，仍红先。

　　2. ……　　　　　　炮 8 平 5

　　列炮是针对红左中炮的应着。如马八进七，马 8 进 7，马二进一，马 2 进 1，车九平八，车 9 平 8，车一平二，卒 3 进 1，兵七进一，车 8 进 4，黑易走。

　　3. 马二进三　马 8 进 7　　　　**4.** 车一平二　卒 3 进 1

　　5. 马八进九　卒 3 进 1

　　红改跳右正马是近年兴起的新战术，但左马仍受遏制，黑按原计划顺利冲卒过河。

6. 车九平八　　车9进1　　　　7. 仕六进五　　……

红放黑卒过河，换取双车快出的机会。红补仕是破坏黑炮3退1再跳马2进3的计划，因伏车八进八压马的着数。

7. ……　　　　马2进1　　　　8. 炮二进四　　车9平4

9. 车二进五　　车1平2（图186）

图186，红右炮过河配合中炮抢卒，发起攻势。黑右炮掩护小卒渡河，又摆列炮，双方四门大炮都投入战斗。

此时黑右车找不到好出路，干脆兑子又可使右炮生根。如车4进2护卒，红兵三进一再冲过河，更具威胁。

10. 车八进九　　马1退2

11. 车二平八　　马2进1

12. 车八平七　　炮3进1

13. 车七退一　　……

红吃回黑卒免除后患，以后再炮打中卒，争取多兵优势。

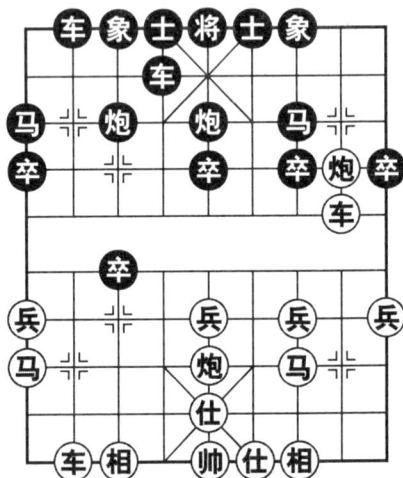

图186

13. ……　　　　士4进5　　　　14. 兵三进一　　车4进3

15. 马九进七　　……

黑车位不佳，红伏吃炮兑车得子的着数。

15. ……　　　　车4平8　　　　16. 炮二平五　　马7进5

17. 炮五进四　　车8平5　　　　18. 马三进四　　将5平4

此时黑不宜吃中兵，如车5进2，马七进五，车5平6，马五进四，再奔卧槽，红有攻势。

19. 相七进五　　卒1进1　　　　20. 车七平八　　炮5平8

21. 马四进六　　象7进5

不敢车5退1吃炮，因红马六进七抽车。

22. 炮五平四　　将4平5　　　　23. 兵五进一　　车5平6

24. 炮四平五　　炮8进1　　　　25. 炮五退一　　炮3进1

26. 马六进五　　……

黑希望兑炮削弱红攻势。红马踏象巧着，先弃后取，又突破黑防线，是夺取优势的关键。

26. ……　　　　象3进5　　　　27. 车八进三　　车6进2

28. 马七进八　车6平4　　　**29.** 车八平九　将5平4

30. 车九平五

红破黑双象，又多兵优，结果胜。这盘棋黑起横车，并未找到反击手段。

李鸿嘉胜项阳红。项阳红试用直车牵制红炮，弈出新变化。

1. 兵七进一　炮2平3　　　**2.** 炮八平五　炮8平5

3. 马二进三　马8进7　　　**4.** 车一平二　……

红快开车以控制通路，等待黑出车则进炮封住。

4. ……　　　　卒3进1　　　**5.** 马八进九　卒3进1

6. 车九平八　马2进1

先跳边马，根据红方进攻方向再决定如何开车。

7. 炮二进四　卒7进1

8. 车二进四　车9平8（图187）

图187，黑开左直车是改进着法，对红车炮有牵制作用。由于挺起7卒，避开红双炮抢中卒的计划。

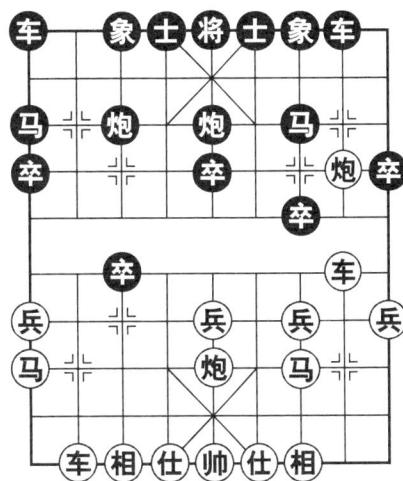

图187

9. 车二平七　车8进3

10. 车七进三　车8进3

兑炮后，红左翼子力雄厚，但右马无根受攻，没有掌握好攻与守的关系。

11. 炮五平七　车8平7

12. 相七进五　马7进6　　　**13.** 仕六进五　士4进5

14. 马九进七　马6进4　　　**15.** 炮七平六　……

回顾前面卸炮，实际平七炮并不宜轰象，故炮五平六亦可，省了一步棋。

15. ……　　　　马4进6　　　**16.** 马十进六　……

双方都从侧面进攻，但黑只有车马的力量攻红坚实的右翼，收效甚微。红集中双车马炮攻黑右翼，有一定的威胁。

16. ……　　　　炮5平9　　　**17.** 马六进四　……

应马六进八，象7进5，车七平九，车1进2，马八进七，将5平4，车八进四，将4进1，车八平六，士5进4，马7退九，象3进1，车六平三抽车。

17. ……　　　　炮9平6　　　**18.** 马四退五　车7平8

19. 马五进六　炮6进1　　　**20.** 马六进八　……

如车七平九，马6进7，帅五平六，炮6平4，炮六平九，车1进2得车。

20. ……　　　车 1 平 2

劣着导致丢车。应车 1 进 1，车七进二，士 5 退 4，车八进四，士 6 进 5，车八平六，炮 6 退 3，黑仍可苦守。

21. 炮六平八　车 2 进 2　　　**22.** 车七平八　……

红得子优，结果胜。

张强负刘殿中。刘殿中演绎此布局时，以左直车变例取胜。

1. 兵七进一　炮 2 平 3　　　**2.** 炮八平五　炮 8 平 5

3. 马二进三　马 8 进 7　　　**4.** 炮二进四　……

流行着法是开右车，现先伸炮过河瞄卒，是一步试验棋。

4. ……　　　卒 3 进 1　　　**5.** 马八进九　卒 3 进 1

6. 车九平八　马 2 进 1　　　**7.** 车一平二　……

既然红先伸炮，此着也可试行炮击卒。例如闫文清对傅光明一局，红炮二平五，士 6 进 5，车一平二，马 1 进 3，前炮退二，卒 3 平 2，车二进五，车 1 平 2，车二平六，卒 2 进 1，车六进一，对攻中红易走。

7. ……　　　卒 7 进 1　　　**8.** 车二进四　车 9 平 8

9. 车二平七　车 8 进 3

10. 车七进三　车 8 进 3

11. 马九进七（图 188）　……

图 188，红不顾右马面临威胁，敢于斜出边马，准备弃子攻杀。这是新变着，勇气可嘉。

11. ……　　　车 8 平 7

12. 马七进六　车 7 进 1

13. 车八进八　士 4 进 5

红伸车下二路，准备平三逐马，然后炮打中卒，构成双车马炮的立体攻势。

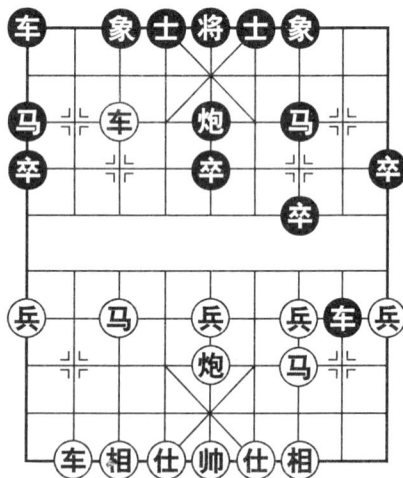

图 188

黑补士拦车，不宜补左士。如士 6 进 5，炮五平七，士 5 进 4，炮七进七，士 4 进 5，炮七平三，炮 5 平 3，炮三平九，将 5 平 6，马六进七，车 7 平 3，车八退一，红必得子大优。

14. 车八平六　车 7 平 6　　　**15.** 仕六进五　车 6 退 3

如车 6 退 5，炮五进四，车 6 进 2，炮五退二，车 6 平 5，马六进五，象 7 进 5，炮五进三，士 5 退 4，帅五平六，红优。

16. 马六进五　　象7进5　　　　**17.** 车七平五　　车6平4

18. 车五平九　　车4退3　　　　**19.** 车九进二　　车4平3

20. 相七进九　　……

黑缺一象，但还要看双方争夺兵卒的结果，局势才会明朗。

20. ……　　　　车3进2　　　　**21.** 车九平八　　马7进8

22. 车八退四　　象3进5　　　　**23.** 炮五平一　　马8进9

24. 炮一进四　　卒5进1　　　　**25.** 炮一进三　　象5退7

26. 车八平五　　马9退7　　　　**27.** 车五平三　　……

红略优。可惜后来残棋贪胜失误致败，并非布局致败。

张江负朱琮思。

朱琮思改变策略，不急于攻击红右马，而及时卸炮补士象稳住后防，布局尚令人满意。

1. 兵七进一　　炮2平3　　　　**2.** 炮八平五　　炮8平5

3. 马二进三　　马8进7　　　　**4.** 炮二进四　　卒3进1

5. 马八进九　　卒3进1　　　　**6.** 车九平八　　卒7进1

7. 车一平二　　……

黑不跳边马而挺7卒，不怕红车压马，这步棋值得研究。如车八进八，车9进1，炮二进二，炮3进7，仕六进五，卒1进1，车一平二，卒1进1，兵九进一，车1进5，马九退八，车1平2，兑车可化解红方攻势。

7. ……　　　　马2进1　　　　**8.** 车二进四　　……

升车会被黑开车牵制过河炮。如先平炮压马亦无便宜。如炮二平三，炮3进1，车二进六，车9平8，炮三平七，马1进3，车二平三，车8进2，黑可抗衡。

8. ……　　　　车9平8　　　　**9.** 车二平七　　……

平车吃卒立即兑子，可否先补仕停一着观察棋局变化呢？例如仕六进五，士4进5，炮二平三，炮3进1，车二进五，马7退8，炮三平七，马1进3，炮五进四，马3进4，炮五退二，马4退5，车八进六，马8进7，大体均势。

9. ……　　　　车8进3　　　　**10.** 车七进三　　士4进5

上局进车兵林急躁，现补士为卸炮做准备，攻守兼顾，是对上局着法的改进。

11. 马九进七　　炮5平6（图189）

图189，保留卒林车护中卒，卸炮准备联象打车及调整阵型，又利于右车从肋线亮出，布局协调。体现孙子兵法的观点："先为不可胜，以待敌之

可胜。"

12. 马七进六　　象 3 进 5

13. 车七退三　　马 7 进 6

14. 炮五平九　　……

平炮伏打卒捉双车，也可炮五平六封住黑右车出路，再联相稳固阵势。

14. ……　　　　车 8 进 5

15. 仕六进五　　马 6 进 7

16. 车八进六　　车 1 平 4

17. 车八退一　　炮 6 进 2

升炮打车欲赶走红马，以便伸肋车对攻，但边马无根存在弱点。在对杀过程中应注意防守，不能急躁。

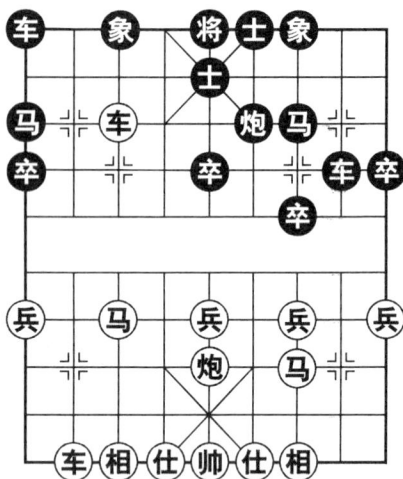

图 189

18. 马六进七　　车 4 进 8　　　　　**19.** 车八进二　　车 8 平 7

这样对杀速度慢，可走象 5 退 3 守一步。

20. 车八平九　　车 7 退 1

劣着。应象 5 退 3，车九进二，象 7 进 5，炮九平五，马 7 进 5，相三进五，车 7 退 1，车七退二，卒 7 进 1，车七平六，车 4 平 3，仍属黑方易走。

21. 炮九平六　　……

败着，错过胜机。应车九进二，士 5 退 4，炮九平六，士 6 进 5，车七平六，炮 6 退 4，车六进四再吃心士，红先成杀。

21. ……　　　　象 5 退 3　　　　**22.** 车九进二　　象 7 进 5

23. 马七退六　　炮 6 平 5　　　　**24.** 马六进五　　车 4 平 5

红认输。仕四进五，车 7 进 2 杀。这盘棋黑提供了列炮方防守反击的一种战术。

二十一、对兵转为列炮局

1. 兵七进一 卒7进1 **2.** 炮二平三 ……

对兵局在20世纪40年代以前曾一度流行，而现今在实战出现较少，且弈法另有新意。由于近些年挺兵对卒底炮局昌盛，红方战绩较佳，故黑棋改变策略，用后手挺卒来应付红兵底炮，双方阵型互换，欲以其人之道还治其人之身，由此产生一系列新的变化。

2. …… 炮8平5

以往黑棋曾试用右中炮弈法，其演变与挺兵对卒底炮局相似，但红方多挺一步七路兵较有利，这两年黑棋多改为左中炮了。

3. 炮八平五 马8进7 **4.** 马八进七 马2进1

5. 车九平八 车1平2 **6.** 马二进一 车9平8

假如红七兵没有挺起，此时红可兵三进一，卒7进1，车八进四，卒7平8，车一平二，卒8进1，车八平三，黑棋左翼受攻，这是挺兵对卒底炮局的一个变例。但在对兵转列炮局中，黑棋无此顾虑，因此黑第2回合走左中炮是可以成立的。

7. 兵一进一 ……

挺边兵防黑左车骑河，并使之没有好位可进，至此黑传统应法是模仿性挺边卒。例如昌钦对刘军局例，卒1进1，车一进一，士6进5，车一平四，炮2进2，车八进三，炮5平2，车八平六，象7进5，车四进三，后炮平4，马一进二，红势较优，结果红胜。

黑方经过总结，认为局势受制的重要原因是让红横车及时占右肋制马，如果省去挺边卒的棋，就有可能抢先跃马，取得对攻机会。于是作出以下改进着法：补一步士。

7. …… 士6进5

这是新变着，看似平淡，实含跃马反击手段。至此红有骑河车、右横车等攻法。

周长林对闫文清局例。

8. 车八进五　象7进9（图190）

图190，红伸骑河车控制黑马进路是惯用的手段。但在本布局的条件下，此着是否妥当尚需研究，因为给了黑挺边卒驱车抢先的机会。

9. 车一平二　……

这样兑车步数吃亏，只能车一进一，车8平6，车一平二，卒1进1，车八进一，炮2平3，车八进三，马1退2，红先手不大，黑足可抗衡。

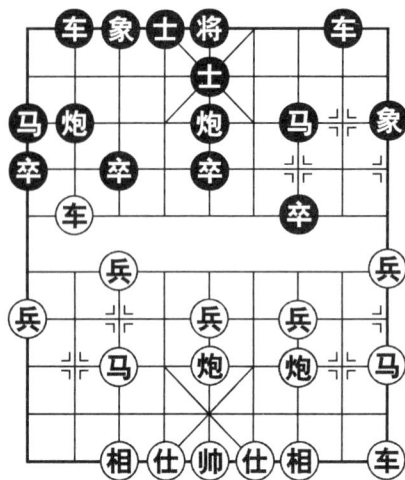

图190

9. ……　　车8进9

10. 马一退二　卒1进1

11. 车八退一　……

退车稳健。如车八平九，炮2进2，兵三进一，马7进6，兵三进一，马6进5，马七进五，炮5进4，仕四进五，炮5退2，车九退一，炮2平7，红失先。

11. ……　　炮2平3　　**12. 车八进五　马1退2**

13. 相七进九　……

防黑炮取兵。至此双方阵型相仿，但黑多补一步士且轮到黑走，红方无形中损失两步棋。

13. ……　　马2进1　　**14. 马二进一　马1进2**

15. 马一进二　炮3平1　　**16. 炮三平一　马2进1**

17. 马七进六　炮5进4

黑多卒优，结果胜。可见红方第8回合骑河车攻法容易吃亏，后来人们改为右横车攻法。

陈鱼对宋国强局例。

前7回合同上，红第8回合改出横车。

8. 车一进一　马7进6

黑实现预定的跃马计划，至此如车一平四，马6进5，马七进五，炮5进4，仕四进五，红无先手。

9. 炮五进四　车8进7（图191）

图191，黑弃中卒得以伸车捉炮反击，红需谨慎行事。

10. 炮三平五　炮 2 进 5

11. 车一平四　炮 2 平 5

12. 相七进五　……

如炮五退四，炮 5 进 5，车八进九，马 1 退 2，相七进五，马 6 进 7，车四进三，马 7 进 9，相三进一，车 8 平 5，马七退五，车 5 退 1，黑反先。

12. ……　　　　马 6 进 5

准备弃子取势的强劲着法。在胡荣华对高明海一局中，黑此着车 2 进 9，马七退八，马 6 进 7，车四进五，卒 1 进 1，仕四进五，马 7 进 8，炮五平一，红稍优。

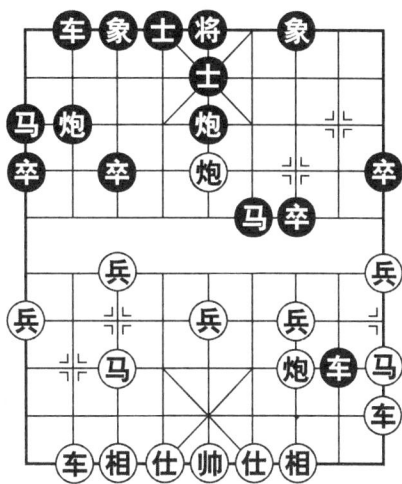

图 191

13. 车八进九　马 5 进 3　　14. 车八退七　车 8 平 5

15. 仕四进五　车 5 退 4　　16. 车八平七　车 5 平 6

17. 仕五进四　马 1 退 3　　18. 车四平六　马 3 进 4

以上双方着法皆属必然，形成红得子黑得势的各有利弊局面。从理论上分析，黑有许多攻杀占优的机会，即使红应付得宜，黑也可利用先手扫兵兑子，造成和势，作为先手棋的红方对此种局面不会满意。

19. 帅五平四　炮 5 平 6　　20. 帅四平五　炮 6 平 5

21. 帅五平四　炮 5 平 4　　22. 车六平二　炮 4 平 3

23. 车二进八　……

不如仕六进五，先取守势为宜。

23. ……　　　　马 4 进 5　　24. 车七平五　……

败着，应仕六进五尚可抗衡。

24. ……　　　　炮 3 平 5

至此红车不能吃马，因黑车吃仕杀。红如逃车，黑马踏仕做杀亦优。

25. 仕六进五　炮 5 进 5　　26. 相三进五　马 5 进 6

黑优，结果胜。

李来群对孙树成局例。

前 9 回合同上，至图 191 形势时，红做了改进。

10. 车一平三　炮 2 进 5　　11. 车八进二　……

在陈鱼对宋国强一局第 11 回合，红如改左车吃炮兑子，则变化与本局同。

11. ……　　　车2进7

12. 炮三平八　车8平3

13. 炮八进三（图192）　……

图192，是本布局双方攻守演变形成的一个待审局面。黑实战着法是退车捉中兵，结果红兵种齐全稍优。

13. ……　　　车3退1

如马6退7，炮五退二，车3退2，相三进五，车3退1，炮八退一，马7进6，车三平四，红略先。

14. 炮八平五　马6退7

15. 后炮进二　象3进5

16. 炮五平二　车3平5

17. 相七进五　卒1进1

兑子后局势趋于缓和，双方子力大体相等，但红兵种齐全，黑左翼存在隐患不可大意。

18. 车三平二　马1进2　　19. 仕四进五　马2进4

20. 炮二进三　士5退6　　21. 车二进六　马4退6

22. 马一进二

红有攻势稍优，结果红胜。回顾黑方第13回合如图192形势时，马6进4，炮五退二，车3平6，车三平六，马4进3，仕六进五，车6退3，车六进一，马3退1，炮八退二，将5平6，车六进一，前马退2，相七进五，卒1进1，成相持局势，黑尚可抗衡。

本局例红第10回合平车保炮的改进着法在实战中取得效果，可保持先手地位，黑如应付得当，亦有周旋余地。这盘棋黑方的要点是跃出左马，红欲破其计划则需抢出横车。

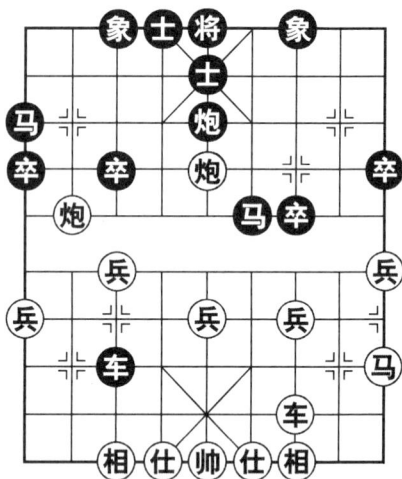

赵庆阁对李智平局例，前5回合同上。

6. 车一进一　车9平8　　7. 马二进一　……

至此黑未补士不能跃马。如马7进6，车一平四，马6进5，炮五进四，士4进5，马七进五，车8进5，炮三平五，黑失子，这就是红抢横车的原因。

7. ……　　　车8进5　　8. 相七进九　士6进5

如马7进6，炮五进四，士4进5，炮三平五仍红先，黑弃中卒并无作用。

9. 车一平六（图193）　……

图193，横车左肋开辟了一种新型攻法。如车一平四，炮5平4，车四进五，象7进5，黑阵势巩固。

9.　……　　卒1进1

如马7进6，车六进二，卒1进1，炮五进四，红得中卒略优。

10. 车六进四　象7进9

可炮5平4，车六平三，象7进5，车三进一，炮2进4，各有千秋。

11. 车八进六　炮5平6

12. 仕六进五　炮2平5

13. 车八进三　马1退2

14. 炮五进四　炮6进5

15. 炮五退一　车8进2

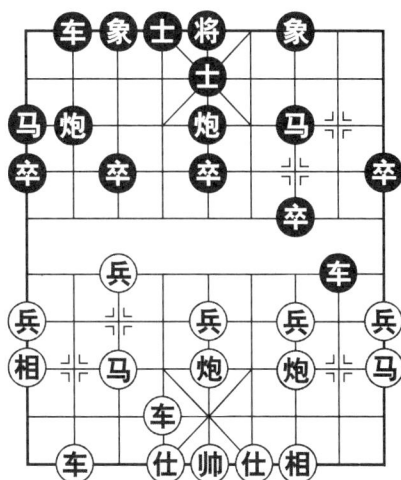

图193

16. 车六退三　炮6平3

如车8平7，车六平四，车7平6，仕五进四，马7进6，仕四退五，将5平6，炮五平六，炮5平7，相三进五，马6进7，马一进三，炮7进4，局势平稳，双方较量残棋功夫。

17. 车六平七　马7进6

18. 车七平六　马6进7

19. 帅五平六　马2进3

20. 车六进五　车8平7

21. 车六平七　车7平8

应马7进9，相三进一，车7平8，车七进二，将5平6，这样局面简化，较易掌握。

22. 车七进二　将5平6

23. 车七退三　士5进6

24. 车七平四　将6进1

25. 兵七进一

红优，结果红胜。

童本平对孙树成局例。

1. 兵七进一　卒7进1

2. 炮二平三　炮8平5

3. 炮八平五　……

也可兵三进一，炮5进4，兵三进一对攻，红不亏。

3.　……　　马8进7

4. 马八进七　马2进1

5. 车九平八　车1平2

6. 马二进一　车9平8

此时局面，由于红先挺起七兵，就不存在弃三兵再升巡河车的手段。

7. 车一平二　车8进9

8. 马一退二　……

红主动兑车，损失了步数。上着也可兵一进一，再出横车，仍持先手。

8. ……　　士6进5

9. 仕六进五　卒1进1

10. 相三进一（图194）　……

图194，红飞边相，准备挺三兵兑卒，加强对黑马的牵制。至此双方阵势对峙，黑无好棋可走。

10. ……　　炮2平3

11. 车八进九　马1退2

12. 马七进六　马2进1

不宜炮5进4贪吃兵，红有兵三进一欺卒攻马的手段。

13. 兵三进一　卒7进1　　　14. 相一进三　……

红按预定计划行棋，准备用炮兑马再吃中卒，以便在残局阶段取得多兵优势。

14. ……　　马7进8　　　15. 炮五进四　马8进6

16. 马六进四　马1进2　　　17. 相七进五　炮3平1

18. 炮三平四　马6进4　　　19. 马四进二

红马准备跳卧槽，有许多攻杀手段，明显优势，结果胜。

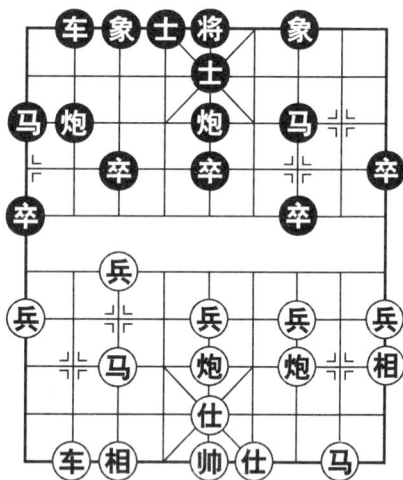
图194

郑一泓对葛维蒲局例。

1. 兵七进一　卒7进1

2. 炮二平三　炮8平5

通常应着是炮2平5，兵三进一，马2进3，兵三进一，马8进9，相三进五，车1平2，车九进一，仍红先。

3. 炮八平五　马8进7

4. 马八进七　马2进1

5. 马二进一　车9平8

6. 车九平八　车1平2

7. 兵一进一　士6进5（图195）

图195，红挺边兵，防黑车8进5控制河界并捉兵。黑补士便于跃出左马，

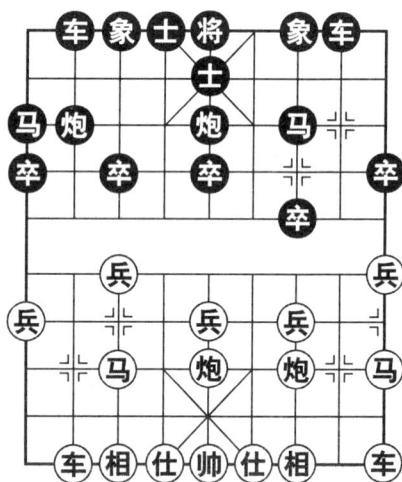
图195

也可卒 1 进 1，静观其变。

8. 车一进一　马 7 进 6 　　　　**9.** 炮五进四　车 8 进 7

黑跃马弃中卒，争取对攻。

10. 车一平三　炮 2 进 4 　　　**11.** 相七进五　车 8 退 4

12. 炮五退一　车 8 平 5

黑对攻计划落空，现谋求兑子缓和局势。

13. 炮五进二　象 3 进 5 　　　**14.** 车三平六　马 6 进 5

15. 车六进二　马 5 进 7 　　　**16.** 车六平八　车 2 进 6

17. 车八进三　车 5 平 6 　　　**18.** 仕六进五　马 1 退 3

双方均势，结果和棋。

二十二、兵底炮对空头炮

在对兵局中，红摆兵底炮瞄卒，不顾黑中炮威胁，毅然挺兵过河，引起激烈的对攻局面。这种布局双方都有些冒险，棋手们也可偶尔用之。

万春林对侯龙登局例。

1. 兵七进一　卒7进1　　　　2. 炮二平三　炮8平5

3. 兵三进一　……

红不顾中兵，让黑打空头炮，是有意安排的一种套路，双方都需要胆略。而且某方稍有不慎，都有快速失势的可能。

3. ……　　　炮5进4　　　　4. 兵三进一　炮2进2

不顾红炮轰象抽车之势，黑升河炮先叫杀，使本来充满火药味的局势更凶险。

5. 炮三进七　将5进1

6. 帅五进一　……

在黑空头炮的条件下，早晚要升帅避免隐患。如兵三平四，马8进7，炮三平六，车9进2，马八进七，炮5退1，炮八进七，马7进6，黑大优。

6. ……　　　车9进2

7. 马二进三　炮2平5（图196）

图196，黑抓紧攻击，争取机会。如炮5退1，车一平二，炮2平5，帅五平六，车9平4，炮八平六，红车捉马并有抽车的棋。

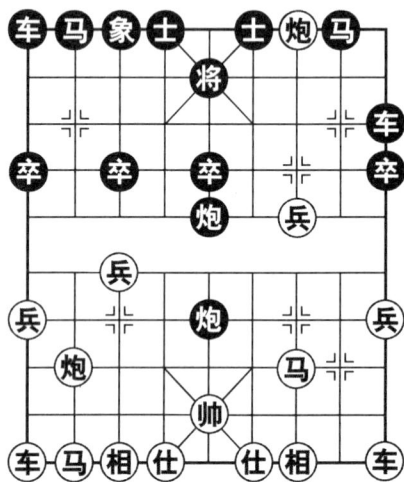

图196

8. 帅五平六　车9平4　　　　9. 炮八平六　车4平2

10. 仕六进五　前炮平4　　　11. 炮六平五　象3进5

12. 帅六退一　……

212

黑步步催杀，红补仕运帅，逐步回到安全位置，但双车晚出是主要弱点。

12. ……　　车 2 进 6　　　**13.** 车一平二　将 5 平 4

14. 马三进四　炮 4 退 4　　　**15.** 车二进八　士 4 进 5

16. 马四进五　……

红不急于吃马而取势，至此保住底炮，对黑将及车马有牵制作用。

16. ……　　车 1 进 2　　　**17.** 兵三平四　炮 5 平 1

18. 炮五平九　车 1 平 2　　　**19.** 炮九进三　卒 1 进 1

20. 相三进五　马 2 进 1　　　**21.** 车二进一

至此，黑如吃回红底马，红多兵黑缺象，红优，结果胜。

孙勇征对崔岩局例。

1. 兵七进一　卒 7 进 1　　　**2.** 炮二平三　炮 8 平 5

3. 兵三进一　炮 5 进 4　　　**4.** 兵三进一　马 8 进 9

红冲兵攻击黑 7 线，不怕黑炮打兵空头，胸有成竹，算准黑炮站不稳。

5. 马八进七　炮 2 平 5　　　**6.** 马七进五　炮 5 进 4

7. 兵九进一（图 197）　……

图 197，红巧挺边兵，准备升车捉炮，是消除黑空头炮的关键性措施。

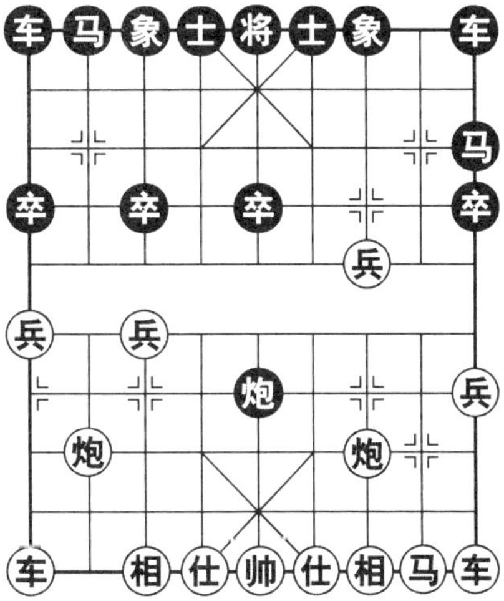

7. ……　　象 7 进 5

8. 车九进三　炮 5 退 1

9. 兵三平四　……

如马二进一，象 5 进 7，马一进三，炮 5 退 1，黑炮刚好能站住脚。

9. ……　　车 9 平 7

10. 车九平六　马 2 进 3

11. 车六进一　车 1 平 2

只能开车兑炮。如车 7 进 5，炮八进二，车 1 平 2，车六平五得子。又如炮 5 进 1，车六平五，车 7 进 6，炮八进一，炮 5 进 1，兑炮后红优。

图 197

12. 车六平五　车 2 进 7　　　**13.** 兵四进一　卒 5 进 1

14. 车五进一　车 2 平 6　　　**15.** 兵四平五

红兵种齐全，且小兵渡河攻象，已占优势，结果胜。

邬正伟对许波局例。

1. 兵七进一 卒 7 进 1 　　　**2.** 炮二平三 炮 8 平 5

3. 兵三进一 马 8 进 9 　　　**4.** 兵三进一 炮 5 进 4

5. 马八进七 炮 5 退 1 　　　**6.** 马二进一 ……

上局黑炮平 5 兑子后孤炮受攻，本局退炮避兑是一步试探性改进。现红进
边马缓着，可炮八进二，炮 2 平 5，炮八平五，炮 5 进 3，马二进一，车 9 平 8，
马一进三，炮 5 退 1，兵三平四，车 8 进
6，兵四平五，车 8 平 7，炮三平五，红优。

6. …… 　　　炮 2 平 5

7. 车一平二 　车 1 进 1

8. 马一进三 　前炮退 1（图 198）

图 198，黑保留担子中炮，伏前炮平
1 抽车对攻。

9. 兵七进一 　车 1 平 4

10. 兵三平四 　车 4 进 5

11. 兵七平六 　车 4 平 7

12. 兵六平五 　卒 5 进 1

13. 仕六进五 　……

红实现消除黑空头炮的计划。黑及
时出车对红子力有所牵制，双方形势各有千秋。

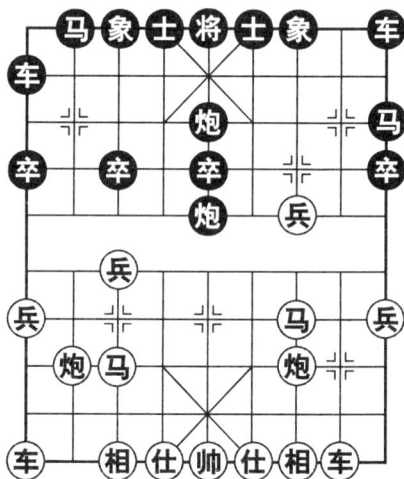

图 198

13. …… 　　　车 9 平 8 　　　**14.** 车二进九 马 9 退 8

15. 兵四平五 马 2 进 3 　　　**16.** 炮三平五 车 7 平 3

17. 马七退六 马 8 进 7 　　　**18.** 炮五进五 象 7 进 5

19. 马六进五 车 3 退 2

提死红兵，局势趋于平衡，结果和棋。

尚威对王继荣局例。

1. 兵七进一 卒 7 进 1 　　　**2.** 炮二平三 炮 8 平 5

3. 兵三进一 炮 5 进 4 　　　**4.** 兵三进一 炮 2 进 2

升炮继续对攻。如马 8 进 9，马八进七，炮 2 平 5，马七进五，炮 5 进 4，
兵一进一，车 9 平 8，车一进三，炮 5 退 1，马二进一，接有马一进三咬炮的
手段，黑空头炮站不住脚。

5. 炮三进七 　将 5 进 1 　　　**6.** 帅五进一 ……

如兵七进一，炮 2 平 7，兵七平六，马 8 进 9，炮三平六，将 5 退 1，马八

进七，炮5退1，黑易走。

6. ……　　　　车9进2　　　7. 马二进三　炮2平5

8. 帅五平六　车9平4　　　9. 炮八平六　车4平2

10. 仕六进五　前炮平4　　　11. 炮六平五　……

用炮牵制中线，否则炮5平4杀。

11. ……　　　　象3进5　　　12. 帅六退一　象5退7

吃掉红炮便于老将退位，如车2进6，车一平二，亦红易走。

13. 兵三平四　炮5进1

14. 车一平二（图199）　……

图199，红开车捉马，黑如逃马，车二进四捉死炮。双方扳平实力之后，黑将位不安，缺象失势。

14. ……　　　　车2平4

15. 车二进八　将5退1

16. 帅六平五　……

避开黑炮4平7，炮五平六，炮7进3取势的棋。

16. ……　　　　士4进5

17. 马八进七　马2进4

18. 车二进一　……

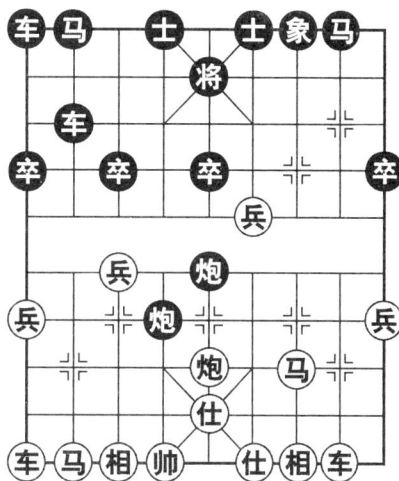

图199

双方子力相等，局势亦趋于平稳，但红破象渡兵，略呈优势。

18. ……　　　　车4平7　　　19. 马三进五　炮5进2

20. 相七进五　车1平2　　　21. 车九平六　车2进6

红缺炮兵种不全，但逐步开动子力，牵制黑方，已扩大先手。

22. 马五进三　车2平3　　　23. 马七进五　车7平4

24. 兵九进一　炮4退1　　　25. 兵九进一　卒1进1

26. 车二退三　炮4进1　　　27. 车二平五　车3退1

28. 车五平一　车3平5　　　29. 车一平七

红多兵大优，结果胜。

综观各局例，红胜率高。故黑不宜补左中炮打卒成空头炮，目前常见应法是补右中炮。

二十三、兵底炮对还中炮

随着红挺兵局的广泛流行，黑应法由卒底炮转向多样化，对挺卒就是其中的一种。

兵底炮对左中炮。

1. 兵七进一　卒7进1

对兵局在清代初期就已经出现了，大多数情况下演变成双方屏风马阵式，变化比较单调，现代布局发展就不同了。

2. 炮二平三　炮8平5

红平兵底炮，通常不会演变成屏风马，因而中路略呈薄弱。黑摆左中炮与右炮是不同的，如炮2平5，相三进五，马2进3，兵三进一，车1平2，兵三进一，马8进9，车九进一，车9平8，车九平四，仍红先手。

3. 马八进七　马8进7

4. 相七进五　车9平8

5. 仕六进五　马7进6（图200）

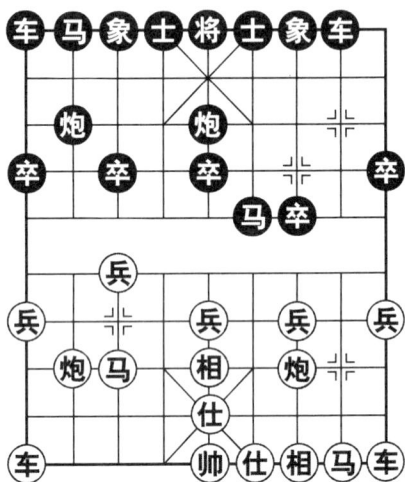

图 200

图200，红开展左翼子力，准备出贴身车，不怕车8进8压马，因有炮八退一逐车解脱的手段。至此红弈出开车与边马两种变化。

开车变化。刘宗泽对言穆江局例。

6. 车九平六　马2进3　　**7. 炮三进三　……**

飞炮取卒，留出跳正马的位置。

7. ……　　　　炮2平1　　**8. 马七进八　炮1进4**

9. 兵三进一　……

缓着。可马二进三，炮 1 平 7，车六进五，马 6 进 5，马三进五，炮 5 进 4，车一进二，卒 1 进 1，车一平四，红双车出动较易走。

9. …… 卒 1 进 1　　　　**10. 马二进三** 卒 1 进 1

11. 马八进七 车 1 平 2　　　**12. 炮八平七** 炮 5 进 4

由于黑右车亮出，又潜伏边炮，对红肋车有一定的牵制作用。红右车又晚出，先手难以掌握。

13. 车一进一 炮 5 平 2

准备沉底炮反击，至此黑易走，结果胜。

进边马变化。吕钦对卜凤波局例。接图 200，红先。

6. 马二进一 马 2 进 3　　　**7. 车一平二** ……

虽然兑车损失了步数，但制造了右炮对黑底象的威胁，得到补偿。

7. …… 车 8 进 9　　　　**8. 马一退二** 炮 5 平 7

卸炮稳健。也可炮 2 平 1，马七进八，炮 5 进 4，黑对攻较积极。

9. 马二进一 象 3 进 5

局势趋于平淡，黑盘河马雄踞河沿，红可先亮左车，双方大体均势。

10. 炮八进三 马 6 进 7

防兵七进一，借捉马渡兵抢先。

11. 马一进三 炮 7 进 4　　　**12. 马七进六** 炮 2 平 1

13. 车九平八 ……

等待黑开直车时，进炮压车。

13. …… 士 4 进 5

14. 马六进四（图 201） ……

图 201，兑子后，红跃出左马咬炮，希望扩大先手。

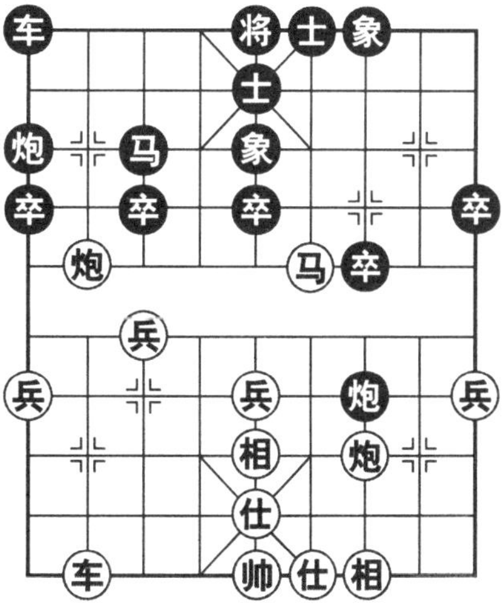

14. …… 炮 7 平 1

15. 炮八平三 ……

吃卒稳健。也可炮八进三，车 1 平 2，兵一进一，前炮退 2，马四进六，士 5 进 4，炮三平一，红控制局面，保留较多变化。

图 201

15. …… 车 1 平 2

16. 车八进九 马 3 退 2　　　**17. 前炮进一** 前炮平 9

18. 前炮平七 卒 9 进 1　　　**19. 马四进二** 炮 1 退 1

20. 兵七进一 ……

巧渡七兵，黑不敢象 5 进 3 吃兵，因红马二进三，将 5 平 4，炮三进七，将 4 进 1，炮三平八得子。

至此形势红略优，结果和。

关于这个布局的变化，还处于发展阶段，黑除了还左中炮，还有右中炮。

对兵局，指双方各挺侧兵卒起步，在清朝初期已经流行于华东一带。对兵之后，局面并没有定型，可能演成中炮对屏风马、兵底炮对还中炮、过宫炮对屏风马、飞相横车对单捉马等多种阵式。当前先手挺兵局流行，而卒底炮应法已较熟悉，人们有时就会采用对兵这种灵活多变的应法。

柳大华对蔡忠诚局例。

1. 兵七进一	卒 7 进 1	**2. 炮二平三**	炮 2 平 5
3. 兵三进一	马 8 进 9	**4. 兵三进一**	……

初看似乎与挺兵转中炮对卒底炮的阵式类同，只不过先后颠倒而已，其实有较大的区别。红在挺七兵的条件下，可以冲三兵弃中兵对攻。例如黑炮 5 进 4，马八进七，炮 8 平 5，马七进五，炮 5 进 4，兵九进一，车 9 平 8，车九进三，炮 5 退 1，马二进一，象 3 进 5，炮八进二，炮 5 平 2，车九平八，红追回一子，兵种稍优。

4. …… 马 2 进 3

5. 相七进五 炮 5 进 4

6. 仕六进五 车 1 平 2

7. 马二进一（图 202） ……

图 202，飞左相这步棋走得很细，是结合当前形势的好棋，有利于双马双车的出动。如飞右相，则左车亮出较困难。

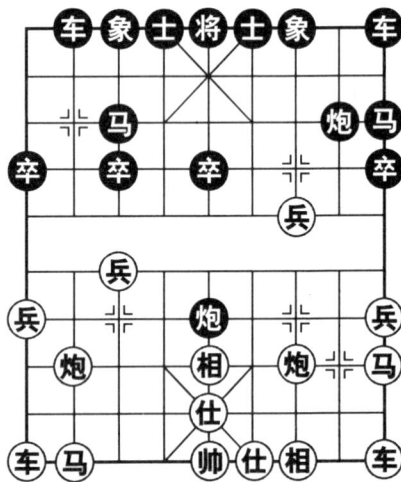
图 202

7. …… 炮 5 平 8

8. 马一进三 车 2 进 6

9. 马三进四 卒 5 进 1

10. 马八进六 马 3 进 5

黑卸炮封锁红车，进车控制兵林，都是强有力的反击措施。但此着跳中马嫌躁，可后炮平 4，仍属较复杂的对攻局面。

11. 相五进三	士 6 进 5	**12. 炮八平五**	马 5 退 3
13. 马四退五	……		

　　红飞相保兵，让出还中炮的位置，妙着击退黑马再巧退盘头马。只要消灭黑卒免除隐患，又能保住红过河兵，形成双马连环之势，则确保红方优越地位。这一系列组合着法，使局势瞬间改观。

13. ……	卒 5 进 1	14. 炮五进二	后炮平 5
15. 兵三平四	车 9 平 8	16. 车九进二	车 2 平 4
17. 车九平四	车 4 退 1	18. 炮五进一	

　　红炮镇中路，胁车占领要道，各子配合成势，明显占优，结果胜。

1. 兵七进一	卒 7 进 1
2. 炮二平三	炮 8 平 5
3. 马八进七	……

　　跳马弱点是造成中兵薄弱，优点是补仕相，可快速出动左贴身车，近年比较流行这种下法。以往曾弈出炮八平五，马 8 进 7，马八进七，马 2 进 1，车九平八，车 1 平 2，马二进一，车 9 平 8，兵一进一，红仍持先手。

3. ……	马 8 进 7
4. 相七进五	车 9 平 8（图 203）

　　图 203，红左翼开展较快而右翼子力呆滞，有利有弊。至此在实战中弈出炮打卒与补仕两种变化。

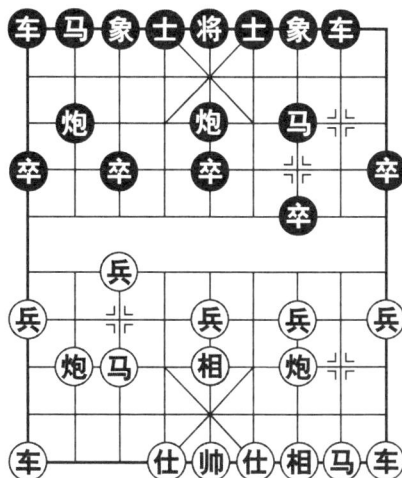

图 203

　　炮打卒变化。杨德琪对邬正伟局例。

5. 炮三进三	马 7 进 6
6. 马二进三	……

　　红炮打卒便于转化为屏风马阵式，消除中兵防守弱点，避免以往跳单提马的消极作用。

6. ……	马 2 进 3	7. 兵三进一	炮 5 平 6
8. 炮八进三	象 3 进 5	9. 炮三进一	……

　　黑中炮作用不大，便卸开联象调整阵容。红针对黑盘河马无根的弱点，伸骑河炮准备冲七兵威胁，针锋相对，先手有所扩大。

9. ……	马 6 退 7	10. 车一平二	车 8 进 9
11. 马三退二	车 1 进 1	12. 马二进三	马 7 退 8
13. 炮三平七	……		

红双马活跃，不知不觉吃掉双卒，布局十分满意。

13. ……	车 1 平 8	**14.** 车九进一	车 8 进 3
15. 炮八退一	炮 2 退 1	**16.** 车九平六	炮 2 平 7
17. 马三进四	士 4 进 5	**18.** 马四进六	马 8 进 7
19. 炮八进一	车 8 进 3	**20.** 兵三进一	

红赶黑车到呆位，集结优厚子力于左翼，又渡兵助战，已构成大优势，结果胜。

补仕变化。洪智对蒋全胜局例。接图203，红先。

5. 仕六进五	马 7 进 6	**6.** 车九平六	马 2 进 3
7. 马二进一	炮 2 平 1	**8.** 马七进八（图204）	……

图204，红亮出左车控制肋线，宁可牺牲中兵也要封锁黑车，这是近几年出现的战术。

8. …… 炮 1 进 4

9. 车一平二 车 8 进 9

10. 马一退二 卒 1 进 1

准备再冲边卒赶走红马，便于开车打破红封锁计划。

11. 兵三进一 卒 1 进 1

继续贯彻对攻计划。如象 7 进 9，兵三进一，象 9 进 7，车六进五，马 6 进 5，车六平三，红得象较优。

12. 马八进七 卒 7 进 1

13. 炮三进七 士 6 进 5

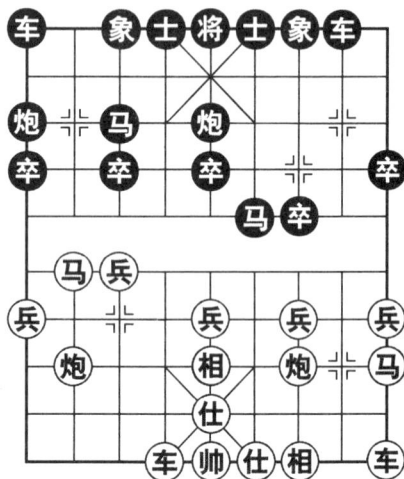

图 204

13. 炮三进七	士 6 进 5	**14.** 车六进五	车 1 平 2
15. 炮八进三	马 6 进 4		

如马 6 进 5，车六平二，炮 1 进 3，炮三平一，马 5 进 3，仕五进六，黑车被封难以成势。

16. 炮三平一	炮 5 进 4	**17.** 马二进三	炮 5 平 2
18. 车六平三	炮 2 进 3	**19.** 车三进四	士 5 退 6
20. 车三退五	士 6 进 5	**21.** 车三进五	士 5 退 6

22. 帅五平六

在对攻中红杀力较强。至此黑不能马 4 退 3，因红有车三退一，士 6 进 5，炮八平二先成杀。结果红胜。

目前这个布局的变例属红方易走，现再举两个红胜局例。

1. 兵七进一　卒7进1

2. 炮二平三　炮8平5

3. 马八进七　马8进7

4. 相七进五　车9平8

5. 仕六进五　马7进6

6. 车九平六　马2进3（图205）

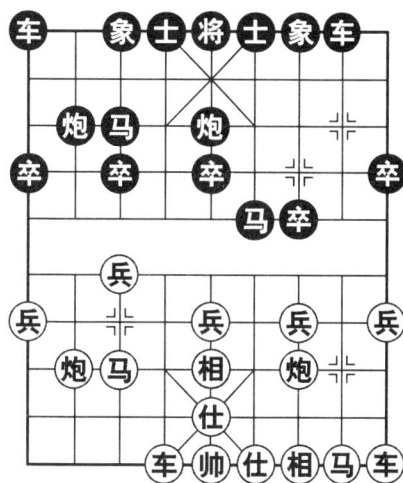

图205

图205，红补仕相，迅速开左车贴身，而右翼不动，不怕黑车8进8压马，因有炮八退一逐车的应着。黑还中炮再跃盘河马，摆出反击之势，但缺乏后续手段。至此红弈出跳边马与炮打卒两种变化。

跳边马变化。崔岩对朱祖勤局例。

7. 马二进一　炮2平1　　　　**8.** 马七进八　……

红跳外肋马封车，不顾中兵与边兵，主要靠肋车实施攻击。

8. ……　　　炮1进4　　　　**9.** 车六进七　马5平9

卸边炮诱红车六平七吃马，马6退5打死车。但不如车1进2保马稳健。

10. 车六平四　马6进5　　　　**11.** 车四平七　马5进7

12. 车七退一　……

宁可送回一子取势。如炮八平三，车1平2，马八退九，车8进7，炮三平四，炮1平5，帅五平六，车2进6，车七平六，士4进5，车六退一，卒5进1，黑有势。

12. ……　　　炮1平9　　　　**13.** 马一退三　马7退5

14. 车七平五　象3进5　　　　**15.** 车一进二　土4进5

16. 车一平四　卒1进1　　　　**17.** 车四进六

红有攻势，结果胜。

炮打卒变化。柳大华对尚威局例。接图205，红先。

7. 炮三进三　炮2平1　　　　**8.** 马七进八　炮5平9

红炮取卒的作用，是让出跳正马的位置。黑卸中炮，准备飞象调整阵型，解决右马无根的弱点。

9. 马二进三　象3进5　　　　**10.** 炮三进一　炮1进4

黑偷闲挥炮取兵，并有冲边卒逐马的企图，以破坏红封车的阵势。

11. 兵三进一　卒1进1

12. 车一进一　卒1进1

13. 马八进七　车1平2（图206）

图206，双方被封之车皆已出动，各得其所。

14. 炮八平七　车8进3

15. 炮三进二　车8退2

16. 车一平四　车2进4

17. 炮三退三　……

红如逃炮，炮9平6打车反先。在此关键时刻，红弃炮渡兵取势，果断对攻，反映了柳大华敢拼的棋艺风格。

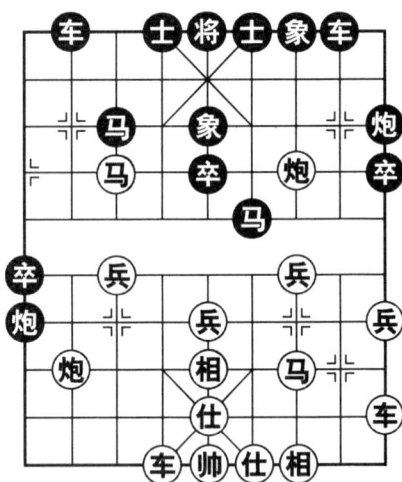

图206

17. ……　　象5进7　　**18.** 兵三进一　马6进7

如马6退7，兵三进一，马7退5，车四进六，亦红有势。

19. 车四进六　车8平3　　**20.** 马七退六　炮1平3

21. 兵七进一　……

红连续发起攻击，再渡一兵，已补偿弃炮之损失。

21. ……　　车2进1　　**22.** 兵七进一　车3平4

如马3退1，马六进五，士4进5，车四平九，红弃子有较大攻势。

23. 兵七平六　马3进4

如车4进2，车四平七，车4进2，车六进四，车2平4，车七退四，红追回一子，亦破象渡兵优。

24. 马六进四　士4进5　　**25.** 车四平七　马7退6

26. 车六进五　炮3平1　　**27.** 兵三平四

红追回失子，又渡双兵，结果胜。

以挺卒对挺兵，称为对兵局。此时给红方摆兵底炮的机会，而黑方则可还右中炮。与挺兵对卒底炮局型比较，红黑方颠倒过来，而红方多挺一步兵。从理论上讲，似乎应属红方好走，但实战结果却出人意料。这里有心理因素起作用。红方总认为，后手卒底炮都能抗衡挺兵转中炮，那么先手兵底炮再多走一步兵，更不成问题了。而且红炮打卒之后，又变为先手屏风马，对付黑中炮也不成问题。正是有轻敌之意，授人以隙，竟陷入困境。下文评介的几盘黑胜局，红方应引以为戒。

陶汉明负金波。陶汉明设假圈套反丢子。

1. 兵七进一　卒7进1

对兵局，历史悠久，根据红进攻方向随机应变，近年来又有所发展。

2. 炮二平三　炮2平5　　　　3. 马八进七……

因红已挺七兵，跳正马是行得通的。但也可按习惯飞相。例如薛文强对卜凤波一局，兵三进一，马2进3，兵三进一，马8进9，相七进五，车1平2，马二进一，炮5进4，仕六进五，炮5平8，马八进九，车2进6，车九平六，仍红先。

3. ……　　　　马2进3　　4. 车九平八　马8进7

5. 炮三进三……

炮打卒让出马位，可转为屏风马阵式。如急于兵三进一，马7进6，兵三进一，马6进5，相三进五，车1平2，炮八进三，马5退3对攻。

5. ……　　　　马7进6　　6. 马二进三　马6进5

马踏兵并不会丢子，乃先弃后取之法。

7. 马七进五　炮5进4　　8. 马三进五……

还有一种兑子方式不给黑空头炮。如炮八进五，炮8平5，炮八平五，炮5退4，相三进五，车1平2，车八进九，马3退2，车一平二，仍红先。

8. ……　　　　炮8平5　　9. 车一平二……

如不愿给黑空头炮，也可炮八平五，炮5进4，仕四进五，象7进5，车八进三，炮5退2，炮三进一，局势比较平淡。陶汉明属攻击型棋手，喜欢对攻。

9. ……　　　　炮5进4

10. 车二进四　炮5退2

11. 炮三进一（图207）……

图207，黑双车未动，孤炮难鸣，但从长远来看，空头炮毕竟是红方的一个隐患。

红进右炮射卒，加强对攻之势。如求稳可炮八进三，再冲七兵过河兑炮，局势就缓和了。红欲求胜当然不愿这样按部就班。

11. ……　　　　车1平2

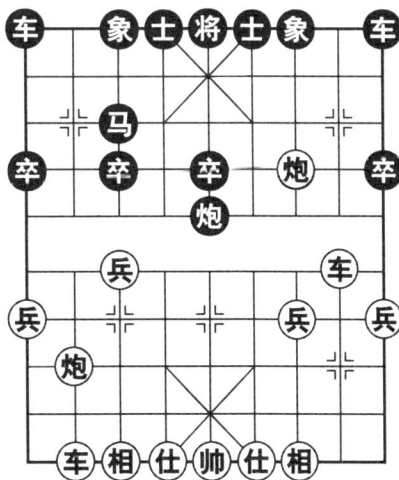

图207

12. 炮八进四　车 9 进 1　　　　**13.** 炮三平七　车 9 平 4

14. 炮八平五　……

劣着，设假圈套反而丢子。可兵七进一，车 4 进 5，炮八退一，象 3 进 5，车八进四，车 4 平 5，仕六进五，车 5 平 3，炮八平五，车 2 进 5，车二平八，车 3 退 2，相三进五，卒 5 进 1，车八平七，和势。

14. ……　　　　车 4 进 2

捉双炮正着，如随手吃车就上当，如车 2 进 9，炮七进三，将 5 进 1，车二进四，将 5 进 1，车二平六，马 3 进 5，车六退三，炮 5 进 2，车六平五，红必吃回一子占优。

15. 车八进九　马 3 退 2　　　　**16.** 车二进一　车 4 平 5

黑多子优，结果胜。

金波负卜凤波。

金波执红棋演此布局，转为屏风马阵式，而卜凤波则用中炮盘头马进攻，从中路突破。

1. 兵七进一　卒 7 进 1　　　　**2.** 炮二平三　炮 2 平 5

3. 马八进七　马 2 进 3　　　　**4.** 车九平八　马 8 进 7

5. 炮三进三　……

由于黑缓开右车，红此着可炮八平九，马 7 进 6，相三进五，炮 8 平 6，车八进五，马 6 进 5，马七进五，炮 5 进 4，仕四进五，车 9 平 8，炮三进三，再跳马咬炮，红子力活跃。

5. ……　　　　车 9 平 8　　　　**6.** 马二进三　卒 5 进 1

7. 相三进五　马 7 进 5

红实现屏风马布局，黑转为挺中卒盘头马攻势，双方阵型都有变化。

8. 兵三进一　车 1 进 1　　　　**9.** 车一平二　炮 8 进 5

10. 炮三进一　卒 3 进 1　　　　**11.** 马七进六　……

跃马欲破黑马连环之势，伏马六进五，马 3 进 5，马三进四咬马捉炮，红可得子。

11. ……　　　　卒 5 进 1　　　　**12.** 马六进七（图208）　……

图208，红进马准备兑炮削弱黑攻势，如马六进五，马 3 进 5，兵五进一，炮 5 进 3，仕四进五，车 1 平 7，炮三平四，车 7 进 4，炮八进二，车 7 进 2，炮八平五，士 6 进 5，车二平三，车 7 进 2，相五退三，车 8 进 5，对攻中黑易走。

从目前形势来看，黑处于主动进攻地位，红有失先之感，问题出在哪里呢？看来兵底炮打卒之后，未能发挥更积极的作用，效率较低。这是本布局值得探讨的问题。

　　12. ……　　　　车 1 平 7

　　13. 马七进五　　象 7 进 5

　　14. 炮三平四　　卒 3 进 1

　　15. 相五进七　　……

吃回黑卒较稳健。如兵五进一，卒 3
进 1，兵五进一，马 5 进 3，黑马反击力强。

　　15. ……　　　　车 7 进 4

　　16. 车二进二　　……

主动兑子，但会失去中兵。如相七
退五，车 7 进 1，兵五进一，马 5 进 3，
兵五进一，前马进 4，炮八平六，马 4 退
5，仕四进五，马 5 进 6，黑优。

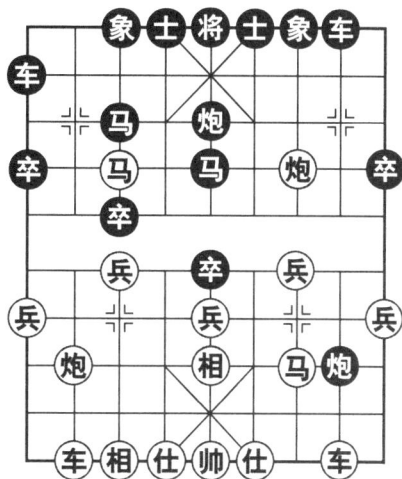

图 208

　　16. ……　　　　车 8 进 7　　　　**17.** 炮八平二　　车 7 进 2

　　18. 炮二进七　　车 7 退 7　　　　**19.** 炮二退三　　车 7 进 3

　　20. 炮二进三　　士 6 进 5　　　　**21.** 炮四退五　　卒 5 进 1

黑多中卒略优，结果胜。

张强负傅光明。

傅光明单骑闯敌营，经过一番厮杀，居然获得成功。

　　1. 兵七进一　　卒 7 进 1　　　　**2.** 炮二平三　　炮 2 平 5

　　3. 马八进七　　马 2 进 3

　　4. 车九平八　　马 8 进 7

　　5. 炮三进三　　马 7 进 8

跳外肋马是一步新变着，准备象 7 进
9 逐炮之后，伺机马 8 进 6 出击。

　　6. 兵三进一　　象 7 进 9

　　7. 炮三平八　　马 8 进 6

　　8. 马二进三　　马 6 进 4

　　9. 马三进四（图 209）　　……

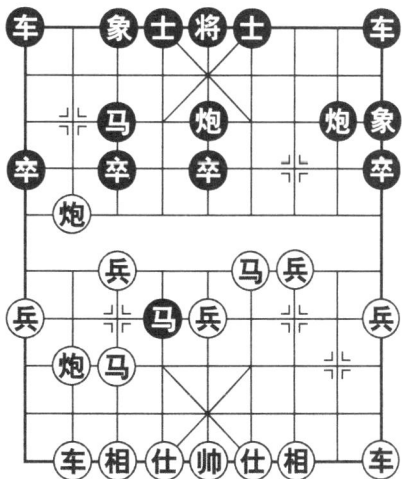

图 209

图 209，红跳马咬马逼其跳卧槽，认
为黑孤马深入易被困死，而对黑方对攻
手段估计不足。

此时稳健着法可车一进一，卒 3 进

1，兵七进一，马4退3，前炮退一，红子力活跃仍持先手。

9. ……　　　马4进3　　　**10.** 帅五进一　卒3进1

11. 兵七进一　后马进2　　**12.** 兵七平八　车1进1

黑通过兑子，为横车平3出击打开通路。

13. 马四退六　车1平3　　**14.** 车一进二　……

如兵八平七，车9平7，马六退七，车3进3，车一进二，车7进5，与实战演变同。

14. ……　　　车9平7　　　**15.** 马六退七　车7进5

16. 后马进九　车7进3　　**17.** 帅五退一　炮8进7

18. 车一平二　炮8平9

红虽然吃得一马，但子力受制，而黑有沉炮及吃相的攻势，红已陷入被动。

19. 炮八退一　车7进1　　**20.** 帅五进一　炮5平2

妙手献炮，破坏红平炮打车对攻的计划，是制胜的关键。如炮八平七，炮2进7，炮七进七，车7退1，帅五进一，炮2退2抽车。

21. 相七进五　……

赶走黑车减轻压力。如炮八进六，车7退1，帅五进一，车3进6杀。

21. ……　　　车7退5　　　**22.** 车二退二　车3进6

23. 车二平一　……

吃炮暂解燃眉之急。如炮八进六，车7进4，帅五退一，车3平5，仕六进五，车7平5，帅五平六，后车平4杀。

23. ……　　　炮2进6　　　**24.** 相五进七　车7进2

25. 帅五退一　车7平5　　**26.** 仕四进五　炮2退2

27. 车八平九　车3退2

黑破红相大优，结果胜。

张强胜李鸿嘉。

张强采取左炮封车，右横车与右炮配合出击，效果不错。

1. 兵七进一　卒7进1　　**2.** 炮二平三　炮2平5

3. 马八进七　马2进3　　**4.** 车九平八　车1平2

为防止红平炮亮车，黑开车牵制，就给红进炮封车的机会。

5. 炮八进四　马8进7　　**6.** 炮三进三　……

如挺兵则形成对攻局面。如兵三进一，马7进6，兵三进一，马6进5，马七进五，炮5进4，马二进一，车9平8，各有顾忌。

6. ……　　　炮8进5

伸炮防红跳屏风马及补相，以此牵制红方子力。如马 7 进 6，马二进三，车 9 平 8，车一平二，炮 8 进 5，兵三进一，红子力活跃好走。

7. 车一进一　车 9 平 8　　　　　**8.** 车一平四　士 6 进 5

9. 兵三进一　象 7 进 9

10. 炮三进一　卒 5 进 1（图 210）

图 210，黑双马受制，希望挺中卒跳盘头马找出路，同时避免炮三平七打卒。

11. 仕六进五　车 8 进 6

12. 车四进五　……

红肋车进卒林线，封锁了黑双马出路，形势不错。红阵型缺点是右马未动不能补相。

12. ……　　　卒 5 进 1

13. 车四平七　车 2 进 2

14. 兵七进一　……

放弃中兵对攻是明智的，否则会陷

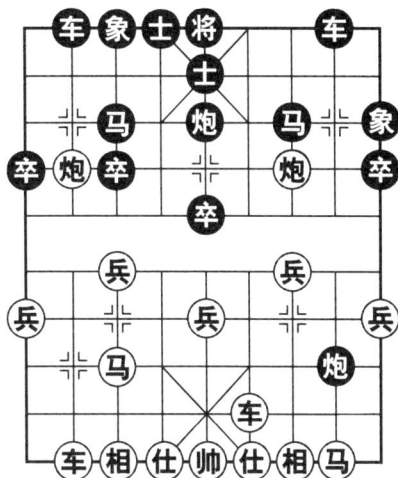

图 210

入劣势。如兵五进一，车 8 平 3，马七退六，炮 8 退 4，炮三退一，马 3 进 5，炮三进一，炮 5 进 3，相七进五，马 5 进 4，车七退一，车 2 进 1，黑得子。

14. ……　　　卒 5 进 1　　　　**15.** 马七进六　车 8 退 2

16. 炮八退二　……

退炮佳着，保持控制黑盘头马出路，又伏马六进八打死车的手段，黑难应付。

16. ……　　　炮 8 退 2　　　　**17.** 兵七平八　车 2 平 1

18. 炮八平九　车 1 平 2　　　　**19.** 兵八进一　车 2 退 2

20. 炮九平八　车 2 平 1

如车 2 退 2，有较多活动空间。

21. 兵三进一　象 9 进 7　　　　**22.** 车七进一　炮 8 平 2

23. 马二进一　车 8 退 1　　　　**24.** 车七退一　炮 2 平 3

25. 车八进五　象 3 进 1

劣着，改炮 3 进 1 不至于速败。

26. 车八平三　车 1 平 3　　　　**27.** 马六进四

黑认输。因车 3 进 3，兵八平七，马 7 进 5，马四进五，马 5 进 7，马五进三，将 5 平 6，马三退二，红多子得势胜定。

本局红肋车伸卒林控制了局面，是占优的关键，黑冲中卒跳盘头马，显得苍白无力。

二十四、过宫炮对屏风马

挺兵局在大赛中继续发展，后手战术呈现多样化趋势，虽然卒底炮仍占主要地位，但对兵及其他应法有所增多，例如对兵局转过宫炮对屏风马。

1. 兵七进一　卒7进1
2. 马八进七　马8进7
3. 炮八平九　马2进3
4. 车九平八　车1平2
5. 炮二平六（图211）……

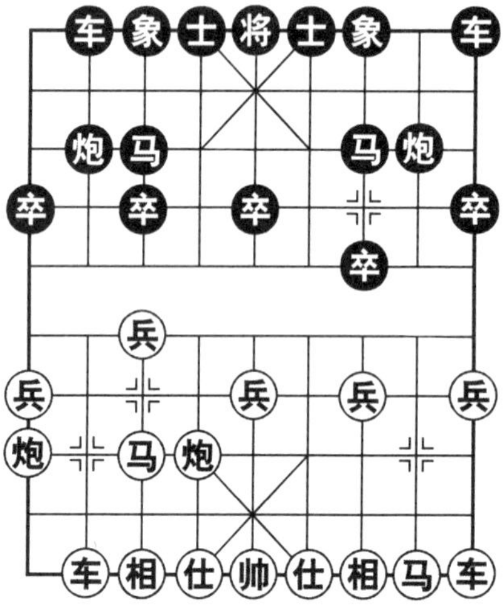

本局从对兵起步，演变成过宫炮对屏风马，实为过去少见的新式阵型。至此黑有飞象、跃马、升炮三种应法。

飞象应法。

5. ……　　　象3进5

柳大华对宗永生。前面着法次序不同，但殊途同归形成相同局面。

图211

6. 马二进三　车9进1

也可马7进8，炮六进三，马8进7，车一平二，炮8平7，车八进六，车9进1，伏平肋车捉炮的先手，黑可抗衡。

7. 车一平二　炮8平9　　　8. 车八进六　炮2平1

也可车9平4，仕四进五，车4进5，炮六平四，双方平先。

9. 车八平七　马7进6　　　10. 车二进七　车9平3

11. 车二平四　　……

急躁。被黑乘机兑车减轻压力。可车二退三，炮9平6，炮六平四，马6进7，车二平四，炮6进5，炮九平四，士4进5，兵七进一，红优。

11. ……　　　马3退5　　　12. 车七进二　　……

228

如车四进二，将5平6，车七进二，炮1平3，马三退五，炮9进4对攻，红车位不佳。

12. ……　　炮1平6　　　**13.** 车七平六　炮9退1

14. 车六退三　马5进7

黑虽暂少一卒，但子力活跃，连环马阵势巩固，伏移边炮至3线攻马。

15. 马七进六　马6进7　　　**16.** 炮六进一　前马退8

17. 相三进五　士4进5　　　**18.** 兵七进一　车2平3

19. 炮九进四　……

如兵七平八，士5进4，伏平肋炮打死车，红将失子。

19. ……　　卒7进1　　　**20.** 相五进三　车3进4

21. 车六平七　象5进3

至此红不能马踏中卒，因黑还中炮捉死马。红多一兵稍好，结果和。

跃马应法。

5. ……　　马7进6

6. 马二进三　炮2进4

图212是第6轮宗永生对吴吟辉弈成的局面。上局红左车过河有威胁，本局黑伸炮封车是必要的。

7. 车一平二　炮8平5

8. 车二进四　……

尽管黑架中炮反击，红依然升车。如马6进5，马三进五，炮5进4，车二平五，炮5平3，炮六平五，象3进5，炮五进四，马3进5，车五进二，红略先。

8. ……　　车9进1

9. 车二平四　车2进4　　　**10.** 马七进六　……

如兵七进一，车2平3，车八进三，炮5平6，车四平二，车3进3，黑易走。

10. ……　　马6进4　　　**11.** 车四平六　车9平2

右马弱点易受改。可炮5平7，兵三进一，车9平2，相三进五，象3进5，双方对峙。

12. 相三进五　炮2平7

还是炮5平6或平7为宜。

13. 车八进五　车2进3　　　**14.** 车六进三　车2退2

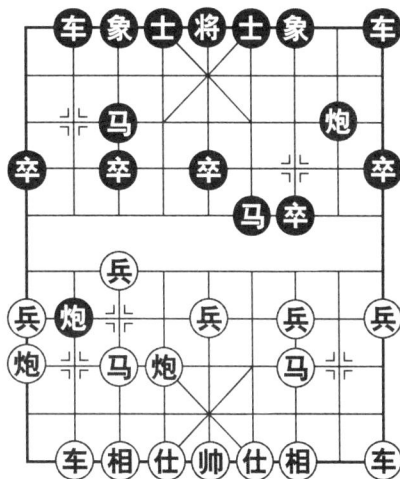

图 212

15. 兵七进一　士 4 进 5

如卒 3 进 1，炮九平七捉死马。

16. 车六退二　卒 3 进 1　　　　**17.** 车六平三

红车捉炮象，稍优，结果和。

这盘棋黑布局比较满意。红第 6 回合跳马随手，应车八进六仍持先手。

升炮应法。

5. ……　　　炮 2 进 2

6. 马二进三　车 9 进 1（图 213）

图 213 是第 13 轮吕钦对张强弈成的局面。黑升右炮既避免红左车过河，又伏红开右车时有马 7 进 8 的手段。

7. 仕四进五　车 9 平 4

8. 兵七进一　……

弃兵佳着，为开右车捉炮创造条件，乘黑左翼防务未固时发起攻击。

8. ……　　　卒 3 进 1

9. 车一平二　炮 8 平 9

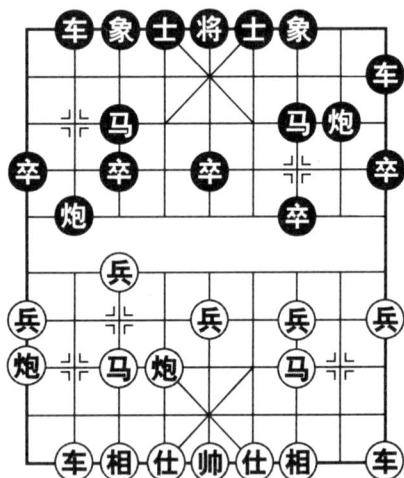

图 213

可炮 8 进 2，车八进四，车 4 进 5，马七进六，车 4 平 3，相三进五，卒 3 进 1，车八平七，车 3 退 1，相五进七，炮 2 平 3，相七进五，双方平稳。

10. 车二进七　炮 2 退 2　　　　**11.** 车八进四　车 4 平 2

双车联接，伏马 3 进 2 打双车。

12. 车二退三　象 3 进 5　　　　**13.** 相三进五　炮 2 进 2

14. 炮九平八　炮 2 进 3　　　　**15.** 炮六平八　前车进 4

16. 马七进八　车 2 平 1　　　　**17.** 兵三进一　卒 7 进 1

18. 车二平三

红仍持先手，但局势平稳，结果和。

由对兵局起手，双方互跳正马，演成过宫炮对屏风马阵式，是当前的一种新兴布局，它具有如下特点：

（1）红阵型巩固，但攻势缓慢，右车出动较迟，缺乏明确的攻击目标，重点在于较量中残棋功夫。

（2）红应及早伸左车过河，压住黑方右翼，伺机挥炮取边卒，争取为中残局阶段奠定多兵优势。

（3）黑通常起左横车，移右肋瞄炮，伺机伸兵林压红弱马，红对其反击路线应有所准备，作好对策。

（4）黑有右炮巡河的应着，既防红左车过河，又等待红开右车，即马7进8攻击，一着两用。

为了进一步说明这个布局的灵活多变，下面介绍一些局例。

1. 兵七进一　卒7进1

2. 马八进七　马8进7

3. 炮八平九　……

分边炮准备亮出左直车，是本布局的一个特点，以往多车九进一，另有攻守法。

3. ……　马2进3

4. 车九平八　车1平2

5. 炮二平六（图214）　……

图214，是本布局的初步形式。红七路兵挺起，左马活跃，是过宫炮中的一个较好阵型，黑以屏风马应战相当稳固。至此黑有左车直出、右炮巡河、左马盘河等应法。

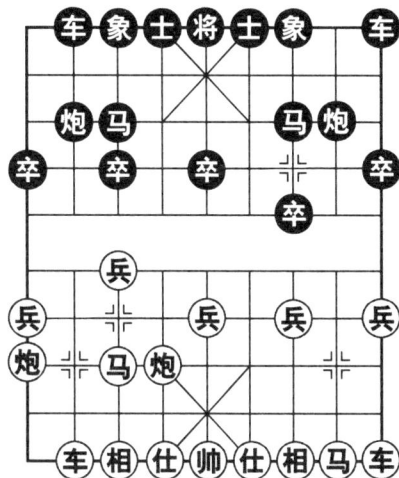

图214

左车直出。

5. ……　车9平8

这是袁洪梁执黑应李雪松弈出的着法，双方都意图在左翼加快出子速度，增强反击力。

6. 车八进六　炮2平1

平炮邀兑车使局面简化较易掌握。如炮8进1，马二进三，卒3进1，车八退二，黑无便宜，红先。

7. 车八进三　马3退2　　**8.** 马二进三　马2进3

9. 相三进五　马7进6　　**10.** 车一平二　……

如按原计划补仕准备开贴身车。黑可炮8平6封住肋线，故改出直车。

10. ……　炮8进4　　**11.** 仕四进五　马3退5

因红补仕后仍有贴身车的棋，黑退马窝心准备再从7路跃出连环，加强左翼子力，当然这要付出损失边卒的代价。

12. 炮九进四　马5进7　　**13.** 炮九平八　士6进5

14. 马七进八　马6进4　　　**15.** 马八进七　……

佳着取卒，希望演成多兵优势。如马4退3，炮六平七，炮8退3，兵七进一，必吃回黑马，红优。

15. ……　　马4进6　　　**16.** 炮八退五　炮1平3

17. 车二进一　象7进5　　　**18.** 马三退一　炮8退3

19. 马七退六　马6退5

红退右马逐炮，退左马咬马，在多两兵的条件下扩大了先手。红略优。

右炮巡河。

5. ……　　炮2进2　　　**6.** 马二进三　车9进1

黑右炮巡河，避免红左车入侵，又预防红开右车时有马7进8打车的手段。

7. 仕四进五　车9平4　　　**8.** 兵七进一　卒3进1

9. 车一平二　炮8进2（图215）

图215，红损失七路兵，实现了双车出动的目的，但潜伏左马有易受攻的弱点。至此有升右车与左车两种变化。

柳大华对尚威局例，升右车变化：

10. 车二进四　车4进5

11. 炮六平四　车4平3

12. 相七进五　卒3进1

13. 车二平七　……

黑卒过河送吃，是准备兑车，同时预防红挺兵三进一时，有炮2进1牵制之着。红干脆吃卒兑车。如炮九退一，炮2进1，车二平七，车3退1，相五进七，炮2进1，以下变化雷同。

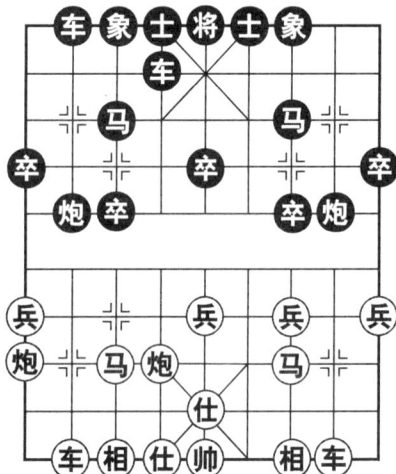

图215

13. ……　　车3退1　　　**14.** 相五进七　炮2进2

15. 相七退五　炮2平7　　　**16.** 车八进九　马3退2

黑炮谋兵主动兑车，使局势平稳，双方斗马炮兵残棋功夫。

17. 炮九进四　马2进3　　　**18.** 炮九平七　马3进1

19. 炮七退二　象7进5　　　**20.** 相三进一　马1进3

双方子力相等，红右马受压难施展，黑子力位置及协调均好，黑略优，结果胜。

许银川对尚威局例，升左车变化，接图215：

10. 车八进四　车 4 进 5　　　**11.** 炮六平四　车 4 平 3

12. 相三进五　卒 3 进 1　　　**13.** 车八平七　车 3 退 1

14. 相五进七（图 216）　……

图 216，与上局比较，区别在于第 10 回合红升左车，兑后剩下右车不受封，而且是黑右马炮有牵制作用，这是一个战术计划的改进。

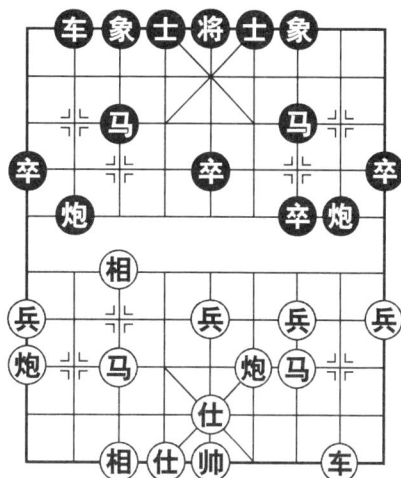

14. ……　　　　象 3 进 5

15. 车二进四　炮 2 平 1

16. 相七退五　车 2 进 3

17. 兵一进一　炮 1 进 3

18. 相七进九　卒 5 进 1

19. 马三进一　车 2 平 6

图 216

黑平肋车准备伸进兵林线，是对攻性着法。如炮 8 退 1 避一手，兵三进一红先。

20. 马七进六　卒 5 进 1　　　**21.** 兵五进一　马 3 进 2

22. 马六退七　马 2 进 3　　　**23.** 相九进七　车 6 进 3

24. 兵一进一

红优，结果胜。

童本平对卜凤波局例。接图215，红先。

10. 车八进四　车 4 进 5　　　**11.** 炮六平四　车 4 平 3

12. 相三进五　卒 3 进 1　　　**13.** 车八平七　车 3 退 1

14. 相五进七　炮 2 平 3

红按上局升左车弈法，黑作了改进，平 3 路炮打马抢先，亮出车路。

15. 相七退五　车 2 进 6　　　**16.** 车二进四　象 7 进 5

黑补象稳健。如车 2 平 3，兵三进一，卒 7 进 1，车二平三，马 7 进 6，车三平四对攻。

17. 兵三进一　马 3 进 4　　　**18.** 兵三进一　炮 3 平 7

19. 炮九进四　马 4 进 5

图 217，红临场按习惯性弈法退车牵制黑车马，被黑退车卒林捉炮，兑子平稳。此时红可马三进四捉炮，能夺取先手，黑难应付。

20. 车二退一　车 2 退 3　　　**21.** 马七进五　车 2 平 1

22. 马五进七　炮7平3

23. 马三进四　炮8平6

双方大体均势，后来在对攻过程中，红一时大意，被黑妙手弃车造杀。

左马盘河。

5. ……　　马7进6

6. 车八进三　车9平8

这是朱祖勤对于幼华的实战着法。黑方不能马6进5吃兵，因红不用车八平五吃马，而是炮六平五捉死马。

7. 马二进三　炮2进2

8. 相三进五　……

防炮2平5叫将抽车。

8. ……　　炮8平6

9. 仕四进五　象7进5（图218）

图218，黑巡河炮挡住红车入侵，盘河马控制红马出路，左车及士角炮又封住红右车，黑布局比较满意，而红难找到维持先手的办法。

10. 兵九进一　炮2退3

防红续走炮九进四，马3进1，兵九进一捉双，吃回一子并保住过河兵。

11. 车八进四　炮2平7

12. 车八进二　马3退2

13. 炮九进四　马2进3

14. 炮九平八　士6进5

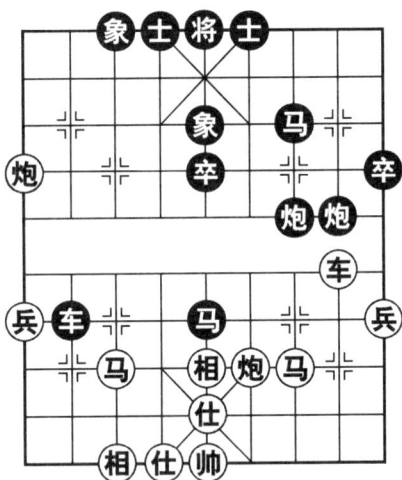

图217

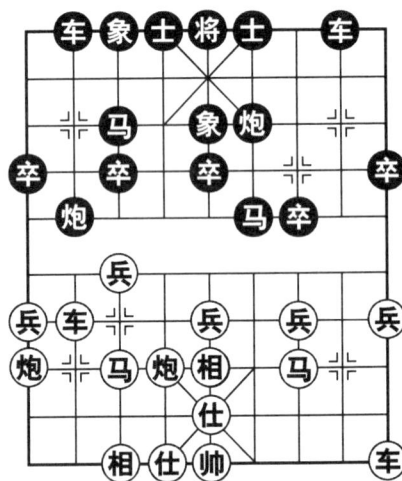

图218

15. 兵九进一　车8进7

黑虽暂少一卒，但保持对局势的控制。至此可车一平二，车8进2，马三退二，局势较平稳。

16. 炮八退四　卒3进1

兑卒活马正着。如卒7进1，兵三进一，炮7进6，炮六平三，车8平7，马七进六，车7退1，马六进四，车7平6，车一平四，红优。

17. 兵七进一　象5进3　　　18. 马七进八　马6进4

19. 车一平三　象3退5　　　20. 炮六进一　炮6进3

21. 马八退七　马4退2

黑开始施展反击手段，红显得被动。

22. 马七进八　炮6平8

黑平炮既防红平车兑车，又诱红车三平四，卒7进1，兵三进一，炮8平2，炮八进二，车8平7得子。

23. 马三退四　车8退1

红处于守势，结果黑胜。

黑左马盘河还有先升炮后跳马的。如宗永生对邬正伟局例。

5. ……　　　炮2进2　　　　**6.** 仕四进五　马7进6

7. 马二进三　象7进5

如为了封住红右车而车9平8，车一平二，炮8进4，相三进五，红车有贴身开出之路。如马3退5，炮九进四，马5进7，车八进四，象7进5，兵九进一，黑车炮被牵制。

8. 相三进五　炮8平6

9. 车一平二　炮2进2（图219）

图219，红右车亮出，但左车被封，各有利弊。

10. 车八进二　士6进5

11. 兵九进一　卒9进1

12. 车二进四　……

防黑冲边卒通车头。

12. ……　　　车9平7

13. 炮九退一　马6进7

14. 炮九平七　马7退6

15. 仕五退四　……

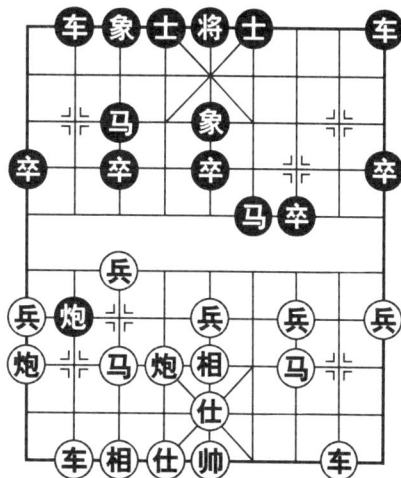

图 219

双方对峙，各难进取。红运炮瞄住七线，酝酿一个攻击计划。

15. ……　　　车7进1　　　**16.** 兵七进一　卒3进1

17. 车二平八　车2进5　　　**18.** 马七进八　……

红弃兵兑车，设计困炮计划。如炮2平3，车八进一，炮3进1，马三退五，黑炮难逃。

18. ……　　　卒3进1　　　**19.** 车八进一　……

如相五进七，炮2平3，相七进五，马6进4，黑可抗衡。

19. ……　　　卒3平2　　　**20.** 车八进一　士5退6

21. 车八平七　马3进2　　　　22. 仕六进五　象3进1

23. 车七平八　马2退3　　　　24. 炮七平九　车7平4

黑子力活跃，阵势巩固，由于局面平稳，结果成和。

让我们继续观察这个布局的发展。

1. 兵七进一　象3进5　　　　2. 马八进七　卒7进1

旧式应法马2进4，马二进三，车1平3，车一进一，卒3进1，车一平六，仍红先手。

3. 炮八平九　马2进3

4. 车九平八　车1平2

5. 炮二平六　马8进7

6. 马二进三　……

双方演成过宫炮对屏风马阵式的雏形。虽然起步着法次序与前稍有不同，但局型最终形成是一样的，因此归入本布局研究范围。

6. ……　　　　马7进6

7. 车八进六　车9进1

8. 车一平二　炮8平7（图220）

图220，红左车过河避免黑伸炮封，

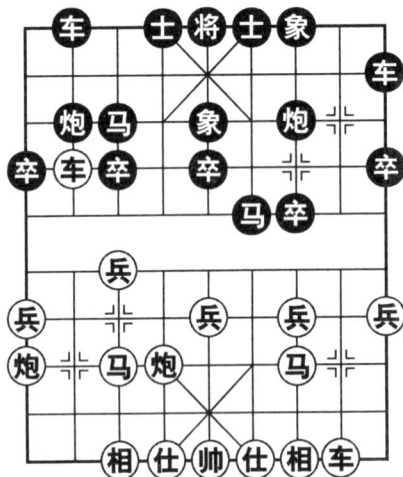

图 220

黑平7炮瞄住红马。至此弈出补相与升车两种变化。

补相变化。宗永生对臧如意局例。

9. 相三进五　车9平4　　　　10. 仕四进五　炮2退1

11. 车二平四　车4进3　　　　12. 马七进六　……

为防止黑炮2平6兑车反先，红必须强迫兑马。

12. ……　　　　车4进1　　　13. 车四进五　士4进5

14. 车四进一　……

红进车卒林，是平淡中的巧着，使黑不敢随便兑右车，否则会丢掉中卒。

14. ……　　　　车4进1　　　15. 兵九进一　车4平3

16. 车四平三　炮7平6　　　　17. 炮九进四　卒3进1

在平稳局势下，红采取谋卒策略，黑如马3进1，兵九进一，炮2进1，兵九进一，黑子受牵制，而且各卒无根。

18. 兵七进一　车3退2　　　　19. 炮九平五　马3进5

20. 车三平五 ……

红牵住黑车炮，又多双兵，为残局打下良好基础。

20. …… 卒 9 进 1　　　　　**21. 兵五进一** 炮 2 进 1

22. 兵五进一 车 2 平 4　　　**23. 马三进五**

红渡兵跃马，已控制局势占优，结果胜。

升车变化。张强对胡荣华局例。接图 220，红先。

9. 车二进四 车 9 平 4　　　**10. 仕四进五** 车 4 进 3

11. 炮九进四 卒 7 进 1　　　**12. 车二平三** 炮 2 退 1

趁红未补相，黑弃卒牵制红车。

13. 马三退一 马 3 进 1

14. 炮六平五 车 2 平 3

15. 炮五进四 炮 2 平 5

16. 炮五进二 士 6 进 5（图 221）

图 221，兑子后红多兵，但兵种不全。
至此应车八平九，车 3 平 2，兵七进一，
卒 3 进 1，马七进八，卒 3 进 1，车三平
七，马 6 进 5，车七平五，车 4 平 2，车五
退一，前车进 1，车九平一，红多兵优。

17. 相三进五 车 3 平 1

18. 马一退三 炮 7 平 6

19. 车八平七 马 1 退 2

20. 车七进二 车 1 平 2　　　**21. 兵七进一** 车 4 平 3

22. 车七退三 象 5 进 3　　　**23. 车三进一** 马 6 退 5

24. 马三进四 马 2 进 4

黑马死里逃生，结果黑胜。

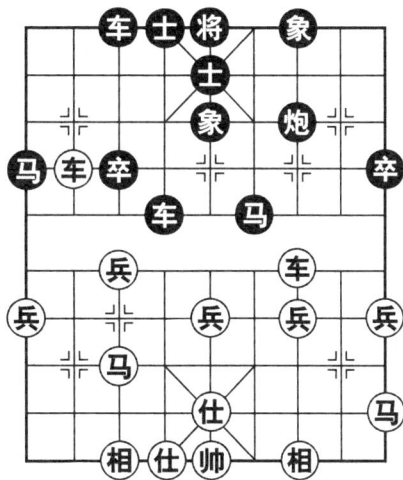

图 221

黑为了防止红车过河，及早伸炮过河封车，着法如下：

1. 兵七进一 卒 7 进 1　　　**2. 马八进七** 马 8 进 7

3. 炮八平九 马 2 进 3　　　**4. 车九平八** 车 1 平 2

5. 炮二平六 马 7 进 6　　　**6. 马二进三** 炮 2 进 4

7. 车一平二（图 222） ……

图 222，黑右炮封车，是汤卓光对蒋全胜着法。

7. …… 炮 8 平 7　　　　　**8. 相三进五** 炮 7 进 4

9. 车二进四　车9进1

10. 车二平四　车2进4

黑以担子炮封车，盘河马则无进路，被红车拦住。

11. 炮九退一　车9平4

12. 仕四进五　车4平2

13. 炮九平七　……

伏兵七进一，卒3进1，车四进一得子。

13. ……　　　卒7进1

14. 车四平三　炮2平3

15. 炮七进二　炮7平3

16. 车三进一　……

这样兑子对红较有利，如车八进五，车2进3，红不宜车三进五吃象，黑有马6进4咬马的先手。

16. ……　　　象3进5　　17. 车三平四　前车进5

18. 马七退八　车2进8　　19. 马三进四　士4进5

20. 马四进二　车2退8

防红马二进四，则士5进6顶马。

21. 兵五进一　炮3进2　　22. 兵五进一

红兵渡河有势。如卒5进1，马二进四，士5进6，马四进六，将5进1，车四平二，红胜势。至此红优，结果胜。

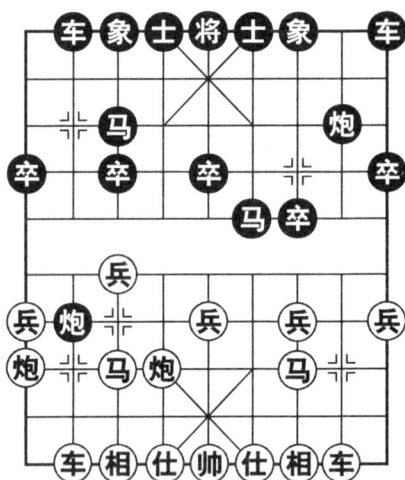

图 222

张晓平对万春林局例。接图 222，黑先。

7. ……　　　炮8平5

8. 车二进四　车9进1

如马6进5，马三进五，炮5进4，车二平五，炮5平3，炮六平五，象3进5，炮九进四，马3进1，炮五进四，士6进5，炮五平九，红较优。

9. 车二平四　车2进4

10. 马七进六（图223）　……

兑马简化局势。图223，如兵七进一，车2平3，车八进三，炮5平6，车

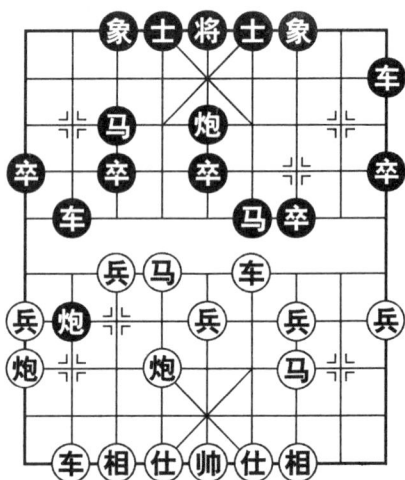

图 223

四平二，车3进3，红略亏。

10. ……	马6进4	11. 车四平六	车9平2
12. 相七进五	炮2平7	13. 车八进五	车2进3
14. 兵九进一	……		

缓着。应车六进三，马3退2，炮九进四争取对攻。

14. ……	炮5平7	15. 炮九平七	象3进5
16. 仕四进五	士4进5	17. 相三进一	卒3进1

黑及时卸炮联象，局势巩固，暂多一卒，结果胜。

二十五、行兵布阵运内功

对兵局红起横车兑兵卒，传统上已有类似谱法。近年来此布局又有发展，其特点是：在开局前期，双方子力都在自己阵地内，形成对峙之势，行兵布阵围绕着疏通子路、寻求子力佳位而展开。这是棋艺的内家功夫。此时黑左车显得闭塞，边马也出动较慢。而红双车亮出，双马较活跃，因此红方形势稍好，等待子力部署条件成熟，就发力进攻，获取战利。

李鸿嘉胜张剑明。

李鸿嘉在飞相局型下，挺中兵跳盘头马，给拐脚马找到出路并发挥作用。

1. 兵七进一　卒 7 进 1　　　　**2.** 马八进七　马 8 进 7

3. 车九进一　……

双方都没摆卒底炮，故顺利跳马。红起横车属传统战法，伏兵三进一，卒 7 进 1，车九平三，马 2 进 3，车三进三，称为先弃后取大开车，占据河界重要位置。

3. ……　　　象 7 进 5　　　　**4.** 相三进五　马 2 进 1

双方演成顺手相，黑跳边马正常，如改正马则左马无根，红照旧弃三兵移车。

5. 车九平三　炮 8 退 2

红仍想实现大开车计划，黑难以阻止。

6. 兵三进一　卒 7 进 1　　　　**7.** 车三进三　炮 8 平 7

8. 车三平二　……

红车顺利到达河口要点，并封住黑左车通道。黑退底炮逐车，并未获得实质性效果，却阻碍了左车从贴身开出。

8. ……　　　车 1 进 1　　　　**9.** 车一进一　车 1 平 4

如车 1 平 6，兵九进一，车 6 进 3，车一平四，车 9 进 1，炮八平九，车 9 平 6，车四进四，车 6 进 3，炮九进四，黑左车晚出的问题解决了，但边马呆滞仍然存在。

10. 车一平四 ……

横车出路已无障碍，并非当务之急。似可兵九进一，车4进3，炮八平九，有炮打边卒及横车移左捉炮等手段，棋路比较开阔。

10. …… 卒1进1

11. 车四进五 车4进3

12. 马二进四 士6进5

13. 兵五进一（图224） ……

图224，红挺中兵疏通拐脚马出路，跳到盘头又可针对黑挺3卒兑兵的着数。

13. …… 卒3进1

14. 马四进五 炮2平3

15. 兵七进一 车4平3　　　**16. 马七进八** ……

红只有一个肋车过河，其余子力均在己方阵地内运行通畅，待命出击。

16. …… 炮3平4　　　**17. 兵五进一** ……

红送中兵，吹起进攻号角。

17. …… 卒5进1

黑卒妨碍巡河车通畅，不如用车吃兵。

18. 马五进七 卒5进1　　　**19. 车二平五** 车9平8

20. 炮八平七 车3平6　　　**21. 车四平六** 马1进2

黑送掉中卒后，中防已感薄弱，跳边马造成丢象使防线出现缺口。应马7退9，马七进八，炮7进2，尚可支持。

22. 炮七进七 象5退3　　　**23. 车六进一** 马7退9

如车8进7，车六平三，车8退7，马七进八，伏车三退二献车等着数，红有攻势。

24. 车六平一 车8进7　　　**25. 车一进一** 车8退4

26. 车一进一 炮7平6　　　**27. 仕六进五** 马2退4

红无炮，应车6平3顶马，似无危险。这步兑马是假棋，实放红马过河，使黑由此陷入困境。

28. 马七进八 车6退2　　　**29. 后马进六** 车6平2

30. 车五平七 马4进6　　　**31. 车七平四** 马6退7

32. 马六进四 车8退2　　　**33. 车四平五** 车2退1

34. 车一平三 象3进5　　　**35. 马四进三**

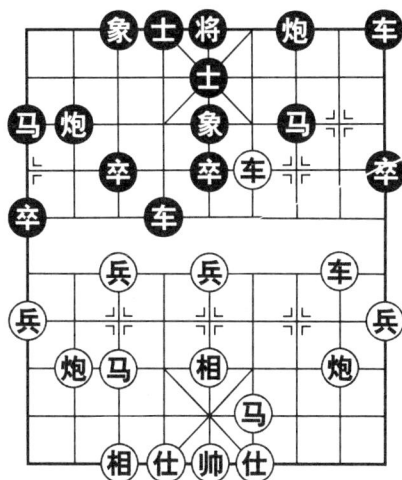

图224

黑认输。车8平7，车三退一，车2进2，车三退一，车2进3，车五平一，车2平1，车三平五，红必胜残局。

尚威胜聂铁文。

尚威对红方战术略做改进，在封锁黑左车出路的同时，挺边兵抑制了黑边马，效果更好。

1. 兵七进一　马8进7　　　**2. 马八进七　卒7进1**

虽然黑首着跳马，但与对兵局殊途同归。

3. 车九进一　象7进5　　　**4. 相三进五　马2进1**

5. 车九平三　炮8退2　　　**6. 兵三进一　卒7进1**

7. 车三进三　炮8平7　　　**8. 车三平二　车1进1**

9. 车一进一　车1平4　　　**10. 兵九进一　……**

这是红方布局的改进着法。趁黑车未升河口之前，先挺边兵再平边炮，黑就不能挺边卒了。

10. ……　　　车4进3　　　**11. 炮八平九　士6进5**

12. 车一平四　炮2平4

平角炮虚着。红虽然在边线占了便宜，但横车而未过河慢了一步。黑应趁此机会马7进6，红不宜车二平四，车9平8捉炮抢先。

13. 车四进五（图225）……

图225，红方两翼都取得进展，布局满意，黑方无好棋可走。

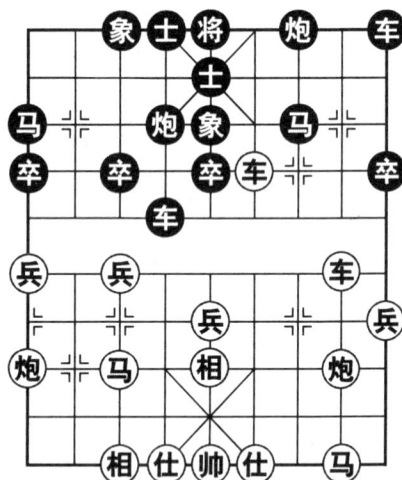

图225

13. ……　　　卒1进1

14. 炮九进三　马1退3

15. 炮九进一　卒3进1

16. 马二进四　卒3进1

17. 车二平七　马3进1

18. 车七平二　车4平3　　　**19. 马七进九　……**

红方准备马九进七占据佳位，再马四进六形成连环，这是很好的构思。

19. ……　　　马1退2　　　**20. 车二平七　车9平8**

21. 车七进一　象5进3　　　**22. 炮二平一　车8进4**

23. 马九进七　马2进3　　　**24. 炮九平七　象3进5**

25. 马四进六　车8平6　　　**26. 车四退一　马7进6**

红多一兵略优，结果胜。这盘棋输在残棋功夫欠佳。

景学义胜尚威。

尚威执后手黑棋做了改进，用象位炮支持7卒兑兵，从而获得开左车的机会，但演变下去仍属红方较优。

1. 兵七进一　马8进7　　　　**2.** 马八进七　卒7进1

3. 车九进一　象7进5　　　　**4.** 相三进五　马2进1

5. 车九平三　炮8退2　　　　**6.** 兵三进一　炮8平7

以往先吃兵再平炮打车，结果左车出路被封。现在先平炮是改进着法，接着可以开车。

7. 兵三进一　车9平8　　　　**8.** 炮二平四　炮7进4

9. 马二进四　车1进1　　　　**10.** 车三进三　车1平6

11. 仕四进五　卒1进1

黑双车亮出，双马活跃，在布局方面比上两局有所改善。

12. 车一平二　车8进9　　　　**13.** 马四退二　车6平3

黑车感到无佳位可进。如升车6进3，怕红马七进六咬车。于是返回右翼，准备挺3卒兑兵露头。这样车位不佳，可补士静观其变。

14. 炮四进四　炮7平8

15. 马二进三　炮8退3

16. 炮四进一（图226）　……

图226，红进炮邀兑，可造成黑双卒无根，而红双马活跃，形势较优。

16. ……　　　　炮2平6

17. 车三进三　车3平2

18. 炮八平九　士6进5

19. 马七进六　……

可车三退一再扫卒，比较实惠。

19. ……　　　　车2进3

20. 炮九平六　卒9进1

21. 车三退一　炮8进5

22. 马六进五　炮8平1　　　　**23.** 车三平二　炮6退2

24. 马三进二　炮1平9

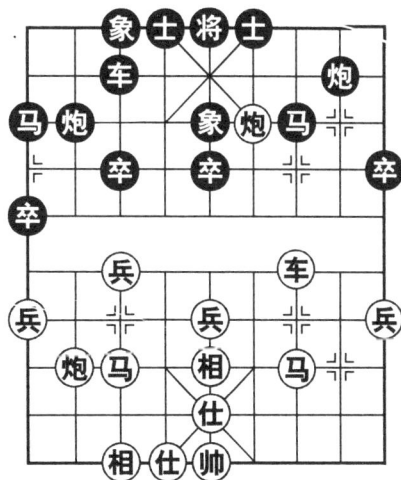

图226

在看似平淡的局势下，红频频运马，酝酿进攻计划。黑却麻痹大意，盲目吃兵。应抓紧士5进6，炮六进二，士4进5，转换士架，加强防御。

25. 炮六进二 ……

红双马暗中控制要点，使黑车不能移左支援防务。现再升炮摆中，完成决战前的部署。

25. ……	车 2 平 5	**26. 炮六平五**	马 1 进 2
27. 马五进三	马 2 进 3	**28. 马二退四**	车 5 平 4
29. 炮五进二	车 4 进 1	**30. 车二平四**	

伏车四进三绝杀，黑无法挽救，认输。

潘振波负崔岩。

崔岩施展新战术，河炮来回打，曲折调运马，获得多卒优势。

1. 兵七进一	马 8 进 7	**2. 马八进七**	卒 7 进 1
3. 车九进一	象 7 进 5	**4. 相三进五**	马 2 进 1
5. 车九平三	炮 2 平 4	**6. 马七进八**	……

凭局面感觉自然想到跳外肋马封车，但也可按原计划兵三进一，车 1 平 2，马七进六，车 2 进 4，兵三进一，车 2 平 7，车三进四，象 5 进 7，马二进三，士 6 进 5，双方平稳。

6. ……	炮 8 退 1	**7. 兵三进一**	炮 8 平 7
8. 兵三进一	炮 7 进 3	**9. 车三进三**	车 9 平 8

10. 兵九进一   炮 7 平 2（图 227）

图 227，黑左车已亮出牵制红炮，现巧手献河炮为出右车创造条件。红如接走马二进四，车 1 平 2，马八退九，炮 2 平 7，炮二平三，车 2 进 4，黑可抗衡。

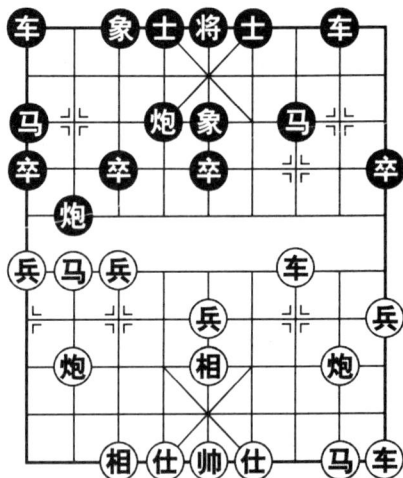

图 227

11. 马八退九   炮 2 平 9

12. 马二进一   车 1 平 2

13. 兵一进一   ……

如炮二平三，车 8 进 7，炮三进五，车 2 进 7，炮三平六，炮 9 进 3，相五退三，车 8 进 1，红无便宜。

13. ……   炮 9 进 3

14. 车一进二   车 8 进 6

15. 炮八平六   ……

如车三进二，车 2 进 6，炮二平三，车 8 平 5，炮三进五，炮 4 平 7，车三进一，车 2 进 1，大体和势。

15. ……　　车 2 进 6 　　**16.** 兵五进一　士 4 进 5

17. 仕六进五　马 1 退 3

在双方子力相等，势均力敌的情况下，黑曲折运马谋兵，明智。

18. 兵一进一　马 3 进 2 　　**19.** 兵一进一　马 2 进 1

20. 车三进二　卒 3 进 1 　　**21.** 炮二平三　车 2 平 7

22. 兵一平二　卒 3 进 1 　　**23.** 炮三退二　……

劣着，应相五进七吃卒消除后患。

23. ……　　马 1 退 3 　　**24.** 车一平二　马 7 退 9

25. 车三退三　车 8 平 7 　　**26.** 兵二进一　马 9 退 7

27. 兵二进一　……

红仍应炮三进九，象 5 退 7，相五进七，马 3 进 5，虽少兵居下风，但尚可周旋。

27. ……　　马 7 进 6 　　**28.** 炮三平一　卒 3 进 1

29. 相五进七　马 3 进 5

黑多双卒优，结果胜。

本布局红胜率稍高，第 4 局提供了黑方反击的途径，可供参考。

二十六、拳风到处人已倒

挺兵对起马演变成两头蛇对卒底炮，这是近年新兴布局。此时变化与上文挺兵对卒底炮不同。如红仍转中炮，则挺起的三兵妨碍了右车升河口的部署，所以红补相成柔型局法。双方以散手棋对阵，表面上没有激烈的对攻，实际上却隐藏着许多谋子取势的手段。某方常常不知不觉地陷入困境而不能自拔，莫名其妙地输掉了。好像拳师比武，拳未到拳风先到，对手就招架不住而倒下了。

吕钦胜傅光明。

吕钦弃子抢先，竟在保留五个兵的情况下杀掉对方五个卒。傅光明眼看兵力悬殊，推枰认输。

1. 兵七进一　马 8 进 7　　　　**2.** 兵三进一　炮 2 平 3

黑起马应挺兵，红再挺侧兵制马成两头蛇阵，黑又摆卒底炮反击。双方随机应变，无现成谱法可依，展开散手棋较量。

3. 相三进五　　……

凭局面感觉，似乎应补左相，避免黑炮威胁。但广东棋手经过研究，认为补右相较好，可防止黑右马以后过河偷袭。

3. ……　　　马 2 进 1　　　　**4.** 炮八进五　　……

先进炮可起到封车的作用。如马八进七，车 1 平 2，车九平八，车 2 进 4，炮八平九，车 2 平 4，马二进三，卒 7 进 1，黑车亮出，局面不亏。

4. ……　　　　　象 3 进 5　　　　**5.** 马八进七　车 1 平 2

6. 车九平八　　……

按习惯黑似乎应补左象，其实不然。因为红有炮二平三攻马的手段，黑现在可以马 7 退 5 再马 5 退 3 咬炮抢先。

6. ……　　　　炮 8 平 9　　　　**7.** 马二进一　　……

红故意跳边马，生根不牢，保留平炮攻马的位置。如马二进三，卒 3 进1，马三进四，车 9 平 8，炮二平三，卒 3 进 1，黑易走。

7. ……   卒 9 进 1

8. 炮二平三   卒 9 进 1

9. 兵一进一   车 9 平 8

10. 马七进六（图 228） ……

图 228，红早已估计到黑有车 8 进 7 捉双的棋，于是故意漏出破绽，准备弃子抢先。

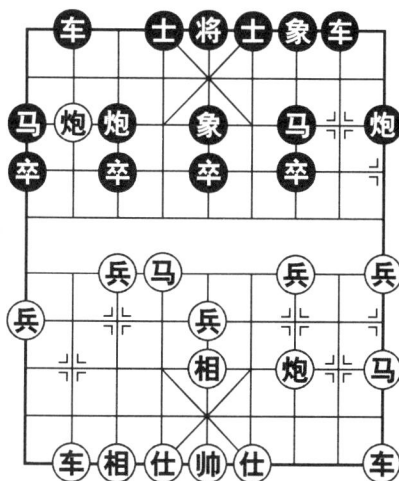

图 228

10. ……   车 8 进 7

11. 炮三进四   车 8 平 9

12. 车一进二   炮 9 进 5

13. 炮八进一   炮 3 退 1

14. 车八进七   ……

伏马六进七捉马。红虽失子，但全部强子投入战斗，控制了局面。如炮 9 平 8，马六进七，炮 8 退 6，马七进九，车 2 进 1，车八进一，炮 8 平 2，马九进七，红多兵优。

14. ……   炮 9 进 2   **15.** 相五退三   车 2 平 1

16. 相七进五   卒 1 进 1   **17.** 马六进四   马 7 退 8

18. 炮三平七   炮 3 平 4

劣着丢子。只能卒 5 进 1 阻马，尽量苦撑。

19. 车八平九   车 1 平 3

红车哨马巧手，黑不能车 1 进 2 吃车，否则炮七进三，士 4 进 5，炮八进一杀。

20. 炮七平八   士 4 进 5   **21.** 车九退二   车 3 进 3

22. 车九平八   马 8 进 9   **23.** 前炮平九   炮 4 平 2

24. 炮八平五   车 3 平 5   **25.** 车八进三

红多五个兵，虽然并未攻破王府，黑已感到无法抗衡，认输。

许银川胜吕钦。

许银川在兑子中破得一象，打开吕钦防线的突破口，从而占优。

1. 兵七进一   马 8 进 7   **2.** 兵三进一   炮 2 平 3

3. 相三进五   马 2 进 1   **4.** 炮八进五   象 3 进 5

5. 马八进七   炮 8 平 9

黑右车活动空间被压缩，便平炮设法亮出左车。

6. 马二进一   车 9 平 8   **7.** 车一平二   车 8 进 4

　　黑原先不开右车，就是为了此时有车8平2捉炮的先手，红来不及炮二平三兑车，这样黑可以争取挺边卒或3卒的机会。

　　8. 车九平八　　卒 1 进 1

　　准备兑车出马，实战效果不佳。应卒 3 进 1 为宜。

　　9. 炮二平三　　车 8 平 2　　　　**10.** 车八进五　　马 1 进 2

　　11. 炮三进四（图229）　　……

　　图229，红不顾左炮受困，挥右炮打卒，准备轰象对攻。

　　11. ……　　　　车 1 平 2

　　12. 炮三进三　　象 5 退 7

　　如士 6 进 5，炮八平五，炮 9 平 5，炮三平一，马 2 进 3，兵三进一，车 2 进 7，兵三进一，车 2 平 3，兵三进一，炮 3 平 7，车二进九，士 5 退 6，车二退二，红必追回一子，对攻中易走。

　　13. 炮八平三　　马 2 进 3

　　许银川在以往对局中曾弈成类似局面，但当时补左相，给黑马 3 进 1 偷袭的

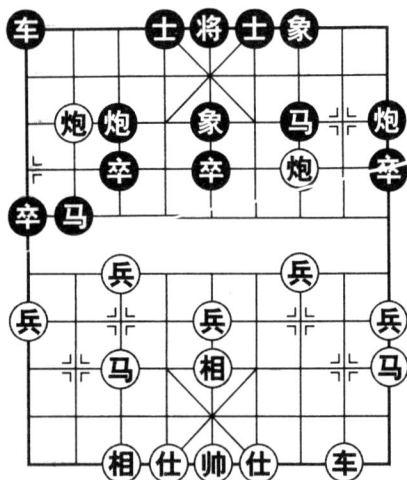

图 229

机会。本局做了改进，这就是第 3 回合补右相的原因。

　　14. 炮三平四　　卒 3 进 1

　　挺卒强攻，希望拼搏。如车 2 进 7，炮四退五，炮 9 平 5，车二进五，亦红优。

　　15. 炮四退四　　卒 3 进 1　　　　**16.** 车二进七　　炮 3 进 1

　　17. 炮四平三　　……

　　红退炮瞄马，进车捉炮，再平炮轰象，走子次序井然，立即在平淡局势中掀起波澜，黑已处于无奈被攻状态。

　　17. ……　　　　卒 3 平 4

　　如炮 9 进 4，炮三进六，士 6 进 5，马一进三，红仍有攻势。

　　18. 炮三进六　　士 6 进 5　　　　**19.** 车二平一　　炮 3 进 4

　　20. 马一进三　　车 2 进 4

　　升车并不能阻止红马过河。应炮 3 平 2 再沉炮，尚有些对攻机会。

　　21. 车一进二　　车 2 平 6　　　　**22.** 马三进一　　炮 3 平 2

　　23. 炮三平二　　……

　　伏退炮叫将抽吃黑马或黑炮。

23. ……　　　　车 6 平 8　　　　**24.** 马一进三　……

伏炮二退二，士 5 退 6，马三进四，将 5 进 1，车一退一杀。至此红优，后来再破双士。虽未成杀，黑已感到防线崩溃，认输。

庄玉庭负胡荣华。

胡荣华后手对本布局做了改进。

1. 兵七进一　马 8 进 7　　　　**2.** 兵三进一　炮 2 平 3

3. 相三进五　马 2 进 1　　　　**4.** 炮八进五　象 3 进 5

5. 马八进七　炮 8 平 9

黑缓开右车走得细致，为左车亮出巡河提供方便条件。

6. 马二进一　车 9 平 8

7. 车一平二　车 8 进 4

8. 车九平八　卒 3 进 1（图 230）

图 230，趁红开左车保炮之际，黑得以挺 3 卒反击，这是改进着法。

9. 兵七进一　车 8 平 3

10. 马七进六　车 1 平 2

11. 炮二平三　车 3 平 4

12. 车八进四　马 7 退 5

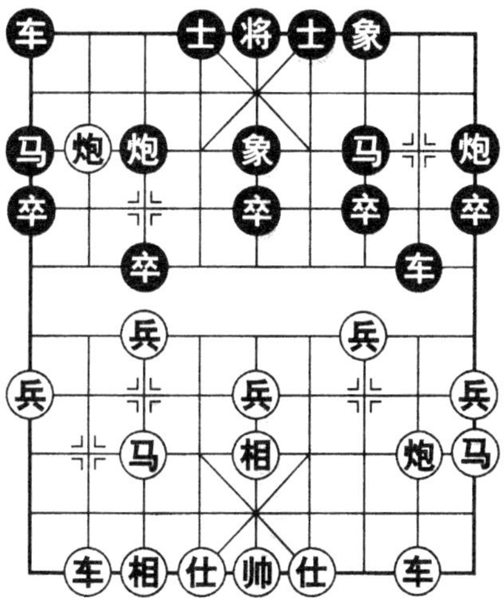

红左翼车马炮受到牵制。黑退窝心

图 230

马又是一步改进巧着，准备马 5 退 3 咬炮，再马 3 进 4 再进 3 等从右翼跃出。红方面临黑运马的巧着，真有拳未到而拳风先到的感觉。

13. 车二进一　马 5 退 3　　　　**14.** 炮八退一　士 4 进 5

伏马 1 进 3 咬双，如不补士红炮打中卒叫将。

15. 车二平七　马 3 进 4

强行跳马，伏马 4 进 3 打车。如车七进六吃炮，则亦马 4 进 3 打死车。

16. 炮三进四　马 4 进 3　　　　**17.** 车七平六　……

如车七平八，马 3 进 4，前车平七，象 5 进 3，车七平九，卒 1 进 1，车九进一，车 4 进 1，黑得子得势。

17. ……　　　　卒 5 进 1　　　　**18.** 兵三进一　车 4 退 1

19. 炮八退一　卒 5 进 1　　　　**20.** 兵五进一　马 3 进 5

21. 炮八进二　马 5 退 7　　　　**22.** 炮三进二　炮 3 平 4

通过运子腾挪，黑子已占佳位，便平炮牵制红马，必谋一子。

23. 炮八平五　象7进5　　　　**24.** 车八进五　马1退2

25. 车六平八　炮4进3　　　　**26.** 车八进八　士5退4

黑得子大优，结果胜。

闫文清负吕钦。

吕钦执后手黑棋，改用横车，另有变化。

1. 兵七进一　马8进7　　　　**2.** 兵三进一　炮2平3

3. 马二进三　卒3进1

红不补相，黑趁机冲3卒反击。

4. 马八进九　卒3进1　　　　**5.** 相七进五　……

才溢对万春林一局，红此着另走车九平八，马2进1，相七进五，马1进3，车一进一，车9进1，车一平六，马3进4，黑边马跃出对攻。

5. ……　　　　车9进1　　　　**6.** 炮二进二　……

红希望吃回黑卒，免除后患。如卒3进1，炮八进五，象3进5，马九进七，车9平4，马三进四，红仍先手。

6. ……　　　　马2进1　　　　**7.** 炮八进五　象3进5

8. 炮二平七（图231）　……

图231，红实现吃卒计划，左炮进逼黑边马，又有开右车捉炮的着数，仍持先手。

8. ……　　　　车9平6

9. 车一平二　炮8平9

10. 车九平八　卒1进1

11. 炮七进二　……

黑方的意图是升巡河车移右兑车或带动边马跃出。红方最重要的是控制八线，这是双方争夺的重点。如红车二进一，车6进3，车八进六，车1平2，车二平八，卒7进1，兵三进一，车6平7，炮七平三，双方对峙。

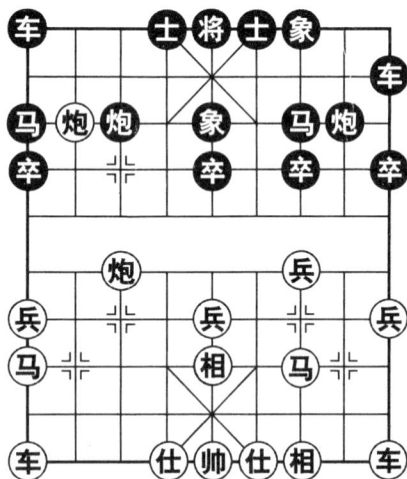

图231

11. ……　　　　车6进3　　　　**12.** 炮七平三　马7退5

巧退窝心马，既避开红炮轰象的威胁，又可转从右翼出击。

13. 马九进七　车1平2　　　　**14.** 炮八退一　炮3退1

红边马斜出，想控制黑边马出路。不料黑退右炮，伏马5进3打马，由此展开反击。

15. 马七进五　卒 5 进 1　　　16. 炮三平五　……

红决心弃马强攻，取得中炮牵制窝心马之势，背水一战。

16. ……　　　卒 5 进 1　　　17. 兵五进一　马 1 进 2

18. 炮八平九　炮 3 平 2　　　19. 车八平七　马 2 退 3

黑巧运右马，企图兑红中炮以摆脱困境。

20. 车七进六　炮 2 进 8　　　21. 相五退七　马 3 进 1

22. 车七平九　车 6 平 4　　　23. 仕四进五　车 2 平 3

24. 相三进五　车 4 进 4　　　25. 车九平八　……

只能平车跟炮。如帅五平四，车 3 进 9，帅四进一，车 3 退 3 打车兼伏杀，红难应付。

25. ……　　　车 3 进 9　　　26. 车八退六　车 3 平 2

27. 车二进六　车 4 退 5

黑多一个车，子力大优，结果胜。

关于这个布局，目前还在发展之中，本书的例子供参考。